Les Tyrans
Une histoire de brutalité entre enfants

Édition spéciale

Traduit par Camille Manet

Un roman de
D.A. Marcoux

Basé sur une histoire vraie, à des fins de confidentialité,
tous les noms de ce livre ont été modifiés.

1

Pour Maman et Papa

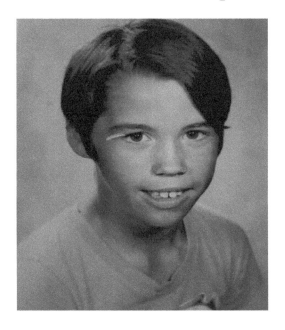

D. A. Marcoux 1976. Il ignorait que cette année allait être le début d'événements susceptibles de modifier le cours de sa vie.

Contenu

Chapitre 1

1976 - Si vous voulez vraiment en entendre parler, je veux dire… du moment où j'ai failli me suicider. Je commencerai par dire, que je pensais que cela ne m'arriverait jamais, pas à cet âge. Battu, manipulé, ridiculisé, tourmenté, intimidé et déjoué. Comment m'étais-je retrouvé dans ce pétrin ? Si vous vous demandez comment quelque chose peut être si néfaste qu'il vous pousse à essayer de vous suicider, laissez-moi vous dire, pour moi, c'était aussi néfaste et pire encore.

Je vais commencer depuis le début, non, cela prendrait une éternité. Commençons plus récemment, disons à partir de mes onze ans, parce que je ne veux pas vous ennuyer à mort avec tout le

"Quand j'étais bébé." Je suis sûr que cette partie est similaire d'une enfance à une autre.

Vous voudrez probablement savoir où je suis né et quel est mon nom. C'est Anthony Holden. Je suis né dans une petite ville appelée Inglewood. Malheureusement, nous avons déménagé dans une ville appelée Hawthorne, après avoir passé les cinq dernières années à Simi Valley.

Ce n'est pas mal, ne vous méprenez pas. Je suppose que je dois juste m'habituer au déménagement. Mon enfance pourrie et pathétique ne pourrait pas considérée comme normale même avec un effort d'imagination. Au début, peut-être que c'était aussi habituel que n'importe quel enfant… avant d'entrer dans le vif du sujet, mes parents nous ont déplacés dans un appartement de l'autre côté de la ville. Enfin, plutôt une quarantaine de kilomètres dans cette direction, non que j'y accordais de l'importance ou que cela me dérangeait, ou quelque chose comme ça, après tout, je n'étais qu'un gamin.

C'était en fait très proche de la plage, des parcs d'attractions et du reste de ma famille. Croyez-le ou non, 90% de la famille vivait dans la même région.

Je crois que mon enfance, ou l'absence de cette enfance, a été un peu différente de la plupart des enfants - au cours des dernières années, pour être exact - et un peu plus difficile à comprendre. Comment les choses peuvent-elles devenir si mauvaises? Ou, encore, comment quelqu'un subirait tant la folie des autres et leurs mauvais comportements, sans oublier l'extrême pression de l'entourage et l'humiliation. Humiliation: le voilà le mot. Être humilié devant d'autres enfants est une épreuve impitoyable si vous savez à quel point certains enfants peuvent être cruels quand ils manquent de discipline et de bonnes manières, ou veulent simplement être un connard. Je ne dis pas que j'étais un enfant au comportement exemplaire, mais au moins je n'étais pas un malade ou un psychopathe comme mes soi-disant amis.

Ils n'auraient pas pu gâcher ma vie, d'une façon plus violente qu'ils ne l'ont fait pendant les quatre ans où j'ai eu la malchance absolue de faire leur connaissance.

Je suis sûr que vous avez entendu cette formule. Ravi de vous rencontrer. Eh bien, dans mon cas, cela ne pourrait pas être plus loin de la vérité. Je le jure, je ne pourrais pas assez parler de cette catastrophe. "Ravi de rencontrer ces gars?" Quel bobard. Je vais probablement passer le reste de ma vie à essayer de les oublier, ou du moins à essayer de garder la plus grande partie de mon enfance loin de mon esprit.

À bien y penser, je n'ai vraiment pas eu d'enfance du tout. Je suppose que ce à quoi je devais faire face pourrait être appelé une pression extrême des autres enfants ou une intimidation grave. Qu'est-ce que j'en sais ? Je ne suis pas psychiatre. Les enfants font des choses étranges dans certaines situations, lorsqu'ils sont martyrisés, non pas par un enfant, mais par un groupe d'enfants qui sont très brutaux. Dans mon cas, il s'agissait de plusieurs individus frôlant le sadisme.

Au cours de mes onze premières années, je n'ai jamais vu ni entendu parler de la brutalité et des mauvais traitements dont je ferai bientôt l'expérience. Ce qui était inacceptable, c'est que j'ai laissé ma vie être détruite et gaspillée et que je n'ai rien dit à personne. Avant d'entrer dans les détails, nous allons remonter de quelques années, avant que les choses ne soient passées de très prometteuses à un gâchis incontrôlable, destructeur et démoralisant. J'ai beaucoup réfléchi à la raison pour laquelle cela m'arrivait. En ce qui concerne le pourquoi, je suis complètement perdu. Je n'ai vraiment dérangé personne. J'ai pensé à ce que j'ai fait dans ma vie qui justifiait ce genre de traitement. En réalité, pourquoi devrais-je revenir sur les années précédentes? Comme je l'ai dit, je ne veux pas vous ennuyer. Voyons tout de suite ce dont je veux parler. Pas besoin de faire marche arrière ou de tourner autour du pot. Quoi qu'il en soit, ma vie entière n'a pas été destructrice et gaspillée. Je dirais que c'était exactement comme ça entre onze et quinze ans. Ça a commencé, peu de temps après que nous ayons emménagé dans ce nouvel appartement. Nous allons voir tout cela dans les pages suivantes.

Il peut sembler que je m'égare, croyez-moi, ce n'est pas intentionnel. Il est très difficile de parler de certaines choses et encore plus dans un livre. Après tout, c'est une très belle histoire, et je ne veux rien laisser de côté.

Eh bien, assez de cela. Parlons de mon école, Yancey Intermediate. L'école était un endroit cool, les enseignants semblaient dévoués et savaient réellement ce qu'ils faisaient. Sans oublier qu'ils étaient généralement intéressés par notre progression et prenaient soin de le refléter dans leur enseignement. Pour être brutalement honnête, je suis sûr qu'ils ne voulaient donner en héritage à la société un tas de flamboyants crétins.

Je venais de rentrer dans cette nouvelle école en septembre, car nous avions déménagé de notre ancienne maison pour des raisons que je ne connaissais pas. En général, j'étais un étudiant supérieur à la moyenne, de bonnes notes, athlétique. En gros, un enfant appliqué, qui ne méritait pas les tourments que j'ai traversés pendant si longtemps.

J'ai souvent réfléchi au traitement que j'ai subi quand j'étais plus jeune. Ce harcèlement semble avoir duré une éternité, sans parler qu'être si jeune en a fait un cauchemar extraordinaire.

Pour un enfant, avoir six gars qui vous tourmentent, vous humilient, vous dépriécent, vous agressent physiquement et vous intimident pendant autant de temps est déraisonnable. Je ne peux pas imaginer pourquoi je n'ai jamais évoqué ce qui m'est arrivé à mes parents ou aux autorités. Je suppose que c'est parce que ces mecs me terrifiaient. Quand vous êtes un enfant, les mots prennent une tout autre signification. Quand quelqu'un dit:« Je vais te tuer si tu ouvres la bouche », c'est une vraie déclaration et pas des paroles en l'air, du point de vue d'un enfant.

La plupart du temps, l'enfant réagit de manière excessive, mais comment peut-il faire la différence ?

Je me demande parfois, si nous ne nous étions jamais éloignés de notre maison à Simi Valley, les choses se seraient-elles passées de la même manière pour moi?

Les choses auraient-elles été différentes de ce qu'elles se sont malheureusement devenues? Je suppose qu'il est des choses que

Les choses auraient-elles été différentes de ce qu'elles se sont malheureusement devenues? Je suppose qu'il est des choses que vous ignorez jusqu'à ce qu'elles vous arrivent.

Là où nous vivions, ce n'était pas si mal - Simi Valley, bien sûr. Il y avait toujours beaucoup à faire. Nous avions une très belle maison avec piscine. Mes sœurs et moi étions alors un peu plus proches que nous ne le serions les années suivantes.

Je suppose que lorsque vous avez un frère qui est un aimant à problèmes et un enfant indiscipliné, vous avez tendance à vouloir rester loin de lui. Je ne les ai pas beaucoup blâmées pour ce qui est arrivé lorsque le temps a passé. Ça risquait bien de me tomber dessus, avec l'aide de quelques mauvaises influences.

Ma vie de famille était bonne, mais vous ne voulez pas en entendre parce que A. Mes parents ne veulent pas que leurs histoires soient dévoilées sur le papier et B. Ils sont toujours en vie. Je suis sûr qu'ils ne voudront pas que je partage avec tous la façon dont ils m'ont élevé. Ce n'est pas qu'ils soient trop délicats, qu'ils nous aient donné la fessée pour la moindre raison, ou quelque chose comme ça, je ne pense tout simplement pas que ces détails soient nécessaires.

Je ne vais pas non plus retracer toute ma satanée autobiographie, même si, à mon âge, ce n'est pas une histoire si intéressante. Qu'est-ce qu'un enfant peut-il bien faire en onze ans? Une autobiographie? En voilà une bien bonne: Salut, je suis né, j'ai eu quelques accidents, et maintenant nous voici dans cette situation. Quelle blague. Parfois, il vaut mieux garder le silence. Enfin, sauf pour ce petit conte juteux que je suis sur le point de divulguer. Ce que je vais partager est le traitement fou que j'ai subi quand j'étais enfant, un cauchemar constant et impitoyable auquel je n'ai pas pu échapper.

Il est assez difficile d'éviter d'être maltraité par des amis du quartier, ai-je vraiment dit des amis ? c'est-à-dire de vrais démons dans le voisinage, étant donné qu'ils vivent si près. À moins, bien sûr, de vous enfuir, de prendre un bâton, de vous raser la tête et de marcher sur la terre comme Caine de la série Kung Fu. J'ai pensé à faire exactement la même chose à plus d'une occasion, si vous arrivez à le croire? Vraiment, tout aurait mieux valu que d'être manipulé par ces connards.

J'ai pensé à parler avec un adulte, du bordel dans lequel je me suis trouvé. Mais disons que je n'avais pas la plus grande confiance dans les adultes et, comme je l'ai déjà mentionné, ces gars-là me terrifiaient. Ce n'est pas seulement qu'ils m'ont fait peur, mais ne pas pouvoir m'éloigner d'eux a empiré les choses. Je détestais par-dessus tout quand ils se liguaient contre moi. C'était comme si je ne pouvais rien faire. Comment pouvais-je riposter alors qu'ils étaient toujours six contre un? Cette période de ma vie était très déroutante, frustrante et commençait à affecter mon humeur et mes pensées, sans parler de mes notes. Je commençais à devenir un vrai salaud. Pas au sens habituel – seulement indiscipliné à cause de toute la colère et la frustration que je ressentais.

Une fois, ce professeur m'a demandé ce que je faisais après

l'école. J'ai dit: "Je vais voir le match des Dodger."

Elle a répondu: « Wow, vraiment? Quelle chance. C'est excitant."

En fait, je rentrais chez moi. J'ai commencé à devenir ce menteur formidable. J'ai mentais même à mes parents, à mes amis, et surtout à ces six salauds. J'ai commencé à devenir très amer et plein de ressentiment avec les gens qui s'adressaient à moi. Mes parents ont immanquablement remarqué ce changement dans mon comportement mais ne pouvaient pas l'expliquer, et je n'allais certainement pas ouvrir la bouche. Comment pourrais-je même dire à quelqu'un ce qui m'arrivait?

J'ai beaucoup parlé avec des personnes âgées. Je ne sais pas pourquoi, il me semblait que ça m'amusait plus, à cause de toutes les bêtises qui leur sortaient de la bouche. C'est probablement à cause de cela que je n'ai jamais choisi de parler du traitement que j'ai subi. J'avais peur que tout ce qu'ils trouvent à dire soit : « Es-tu certain que des garçons qui n'ont jamais de problèmes et sont très respectueux puissent faire ce genre de choses?» Ces gars étaient des saints. Dire quelque chose au sujet du traitement que je recevais, sans pouvoir le prouver, aurait conduit quelqu'un à donner pour toute réponse : « Ces garçons-là? Je n'y crois pas. Ils viennent de bonnes familles. Pourquoi est-ce que six garçons intimideraient et martyriseraient un autre garçon sans raison? "

Mes pensées précisément: "Sans raison!" Ce serait un euphémisme, si vous me demandez. J'aurais aimé avoir un appareil photo caché dans mon bouton ou un gadget comme dans les films de James Bond. De cette façon, j'aurais pu faire une projection amateur et inviter les parents de mes persécuteurs pour un petit divertissement dominical, pour leur montrer que leurs enfants étaient de petits démons.

C'est comme si chaque adulte à qui je parlais me prenait de haut, surtout si je posais des questions profondes. Quand je pensais à l'évoquer, quelque chose se produisait, et j'oubliais d'en parler. Certains des adultes que j'ai rencontrés étaient un peu pathétiques et semblaient un peu faux – rien de bien nouveau. Parfois, quand je parlais à un adulte, disons, de la météo, ils disaient quelque chose comme… "Et ce film, hier soir?" C'était comme s'ils avaient tous autre chose en tête. Tout ce dont ils semblaient parler tournait autour d'eux ou de quelque chose qu'ils avaient regardé à la télévision.

Chacun à sa manière, ils étaient bien trop désireux d'exprimer leurs opinions ou de vous donner des conseils sur un sujet différent. La plupart du temps, ils vous disaient toujours ce que vous pouviez ou ne pouviez pas faire, ce qui les rendait encore plus pathétiques. Je le vois encore maintenant: que dis-tu, jeune homme? Ma réplique préférée était, ne jouez pas sur les voies ferrées ! Comme si nous allions juste nous tenir là sur le chemin d'un train en marche et nous faire écraser ou quelque chose dans ce goût-là. La phrase préférée de maman était, ne viens pas pleurer si tu te casses le cou. Si je m'étais cassé ce bon vieux cou, je ne pense pas que j'aurais fait grand choses. Comme je l'ai dit, les adultes sont parfois pathétiques. Les enfants ont du bon sens. Pas énormément, mais ils en ont. Vraiment, comment apprend-t-on quoi que ce soit sans essayer ? Si vous trompez, oh, eh bien, ainsi va la vie. Bien sûr, quand j'étais enfant, j'ai eu la part du lion d'incidents.

Chapitre 2

Une fois, grand-mère m'a emmené dans cette piscine qui avait des ponts de ciment surmontant les lignes maigres et courbes, vous savez ces longues piscines sinueuses, qui font le tour d'une aire de jeux. Quoi qu'il en soit, c'était une longue piscine sinueuse, avec de nombreux ponts qui la traversaient tous les dix mètres environ. Une fois, j'ai regardé grand-mère et lui ai dit : "Hé, grand-mère, regarde !" et je me suis précipité pour plonger sans regarder. J'ai couru droit dans l'un de ces ponts, la tête la première, et me suis ouvert le crâne. Du sang partout. C'était une pagaille absolue ; on aurait dit que quelqu'un avait été tué dans la piscine. Tous les enfants nageaient pour s'éloigner en criant, alors grand-mère a attrapé la serviette et nous sommes allés à l'hôpital pour des points de suture indispensables.

Mes parents nous ont retrouvés à l'hôpital. Le docteur a dit : « A priori, il a plongé tête la première dans un pont de ciment au-dessus de la petite partie de la zone de baignade. Il devrait avoir mal à la tête pendant quelques heures mais, à part ça, il va bien. Gardez-le hors de l'eau pendant quelques semaines et surtout loin des ponts. » Le docteur essayait-il de faire une blague ou était-il juste lamentable ?

Une autre fois, la famille cherchait un arbre de Noël dans une pépinière. Il faisait sombre, difficile de voir les cordes indiquant les allées. Je me suis retrouvé séparé de la famille et j'ai entendu ma sœur crier :

« Où es-tu, Anthony ? Dépêche-toi, nous partons. " Alors, j'ai commencé à courir, sans prêter attention à ces fichues cordes, comme le ferait n'importe quel enfant de huit ans, et je suis tombé sur l'une des lignes dont je vous parlais. J'ai fait trois tours et atterri sur ma tête. Je me suis levé et j'ai sauté dans la voiture. Après un moment, Tori a crié,

"Anthony s'est encore ouvert la tête !"
Maman a répondu : "Qu'est-il arrivé, Anthony ?"

« Je suis tombé sur une ligne et j'ai basculé et j'ai dû toucher un rocher ou quelque chose. » Je ne pouvais pas compter le nombre de fois où je me suis rendu à l'hôpital pour des points de suture. Cela semblait être un événement régulier. Assise dans la salle d'urgence, maman mei demanda si ça me faisait mal. "Tu sais, maman, je ne l'ai même pas senti et je ne savais pas que quelque chose n'allait pas jusqu'à ce que Tori hurle que je saignais." J'ai répondu.

"Merde, Anthony, tu dois avoir un crâne épais." Maman a dit.

"Je pensais, nous allons décorer l'arbre et la maison avec des lumières, maman ?"

« Je crois que la décoration des arbres de Noël sera suspendue, puisque nous sommes à l'hôpital. Peut-être que nous pourrons décorer quand nous serons rentrés à la maison. Ça va dépendre du temps que cela prendra. » Maman a répondu.

Le docteur qui me traitait cette fois était presque aussi lamentable que le dernier docteur qui m'avait recousu. Son petit commentaire ? « Sachez le tenir éloigné des lignes indiquant les allées. » Comme je l'ai dit, les adultes ont des commentaires pathétiques.

Lorsque nous avons enfin ramené l'arbre chez nous, personne n'avait plus envie de le décorer, alors nous sommes assis et avons regardé la télévision. Pour moi, c'était bien, parce qu'à ce moment-là, c'était comme si un millier de clous poussait dans ma tête.

Papa s'est assis à côté de moi et a dit : "Fils, dis-moi ce qui t'est arrivé à la pépinière." Je suppose que mon père n'avait pas fait attention quand je l'avais expliqué dans la voiture.

« Eh bien, papa, j'ai entendu Tori me crier que vous partiez, et j'ai commencé à courir pour me dépêcher. Je me suis retourné, sans regarder, et j'ai couru dans cette corde qui traversait le champ et j'ai roulé-boulé et j'ai atterri sur la tête. »

"Eh bien, Anthony, c'était probablement une expérience très désagréable." Papa a répondu.

« C'est sûr papa, il y a quelque chose dans le fait de se prendre une corde et de se faire claquer au sol qui est assez désagréable. »

C'est comme, un pour cent du genre de merde que j'ai tiré dans ma courte vie.

Maman m'a dit une fois que, quand j'avais environ quatre ans, je l'aidais dans la cour et j'ai ramassé une pelle pour aider ma mère à planter des fleurs. J'ai soulevé la pelle pour creuser un trou et elle est tombée sur mon orteil. Maman a crié, parce qu'elle pensait que j'avais coupé mon putain d'orteil. J'ai seulement eu mon ongle coupé juste au milieu. Ne me demandez pas d'en parler parce que je ne m'en souviens pas.

Je suppose que mon histoire préférée est celle de la dame qui nous gardait, mes sœurs et moi. Eh bien, elle avait ces deux filles, Brittany et Beatrice. Pour faire court, Brittany et moi étions dans le placard, jouant au "Docteur". J'avais cinq ou six ans et j'embrassais la fille de ma baby-sitter.

C'était assez hilarant parce que cette histoire, je m'en souviens bien. Celle de l'orteil, aucune idée. Ce dont je me souviens au cours de mes plus jeunes années, c'est que j'ai passé pas mal de temps au parc, à jouer sur les balançoires et à faire du vélo dans la rue.

Père était un bon gars. Il buvait un peu trop, travaillait dur et aimait Elvis. Ce n'est pas que j'ai quoi que ce soit contre lui, j'étais plus partisan de KISS et Led Zeppelin. Un peu de vieille musique ça va, je suppose. Mais pas quand on jouait tout le temps, alors ça devenait un peu ennuyeux.

Papa faisait des spectacles avec son lecteur de bobine à bobine. Vous savez, jouer de la musique comme un DJ et parler de choses qui se passaient dans le monde extérieur et enregistrer ce dont il parlait, des choses qu'il avait entendues aux informations. Vous voyez, en grandissant, papa a toujours voulu être un disc-jockey. Ainsi, pendant son temps libre, il faisait semblant d'être un disc-jockey à la maison. Il nous appelait dans le salon et nous interviewait sur le lecteur de bobine, le microphone et tout le reste pour faire ses propres spectacles. Nous pensions que c'était un peu ringard, mais il aimait nous avoir avec lui pendant qu'il jouait au DJ. Il nous posait des questions pour adultes, comme si nous étions des célébrités ou quelque chose du genre.

Nous nous regardions et riions parce que nous ne savions pas comment répondre aux questions. Parfois, quand nous l'entendions sur le microphone, nous restions dans nos chambres. Il était plutôt un bon gars et amusait la galerie lors des fêtes et des réunions de famille.

Les meilleurs moments que nous avons eu étaient les fêtes d'anniversaire à l'appartement car tout le monde venait. Mes sœurs invitaient toutes leurs copines. Une, en particulier, je l'aimais bien, son nom était Rachel, wow, cette fille était belle. Elle vivait dans la rue mais ne venait pas souvent, généralement seulement lorsque nous faisions la fête. Elle aimait le tennis et jouait assez souvent. Malheureusement, je ne pense pas qu'elle savait que j'étais en vie.

Bref, avançons. Papa se disputait tout le temps avec maman, à propos de sa consommation d'alcool. C'était généralement la bière qui parlait. Il allait travailler tous les jours et était bon avec mes sœurs et moi, mais écouter les disputes est vite devenu lassant. Mes sœurs et moi allions dans la pièce et montions la musique pour noyer la majeure partie de la discussion. La plupart du temps, c'était parce que j'avais fait quelque chose de stupide ou, comme je l'ai dit, à cause de sa consommation d'alcool. Je ne me souviens pas du tout que mes sœurs aient eu des ennuis. Il semble que j'ai commencé à avoir des ennuis assez souvent au cours de ces années. Les fêtes n'avaient plus lieu aussi souvent, et j'étais généralement seul, même si la famille faisait encore pas mal de choses ensemble.

Nous avons fait des voyages, vous savez, dans les montagnes et à Disneyland. J'aimais Disneyland, c'était toujours un endroit amusant où aller. Ma course préférée était Pirates des Caraïbes. J'ai adoré les bateaux et toutes ces statues qui dansent et chantent. Il y avait toujours cette odeur fraîche et propre dans les tunnels. J'avais la mauvaise habitude de toujours vouloir toucher l'eau. Papa m'a crié dessus : « Garde tes mains et tes jambes dans le bateau ! Je ne veux pas que tu tombes. » Alors, bien sûr, je cessais de tendre la main vers l'eau après que papa m'ait réprimandé. Les voitures étaient plutôt cool. C'était amusant de suivre cette piste, même si nous allions à cinq milles à l'heure. Le Monorail était aussi très amusant. Mais le Matterhorn ? ça, c'était un trajet intense.

Nous sommes allés à la montagne un fin de semaine et avons séjourné

dans une cabane. Je m'en souviens parce que j'ai été frappé au visage par une boule de neige, ce qui m'a donné un œil au beurre noir. C'était dans les deux premières minutes après notre arrivée. Donc, la famille n'arrêtait pas de dire : « Tu es vraiment un aimant quand il s'agit de se blesser, Anthony. » Ce n'est pas comme si j'avais prévu de me blesser tout le temps, c'est juste arrivé comme ça.

Papa et moi sommes allés pêcher au bord du lac le lendemain. Malheureusement, je n'ai rien attrapé. Mais c'était amusant d'être au bord du lac. Une nuit, nous étions tous assis dans la cabine et papa a sorti son appareil photo et a commencé à nous filmer tous assis. Bien sûr, nous avons agi comme des enfants, vous savez, en faisant des grimaces stupides, ce qui est habituel lorsque les enfants sont devant une caméra. Après tout, nous n'étions que des enfants. Il aimait tout enregistrer, même les écureuils par la fenêtre. Il était très occupé car il y avait beaucoup d'écureuils cette nuit-là. La cabine était géniale. Il y avait cette mezzanine au sommet d'une échelle, c'était amusant d'y jouer. C'est là que je passais la plupart de mon temps.

J'aimais traîner avec lui pour la simple raison qu'il était plus comme un meilleur ami qu'un père. Mais il me rappelait à l'ordre quand j'ai faisait des conneries. Ce qui arrivait souvent. Il semblait que j'étais sujet aux accidents, que je n'avais pas de chance ou que j'aimais juste faire des conneries. J'étais un enfant, faisant des erreurs et des c fin de semaine hoses qui me feraient du mal.

Après le fin de semaine amusant dans les montagnes, l'œil au beurre noir et tout le reste, nous avons entamé le chemin du retour à la maison. Nous nous sommes arrêtés pour la pizza et les sodas, bien sûr. Papa a pris de la pizza et de la bière. Il n'était pas vraiment un aficionado de soda.

Je me souviens du retour à la maison. C'était long et on aurait dit que nous vivions à des centaines de kilomètres ou quelque chose comme ça. Peut-être que la prochaine fois que nous pourrions prendre un avion, je pensais, ce qui n'avait pas beaucoup de sens, mais je ne pouvais pas le savoir. Pour moi, m'asseoir sur cette banquette arrière pendant longtemps me rendait toujours un peu nauséeux mais, je ne me souviens pas avoir jamais vomi. Je suis sûr que j'en aurais entendu parler si je l'avais fait.

Nous vivions loin du reste de la famille quand j'étais jeune, donc la routine des visites familiales était le fin de semaine. Nous avions une belle maison, je vous jure, impossible de comprendre pourquoi nous devions déménager dans cette autre ville.

Nous avons déménagé, après la fin des cours, dans cet appartement à Hawthorne. Je n'ai jamais pu comprendre pourquoi cet endroit s'appelait Hawthorne. Peut-être qu'il a été nommé d'après quelqu'un. Je sais, c'était une question stupide.

J'aimais bien car nous étions beaucoup plus proches de la plage. C'était un bel endroit. J'avais ma propre chambre, plus grande que la précédente. Le mieux, c'était que ce n'était pas si loin de l'école. Il ne fallait qu'une quinzaine de minutes pour s'y rendre. Je le savais parce que parfois je roulais à vélo ou m'y rendais à pied juste pour voir combien de temps cela prendrait. Les seules fois où ça craignait, c'est quand il pleuvait parce que les rues étaient toujours inondées et nous étions trempés. Je le savais depuis que j'avais rendu visite à mes grands-parents. Ils habitaient à une dizaine de pâtés de maisons de notre nouvel appartement.
Il y avait aussi les chauffeurs, idiots, qui aimaient nous éclabousser alors que nous attendions pour traverser la rue.

L'été passa vite. Avant de le savoir, nous étions inscrits à l'école. D'autres enfants m'avaient dit qu'il y avait ce magasin où tout le monde s'arrêtait pour acheter des bonbons et des chewing-gums sur le chemin de l'école. C'était comme un lieu de rencontre populaire, pour passer du temps, parler et rencontrer des amis avant d'aller à l'école. J'étais nouveau, donc je ne connaissais pas trop les autres enfants, mais la plupart étaient sympathiques. Dans ce coin-là se rencontraient pas mal d'enfants parce qu'il y avait trois écoles à un pâté de maisons les unes des autres.

J'aimais jouer au baseball, alors j'ai demandé à papa si je pouvais rejoindre la petite ligue et commencer à jouer. Il a dit, « Bien sûr, lorsque la saison commencera, je chercherai la plus proche de la maison pour que tu puisses la rejoindre. Cela ne devrait pas être si difficile. Je pense avoir vu un panneau annonçant une petite ligue sur le boulevard. »

Etant donné que c'était seulement en septembre, il me fallait encore attendre avant que la saison ne recommence. J'étais sûr que ça passerait rapidement.

Le temps a filé, nous étions en mars. Papa m'a inscrit dans une petite ligue et était plus excité que moi. Après tout, n'est-ce pas ce que font les papas ? Après avoir visité le magasin d'articles de sport, acheté tout ce dont j'avais besoin, nous sommes rentrés chez nous et l'avons installé. Il m'a acheté ce truc qu'on appelle un pitchback. C'était cet engin qui avait un carré au milieu, vous savez, pour me faire travailler avec précision et attraper des balles de mouche. Le seul problème était que plus vous lanciez la balle fort, plus elle vous était renvoyée violemment. La plupart du temps, j'attrapais la balle.

Une fois, je l'ai jeté si fort, qu'elle est revenue et a brisé la fenêtre derrière moi. C'était au deuxième étage - la fenêtre. Maman m'a regardé et m'a dit : « Cette fichue balle m'a presque frappé. Sois plus prudent. Ton père va être content pour la fenêtre. »

« Compris. Ne pas lancer la balle si fort la prochaine fois, désolé, maman. " J'ai répondu.

« Fais juste plus attention la prochaine fois Anthony ou va jouer derrière où il n'y a pas de fenêtre à casser. » Cela semblait être une meilleure idée. Il y avait plus de place et je pouvais lancer la balle plus loin pour améliorer ma précision.
Je pensais que lancer la balle sur un pitchback devait être très différent d'un lancer de match. J'espère que j'aurai une chance de lancer un jour. Peut-être que l'entraîneur me demandera quand

j'aurai plus d'expérience et que je pourrai prouver que je suis un bon lanceur. Je pense que je devrais m'entraîner davantage, pour qu'au moins, l'entraîneur sache que j'essaie. Je ne sais pas si l'entraîneur me le permettra car je suis nouveau dans ce sport. J'aurais probablement besoin d'un miracle pour pouvoir lancer.

Si je me révèle être meilleur que les autres gars qui visent le poste de lanceur, cela me facilitera vraiment beaucoup la tâche. Je pense que je vais lui parler et voir quelles sont mes options pour le poste. Je sais, je suis nouveau dans ce jeu et pas si bon. Comme on dit, on ne sait jamais à moins d'essayer.

Donc, avant le jour d'ouverture, lorsque nous avons rencontré nos entraîneurs, j'ai demandé si je pouvais essayer le lanceur. L'entraîneur a dit : "Tu as déjà lancé avant ?"

"Non, pas vraiment, coach." J'ai répondu.

"Eh bien, on va te mettre en champ droit, c'est plus adapté à ton niveau." Il a dit. Eh bien, cela peut m'aider à améliorer ma portée en lançant la balle vers le champ intérieur. Je pense que c'est un peu ennuyeux, compte tenu que certains gars ne pouvaient même pas frapper la balle vers le champ centre.

Chapitre 3

Le jour de l'ouverture est venu et se tenait une parade, où toutes les équipes dans leurs uniformes se promèneraient en ligne sur une musique discutable, avec un gros gars annonçant les différents groupes et joueurs. Nous avions ces bannières ringardes que nous portions devant nous. Chaque équipe l'a fait pour que le public sache le nom de chaque équipe. Non pas que les uniformes, qui l'indiquaient déjà, ne suffisent pas. Parfois, il fallait être un peu plus précis.

Nous sommes ensuite allés sur le terrain pour commencer à jouer les matchs programmés. Ils m'ont mis sur le champ droit, principalement parce que je n'étais pas très grand ou un joueur de baseball très doué. Je sais que j'ai mentionné que j'étais athlétique mais, allez, montrez-vous compatissant. Je commençais tout juste à jouer au baseball.

Papa était entraîneur et tenait à sortir sa caméra vidéo pour filmer le match. Vous savez, afin que nous puissions le regarder après, et voir si nous faisions des choses stupides comme laisser tomber une balle volante, manquer un terrain facile, frapper ou balancer à un terrain sauvage. Même s'il n'y avait pas de son, c'était intéressant Vous n'avez pas entendu tout le bruit et les acclamations, ou les huées, qui se passaient dans les gradins, juste un groupe de parents saluant la caméra. Heureusement que personne ne faisait de signes qui auraient été embarrassants. Comme un signe devant la caméra disant qui étaient vraiment leurs enfants ou quelque chose de comme ça.

Je dois dire que je n'ai pas assuré la première fois que j'ai joué. Mais cela ne m'a pas empêché de porter le chapeau de baseball partout. Je suis même allé à l'école avec cette casquette. On pourrait penser que, aussi mauvais que je l'avais été pendant ce premier match, je ne voudrais rien avoir à faire avec le baseball en dehors du terrain. J'aurais peut-être dû repenser toute cette histoire de lanceur.

Je le jure, je portais cette casquette de baseball tout le temps, peu importait la tenue. Je la tirais toujours bas sur les yeux, ou parfois je le portais en arrière. Cela me semblait plus confortable en arrière si vous me demandez. La plupart des professeurs n'aimaient pas me voire la porter. Ils m'ont toujours fait l'enlever pendant les cours.

Maman était toujours debout avec un appareil photo pour capturer des instants du match. Elle pensait que j'avais l'air si mignon dans l'uniforme. Il me semblait que j'étais dans un documentaire ou quelque chose du genre. C'était embarrassant, mais n'est-ce pas ce que font toutes les mamans ? Le jeu ressemblait à une séance photo, ce qui était un peu décevant parce que je venais pour jouer, pas être arrêté toutes les cinq minutes pour prendre une photo.

Il semblait que je devais m'arrêter pour prendre une putain de photo à chaque fois que je sortais de l'abri. Le jeu s'est terminé et, je suis désolé de le dire, j'ai rayé quatre fois, j'étais trop fier pour le mentionner. Vous savez, ce n'était pas comme je l'ai dit, avec désinvolture « Hé, j'ai joué le premier match et rayé quatre fois ». J'ai vraiment fait de mon mieux, je suis nouveau dans ce jeu et, pour être honnête, j'ai été, il faut le dire, nul. Je parie que c'était sur la putain de caméra, les retraits au bâton et toutes les autres erreurs que j'ai faites pendant le match.

Maintenant, tous les antécédents de mes accidents et mes chutes ayant été mentionnés dans les dernières pages, nous pouvons entrer dans le cauchemar d'intimidation qui commençait. Je sentais que partager un peu le début de ma vie faisait une meilleure histoire. Donc, après le match, je suis allé rendre visite à mon voisin Harry pour voir ce qui se passait.

« -Salut, Tiffany, où est Harry ? J'ai demandé.

- Salut, Anthony. Il est dans l'allée et joue sur sa planche à roulettes. » Elle répondit.

- Ah d'accord. Merci Tiffany.

- Hé, Harry !

- Hé, Anthony, comment ça va ? Je vais bien, je traîne, je fais du skateboard. Au fait, Anthony, voici Jim. » Dit Harry.

- Salut, Jim," dis-je. Ce pauvre type se contenta de grogner, puis répondit avec un reniflement,

- Quoi de neuf ? » grommela Jim.

Là je me dis, quel connard. Ce mec peut-il composer une phrase cohérente ? Ou est-il juste un connard ? Il était un grand enfant, un peu lourd et ne souriait pas beaucoup. Il semblait qu'il avait une attitude mauvaise, ce que j'allais bientôt pouvoir confirmer. Je veux dire, ce clown avait l'air de détester tout et tout le monde. Juste un enfant très amer et méchant. Quoi qu'il en soit, alors que je descendais l'allée, essayant d'en faire un trois-soixante, j'ai glissé du skateboard qui est allé vers Jim comme un boulet de canon et a presque cloué sa jambe. Il m'a regardé et là : « Attends un peu, tu vas voir ! » Hurla Jim.

Ce clown pensait que je l'avais fait exprès. Alors, il s'est approché de moi, a attrapé mon bras, l'a tordu derrière mon dos et m'a cogné la tête contre le mur de briques.

« - Aie ! Putain, pourquoi tu fais ça, Jim ? J'ai crié.

- Je ne t'aime pas, Anthony, et ne refais jamais ça. Répondit Jim.

- Quoi ? C'était un accident. Tu n'as jamais glissé d'un skate ? » j'ai répondu à l'idiot, alors que du sang jaillissait partout.

J'ai couru à la maison en pensant, quel enfoiré ! Il n'a même pas demandé si j'allais bien, ni dit qu'il était désolé. Il avait tort de me claquer la tête contre ce mur de briques. Ce gars n'a pas dit un mot sur l'incident. Quel connard !

C'était la première rencontre avec un tyran. Mes sœurs sont passées quand j'étais devant la maison. Une de mes sœurs m'a regardé et Marie, avec un sourire narquois, m'a demandé :
« -T'as fait quoi ce coup-ci, Anthony ?".

- À quoi ça ressemble, Marie ? Dis à maman ce qui s'est passé, J'ai répondu. Tori, arrête de regarder et va avec Marie.

- D'accord, ne deviens pas si impatient. Elle répondit.

- Oh, j'ai l'air impatient, Tori ? Maintenant, dis à maman ce qui s'est passé. »

Bien sûr que j'étais agité.

« Maman, Anthony saigne partout. » Pleura Tori.

Maman est sortie en courant en criant :

« - Qu'est-ce qui s'est passé ? »

« - Ben, maman, je suis tombé de ma planche à roulettes et j'ai heurté le mur chez Harry. » Quel menteur, je pensais.

« - Merde, Anthony, je dois t'emmener à l'hôpital, pleura maman. J'ai pensé : Quel débile, tu aurais dû lui dire la vérité. Je l'admets : le gars me fait peur, et je ne veux plus de problèmes. C'est tout ce dont j'ai besoin, maman plaide la situation au niveau fédéral. J'aurais probablement dû dire quelque chose, mais je suis resté silencieux. Ce que ce barge a fait était terrible, il devrait être mis hors d'état de nuire. Mais, en parlant, cela va-t-il aggraver les choses ? C'est le problème avec cette situation ; Je ne sais pas quoi faire. Disons que j'ai parlé. Qu'est-ce qu'il se passe ensuite ?

Je me suis dit que s'il découvre que c'est moi qui l'ai dénoncé, les choses pourraient empirer. J'ai donc décidé de ne rien dire et d'en rester là. Je savais que Harry ne dirait rien car il était plus petit que moi. Harry était l'un de ces enfants auxquels vous ne feriez du mal pour rien au monde. Il était trop naïf et drôle. Je veux dire, ce gamin était une catastrophe ambulante. Il a cassé la moitié de ce qui était sur son passage quand sa maman l'emmenait faire du shopping. Vous savez, un empoté que vous ne pouviez balader nulle part. Il était juste amusant à regarder, mais c'était un gamin cool. Il avait ces verres épais qui tombaient toujours le long de son nez et il les repoussait toujours jusqu'à ses yeux. C'était hilarant à regarder, surtout quand il parlait de quelque chose.

Donc, après cinq points de suture et un mal de tête déchirant, j'ai pensé qu'il serait préférable de rester loin de Jim. Il semblait être un peu trop tendu et partait au quart de tour pour la moindre petite raison.

Le lendemain, je suis allé chez Harry pour voir ce qu'il faisait, et l'intimidateur hyper réactif était là et m'a chassé.

« - Pourquoi tu ne me laisses pas tranquille, Jim ? Je ne t'ai rien fait ! " J'ai crié.

Merde, je pensais, qu'est-ce qui ne va pas avec ce gamin ? Mais cela semblait être devenu la norme pendant les semaines suivantes, être poursuivi et plus ou moins passer mon temps à m'inquiéter pour ma vie.

C'est arrivé à un point où je ne voulais plus quitter la maison à moins que personne ne soit là, surtout pas Jim. Il avait un frère aîné et une sœur cadette qui ne sortaient pas beaucoup et ne jouaient pas avec les autres enfants. Dommage que Jim ne soit pas comme eux. Son frère était un artiste ou quelque chose comme ça, il ne sortait pas beaucoup. Du moins, je n'ai jamais vu aucun d'eux dehors quand je me baladais dans le quartier.

Je me demande s'ils savaient quel salaud absolu il était - Jim, bien sûr. Juste un putain de fils de ! Bien sûr, toutes ces insultes, je les proférais dans ma tête. Je ne penserais pas à le dire à voix haute.

Un jour, j'étais assis sur les marches devant l'appartement. J'ai remarqué que quatre autres enfants avaient commencé à venir dans le quartier et j'ai finalement pensé à me faire quelques alliés pour me soutenir. Mais ils m'ont juste regardé et ont continué à marcher. Je n'ai rien dit non plus. Parfois, je ne parlais pas non plus lorsque je croisais quelqu'un que je ne connaissais pas.

Le lendemain, une autre famille a emménagé en bas : deux filles et un garçon de notre âge. La fille plus âgée était belle. J'étais instantané amoureux. Je m'assis juste là, les regardant emménager dans l'appartement du rez-de-chaussée. Ils étaient sympathiques et curieux au sujet du nouveau quartier. Je parie que j'avais l'air bizarre, assis sur les marches à les regarder, mais ils n'ont rien dit d'autre que "Salut, comment vas-tu ?".

Au fil des jours, je me suis toujours trouvé à chercher une raison de rendre visite au nouveau voisin. La fille plus âgée était Virginia, la jeune fille Grace et le garçon Rick. Nous nous entendions tous assez bien et nous avons commencé à sortir davantage. Rick était un grand amateur d'arts martiaux - vous savez, le karaté et le bâton. Cela m'a intéressé et j'ai pensé qu'il pourrait peut-être m'apprendre quelques mouvements. Peut-être que je ne serais pas autant bousculé par ce punk, pensais-je. J'ai pensé demander à Rick ce qu'il pensait de l'idée, mais j'ai réalisé que je ne le connaissais pas assez bien pour ça.

Je vais peut-être regarder autour de moi et voir si je peux trouver un cours de karaté dans le quartier et y jeter un œil. Je vais rassembler des informations et en parler à mes parents. Ils pourraient aimer l'idée. Qui sait. Je suis tellement confus. Ce n'est pas normal qu'un enfant traverse toutes ces conneries. Je peux le voir maintenant : quand je serai grand, aurai-je peur d'avoir des relations saines, de laisser quelqu'un s'approcher de moi ? Mais, on ne sait jamais, certaines choses ne durent pas, et de bons amis peuvent entrer dans ma vie. Pensez-y. Je n'ai que onze ans, j'ai un long chemin à parcourir, alors voyons ce qui se passera dans les prochaines années. J'espère que ça ira mieux. Je préférerais ne pas avoir à nouveau la tête ouverte.

Je pense que si je reste loin de cet enfant, les choses devraient bien se passer.

Je le vois même pas si souvent ; il ne vient que de temps en temps. C'est un type particulier, la façon dont il se comporte est très antisociale. Ce jour-là chez Harry, quand il m'a cogné la tête contre ce mur, on aurait dit qu'il était fou. Seigneur, qui fait ça à une autre personne sans aucun remords ? Ce mec ressemblait à un sociopathe, un dément. Dans ma courte vie, je n'ai jamais pensé que quelque chose comme ça m'arriverait.

C'est un cas. Ce gars devrait vraiment aller consulter ou quelque chose comme ça. Je suis content qu'il ne fréquente pas la même école que moi. Je ne pouvais pas imaginer voir cet enfant tous les jours. C'est déjà assez dommage qu'il habite au coin de la rue. Dieu merci, c'est une longue rue. Je ne comprends vraiment pas pourquoi Harry traînait avec un enfant comme ça, de toute façon. En ce qui me concerne, je pense que ce gamin traîne autour de plus petits pour se sentir supérieur. Je ne sais pas, peut-être qu'il a un complexe d'infériorité. Je pense que je devrais lui demander s'il est sous soins psychiatriques ou s'il consulte pour ses problèmes de colère. Ha Ha Ha, ce serait génial, mais je serais probablement battu.

Chapitre 4

Un jour, j'ai frappé à la porte des nouveaux voisins en bas, leur mère a ouvert, et je me suis présenté. Elle avait l'air très gentille et agréable.

« - Salut, je suis Anthony. J'habite à l'étage.

-   Ravie de te rencontrer Anthony », a-t-elle dit. Je suis Jean, et le père de Rick est Rick Sr. Tu cherches Rick ? "

-   Oui. Et Virginia est là ? J'ai demandé.

-   Elle est avec un petit ami en ce moment. » répondit Jean. Hmmm, un petit ami, je pensais.

C'est peut-être un problème.

-   Ils parlent dans le coin.

-   Ah d'accord.

-   Hey, Anthony.

-   Hey, Rick, comment ça va ?

-   Je vais bien, j'écoute juste des disques. » répondit Rick.

-   Cool Rick.

-   J'aime la musique pop. Qu'est-ce que tu aimes, Anthony ?

-   Je suis moi-même dans le rock, j'ai répondu.

-   C'est super. Tu veux t'asseoir et écouter un peu de musique ? il a demandé.

-   Bien sûr, ça a l'air bien. »

Je me suis assis là, regardant autour de moi, écoutant de la musique et parlant à Rick, sa maman et son petit frère. Environ une heure après, j'ai dit : « Je vais à l'étage pour manger. Je te verrai plus tard. »

Alors que je sortais, j'ai vu Virginia et son petit ami marcher dans la rue, en train de parler, je me suis approché pour dire bonjour. Je ne sais pas comment ça a commencé, mais pendant la conversation, le petit ami de Virginia s'est fâché et a commencé à me frapper. Alors que j'étais allongé là, complètement humilié et un peu dans la douleur :

-   Pourquoi t'as fait ça ?" j'ai demandé douloureusement.

-     Je n'aime pas que tu parles à ma petite amie, dit Gene. (C'est le petit ami de Virginia.)

-     Pourquoi est-ce que je ne pourrais pas parler à ma voisine ? j'ai demandé.

-     Parce que je l'ai dit ! aboya-t-il.

J'ai pensé, bon sang ce mec est fou, vaut mieux l'écouter. Même s'il semble être un idiot complet, je n'ai pas envie d'être à nouveau frappé. Virginia m'a regardé d'un air qui disait : "Merde, ça a dû te faire mal !" Mais il semblait qu'elle ne se souciait pas du tout du fait que je venais d'être battu juste pour lui avoir adressé la parole. Donc, après m'être relevé tant bien que mal, je suis remonté. Maman et papa ont dit :

« - Qu'est-ce qui t'est arrivé ?

-     Oh, je courais, j'ai trébuché et je suis tombé dans des buissons." Mon père et ma mère ont dit :

« - Tu devrais vraiment être plus prudent, fils. Tu n'arrêtes pas de te blesser ces derniers temps.

Alors que j'étais au lit cette nuit-là, j'ai levé les yeux et demandé, pourquoi cela m'arrive-il ? Je savais que j'étais un bon garçon, totalement indigne d'un traitement aussi sauvage. Mais, encore une fois, j'avais peur de dire la vérité à mes parents. Je n'avais jamais eu à faire face à des intimidateurs auparavant, donc j'étais incertain de ce qu'il fallait faire.

Je me demandais comment un garçon de onze ans s'était retrouvé dans une telle situation. La situation était difficile : il n'était pas sain pour un enfant de se faire claquer la tête contre un mur de briques ou d'être battu pour avoir parlé à sa voisine simplement parce que son petit ami est un âne jaloux et a des problèmes de colère, qui devraient vraiment être examinés par un psy, ou quelque chose dans ce genre. Je suis content que ce clown n'ait pas vécu dans le quartier. J'ai entendu dire qu'il vivait à une vingtaine de kilomètres de là et qu'il faisait partie d'un gang. C'est tout ce dont j'avais besoin, avoir un groupe de petits gangsters sur le dos parce que je parlais à une de leurs petites amies.

Plus tard, j'ai découvert que Rick faisait partie de ce même gang et j'ai commencé à m'inquiéter en me disant que maintenant, je devais faire attention et garder la tête baissée.

Un jour, à l'école, nous jouions tous sur le terrain et ces gars sont venus vers moi et m'ont poussé par terre sans raison.

« - Pourquoi tu fais ça, me pousser, je peux savoir pourquoi ?

-       Aucune idée, juste envie, a répondu le plus grand.

-       Tu trouves ça normal, un gamin qui pousse les autres sans raison. »

C'est ça le problème avec moi, j'ai toujours envie d'analyser les choses. Ce qui me cause parfois des ennuis. Je me suis levé et je suis retourné en classe, et un autre enfant m'a demandé :

« - Pourquoi le nouveau te traite comme ça ? demanda le garçon.

-       Je ne sais pas. Je ne pense pas avoir fait quoi que ce soit pour le rendre fou de rage » j'ai répondu.

J'ai découvert plus tard qu'il était un tyran du quartier qui venait de commencer à l'école et essayait peut-être de se faire un nom. J'étais content que ce gamin n'habite pas non plus dans le quartier. J'avais déjà plus que je ne pouvais gérer avec Jim, l'idiot.

Quand je suis rentré de l'école, je suis sorti pour voir qui était dans le coin et j'ai rencontré Rick, qui parlait à quatre gars qui venaient d'emménager dans le quartier. Ils se sont présentés comme John, Frank, Mark et Fred. J'ai demandé comment ils allaient et Frank a mentionné qu'ils allaient jouer au baseball, en utilisant une balle de tennis, dans l'allée de Fred.

« - Hé, ça a l'air amusant, » répondis-je.

Nous avons fini par jouer pendant quelques heures puis j'ai entendu maman crier : "Anthony, rentre maintenant, il fait nuit."

Ils ont tous ri et ont dit : « T'es pas un fils à sa maman, n'est-ce pas, Anthony ? »

En rentrant chez moi, je me suis demandé ce que signifiait ce « fils à maman » selon les termes d'un de ces idiots. Je pense avoir reçu la réponse quand j'ai reçu un rocher à la tête, qui m'a précipité par terre. En tombant, je les ai entendus qui riaient tous les cinq. J'ai regardé derrière moi et j'ai remarqué que Rick, John, Frank, Mark et Fred avaient été rejoints par quelques autres. Harry et Jim semblaient parler avec le reste du groupe. Vous vous souvenez de Jim, le clown qui m'a ouvert la tête, et Harry.

Harry était un gentil garçon, il ne m'a jamais posé de problème. Il était le seul à ne pas rire quand l'un d'eux m'a lancé une pierre et m'a renversé. Je parie que c'était cet idiot Jim ! Mes notes ont commencé à souffrir à cause de ces mauvais traitements. J'étais plus soucieux de ne me mettre personne à dos.

Le baseball était tout ce que j'aimais faire, alors je m'entraînais tout le temps pour rester occupé et loin des oiseaux de malheur du quartier. J'ai commencé à me demander ce que j'allais faire avec six brutes sur le dos. J'ai pensé qu'il valait mieux ne pas leur donner une raison de se mettre en colère contre moi. Mais ils trouvaient toujours une raison de me bousculer. Le plus drôle, c'est qu'ils ne le faisaient que lorsque qu'il n'y avait que nous, ou s'il y avait des filles qu'ils voulaient impressionner. Jamais quand quelqu'un d'autre était là ou quand l'un des parents était absent.

J'ai tellement pratiqué le baseball avec papa que j'ai commencé à devenir assez bon. Non pas que j'étais prêt pour les grandes ligues, mais j'étais mieux que je ne l'avais été auparavant. Le prochain match était le lendemain, après l'école. Je sentais que j'étais prêt et ferai beaucoup mieux. Je pense que j'ai mis l'uniforme trois heures avant le match en pensant : Aujourd'hui, je vais faire mieux. Ce retour en arrière m'a vraiment aidé avec mon contrôle et – pour couronner le tout- plus de fenêtres cassées.

Il m'a aidé à aligner les balles et à maîtriser une technique pour les arrêter avant qu'elles ne me dépassent. Il ne se retenait pas en lançant la balle. Elles venaient vers moi rapidement. Parfois, je ne pouvais pas me mettre devant elles et elles passaient à côté de moi. Papa disait seulement « Abaisse ton genou, utilise ton corps pour bloquer la balle. » Cela fonctionnait presque tout le temps, donc ça a commencé à devenir un peu plus facile.

Le lendemain, quand je suis rentré de l'école, j'étais pressé d'aller sur le terrain parce que nous avions un match. À ma grande surprise, on m'a demandé d'essayer de lancer, car le lanceur habituel n'était pas venu ce jour-là. Je me sentais en confiance grâce à tous les lancers que je faisais avec le pitchback. J'étais numéro dix, sur le monticule. J'ai jeté plus fort que je ne l'avais imaginé et j'ai fini par éliminer plus de frappeurs que le gars que j'avais remplacé. L'entraîneur était ravi de son choix, tout comme moi, sans oublier que j'ai fini par réussir deux circuits et un double. Ce qui est cool, c'est que lorsque vous frappez un home run, le snack-bar vous offre un hamburger et un coca. Comme j'ai fait deux circuits, j'ai donné l'autre hamburger et le coca à Harry, qui était venu assister au match.

Les grands-parents étaient là pour m'encourager. Papy ne pouvait être confondu avec personne d'autre, il portait toujours des chemises en flanelle et fumait beaucoup trop. Papy n'a jamais rentré ses chemises dans son pantalon, pour une raison quelconque, et ne parlait pas beaucoup. Je suppose qu'il avait eu une vie bien chargée. Il était un vétéran de la Seconde Guerre mondiale, en Europe. Je parie qu'il en aurait eu de bonnes à raconter. Dommage qu'il n'ait jamais parlé de la guerre ou de ce qu'il a fait pendant son séjour en France.

On a toujours vu papa essayer d'enregistrer sur bande vidéo tout le monde aux jeux, ainsi que le jeu lui-même. Ils semblaient aimer ça, vous savez, les spectateurs, immortalisés sur bande. Je suppose que les gens, y compris moi-même à ce moment-là, ne se souciaient pas d'être pris en photo. Je ne pensais plus à ces soi-disant « amis » (faute de meilleur mot).

Après ce match, ils allaient annoncer les joueurs étoiles de la ligue. Tous les joueurs étaient excités et espéraient faire partie de l'équipe mais, logiquement, tout le monde ne pouvait être sélectionné. J'en ai fait partie cette année-là et j'étais ravi de voir comment nous nous débrouillons.

Le premier et le seul match que nous avons eu ne s'est pas si bien passé. Nous avons fini par perdre et, malheureusement, vous n'aviez droit qu'à une seule défaite, donc c'était fini pour nous. Ça craignait. Cela aurait dû être le meilleur des trois ou quelque chose du genre. J'ai cependant réussi un coup de circuit sur le premier lancer de ce match. Ça, c'était une journée passionnante pour moi. J'ai une superbe photo, que quelqu'un m'a donnée, de moi-même alors que j'arrondissais en deuxième position.

Sur le chemin du retour du match, je ne pouvais pas m'empêcher de me demander et de m'inquiéter que ces gars, les soi-disant amis, aient de vrais problèmes. Pourquoi un enfant lancerait-il un rocher à la tête d'un autre et penserait-il que c'est drôle ? Ou attrapez des têtes d'enfants et les enfoncez dans un mur de briques. Qui fait ce genre de chose à une autre personne ? Avant mes onze ans, comme je l'ai mentionné précédemment, je n'avais jamais entendu parler de cela. Bien sûr, on le voit dans les films, mais ça reste de la comédie. Rien de tout cela n'était réel, pour l'amour du ciel.

Le lendemain du seul match des étoiles, je suis allé à l'école et j'ai vu tous les gars du quartier en petit groupe. Je les ai évités parce qu'ils étaient une classe au-dessus de moi, et j'avais mieux à faire que d'être harcelé par ces Néandertaliens.

« - Hé, Anthony, viens ici », a crié l'un d'eux, donc, comme un imbécile, je l'ai fait.

Et je l'ai regretté parce que Frank a dit : « Donnez-moi ton argent pour le déjeuner. » Je me disais que ces gars-là hallucinaient quand, tout d'un coup, mes deux bras ont été saisis et j'ai été renversé. Il a dit : « Donne-le-moi maintenant, ou la prochaine fois, ce sera pire.»

Là, je me suis dit que ça devenait hors de contrôle. Je lui ai donné l'argent du déjeuner et je n'en ai rien dit, pas même à mes parents. Ouais, je sais que si personne ne sait ce qui se passe, ça ne s'arrêtera pas. Ce que je ne comprends pas maintenant, c'est que je pensais que ces mecs étaient des amis. Voyons ce qui se passe plus tard et partons de là.

Parlez d'être confus et effrayé. J'étais un peu nerveux à propos de tout. Je me suis fait un devoir d'essayer de rester loin de ces gars. Dommage que cela n'ait jamais fonctionné. Ils étaient toujours autour de l'appartement, à cause de Rick. S'ils étaient dans le salon de Rick, ils pouvaient entendre si quelqu'un descendait. C'est comme s'ils avaient un fil de déclenchement ou quelque chose comme ça. C'était pathétique, vous savez, ces clowns qui me harcelaient tous les jours.

Quand ils en avaient après moi, quand je ne faisais pas ce qu'ils voulaient… je ne descendais pas si je savais qu'ils étaient là. Je préférais les jours d'école parce qu'ils partaient avant moi. Un jour, je pensais qu'ils n'étaient pas là et je suis descendu pour monter mon skate jusqu'au parc. Mais Frank et Rick sont sortis et ont dit :
« - On veut parler avec toi. »

Puis Frank m'a poussé et a dit : « Tu vas où, couille molle ? » avant de continuer « J'ai besoin d'argent et je pense que tu dois emprunter cinq dollars à ton père. Tu viendras à la maison plus tard dans la journée pour me le donner. Ou bien, ça va finir comme ça. » Il attrapa la planche à roulettes et la poussa du pied dans la rue. Une voiture roula dessus, la brisant en deux. Je baissais les yeux et me dirigeais vers la route pour ramasser les morceaux. J'ai marché avec cette planche à roulettes jusqu'au parc, en pleurant parce que papa venait de me l'acheter quelques semaines auparavant. C'était tout neuf, et je l'adorais ce skate.

Je me suis assis dans le parc sur le manège, faisant juste des cercles pendant ce qui semblait être des heures, essayant de comprendre comment j'expliquerai l'état du skateboard.

Puis je me suis retourné et j'ai vu ces mêmes gars debout derrière moi. Je me suis levé et j'ai dit :
« - Hé, les gars, je dois rentrer à la maison maintenant. »
Rick et Fred ont dit :
« - Pas si vite. T'as combien sur toi ?
-     Je n'ai pas d'argent", ai-je dit, laisse-moi tranquille. Tu m'as dit d'aller demander à mon père et je
n'ai pas eu la moindre chance. »
C'est alors que je me suis retourné et que Frank m'a frappé au ventre. Je suis tombé, Fred s'est mis à fouiller dans ma poche et a

pris les trois dollars que j'avais gagnés en aidant un voisin à nettoyer son garage quelques jours auparavant.

« - Rends-moi ça maintenant ! » J'ai dit.

Puis Fred m'a frappé au visage, mes lèvres saignaient. « Tais-toi, couille molle, sinon tu auras un autre sandwich aux jointures. Je veux que tu sois à la maison dans une heure pour me donner ces cinq dollars que je t'avais demandé de m'amener. »

J'ai ramassé les morceaux de ma planche à roulettes et je suis rentré chez moi, en me demandant quand ce cauchemar prendrait fin. Combien de temps cela pourrait-il durer ? Ces exemples pathétiques de la race humaine n'ont-ils pas de conscience ? Comment dorment-ils, sachant qu'ils me maltraitent quotidiennement ? Je ne pense pas que je pourrais frapper quelqu'un ou lui prendre de l'argent sans autre raison que d'être un connard. À bien y penser, je n'ai jamais vu de film avec ce genre de conneries arriver à un bon gamin.

Bien sûr, sur le chemin du retour, ces grands amis à moi ont inventé un jeu qui consistait à demander : "Wow, qu'est-il arrivé à ton skate ?" Comme s'ils ne connaissaient pas déjà la réponse à cette question. Je les ai juste regardés et j'ai continué à marcher. Frank a cru bon de me rappeler de lui obtenir les cinq dollars qu'il avait demandés plus tôt.

« - Pas de problème, Frank, dès que je rentre à la maison. »

- Et dépêche-toi de les apporter à la maison. J'ai des trucs à faire. » commenta Frank.

Des trucs à faire- quel enfoiré. Je jure que si ce gars pouvait être plus stupide, il faudrait qu'il soit étudié. Des trucs à faire- bien sûr ! Je dois trouver un moyen de m'occuper de Fred. Je devrai être aussi sournois et fourbe qu'il l'est avec moi. Ce que je veux dire, c'est que j'aimerais faire en sorte qu'au moins un de ces mecs se sente coupable de ce qu'ils me font. C'est totalement absurde que ces salauds puissent m'intimider tout le temps. Je ne comprends pas, ils ne voient pas qu'ils détruisent ma vie.

Chapitre 5

Quand je suis rentrée à la maison, maman a demandé :
« - Anthony, qu'est-il arrivé à ton skate ? Et à ta lèvre ? Elle saigne. Viens ici, mets de la glace dessus. »
-       Je faisais du skate au parc, la roue a heurté une pierre et m'a projeté en avant. En glissant, mon pied a envoyé la planche derrière moi jusque sur la chaussée, et une voiture a roulé dessus. Je suis désolée, maman, pour le skateboard. Papa va être fâché ? j'ai demandé.
-       Non, Anthony. Il sera content que tu n'aies pas été heurté par la voiture. Prends les morceaux et mets-les à la poubelle derrière. J'expliquerai tout à ton père. » elle a dit.
-       Merci maman. Je reviens tout de suite. »
Quand je suis monté à l'étage, j'ai rejoint ma chambre pour y écouter de la musique. Je me souviens être resté allongé là, pensant à tous les mensonges et excuses que j'avais racontés à mes parents à propos de ces mésaventures et me sentant comme un raté.
Quand papa est rentré, maman a expliqué ce qui s'était passé. Papa est entré dans la pièce et a dit :
« - Désolé pour ton skate.
-       Merci papa. Je peux te demander cinq dollars ? J'ai emprunté de l'argent à Frank et je lui ai dit que je le rembourserais. »
Papa m'a remis les cinq dollars, puis les prenant, j'ai dit : « Je reviens tout de suite » et je suis allé chez Frank pour lui donner l'argent. Après l'avoir pris, il a dit : « casse-toi looser » et ferma la porte, alors je suis rentré chez moi et je me suis couché.
Après m'être allongé là pendant ce qui semblait être une nuit interminable, je me suis endormi et j'ai rêvé que je vivais ailleurs, un endroit sans tyrans, et rien de terrible ne m'arrivait, pas comme dans la vraie vie. Je rêvais de ce que je considérais être une bonne vie, et à ce moment-là, c'était une vie sans être intimidé ou battu. Le rêve que j'ai fait était cool. J'avais une jolie petite amie qui passait beaucoup de temps avec moi. Nous nous amusions au parc,

nous promenant et discutant tout le temps. Nous grimpions ensemble aux arbres et jouions sur les balançoires. C'était parfait.

Puis je me suis réveillé et j'ai immédiatement commencé à pleurer en pensant à ce qui se passait, ma lèvre a commencé à me faire mal, et je me suis souvenu de ces quatre gars qui aimaient juste me prendre de l'argent et me battre. J'ai pris mon petit-déjeuner et suis allé à l'école.

Sur le chemin de l'école, il semblait que j'ai commencé à réfléchir et à mettre quelques mots sur ce qui m'arrivait.
C'était une journée ordinaire, sans incident. Je me souviens avoir pensé que j'étais fatigué d'avoir tous ces problèmes.

Alors que je rentrais chez moi, Frank et ces larbins vinrent vers moi :
« - T'as combien sur toi ?
-    Je n'ai pas d'argent, Frank, j'ai répondu.
Fred m'a regardé, s'est tourné vers les autres et a dit :
« - Mais qu'est-ce qu'on va faire de ce looser ? Anthony, on t'a déjà demandé, t'as combien sur toi là maintenant ?
-    Je n'ai que quelques dollars, j'ai répondu.
-    Donne-moi l'argent ou je t'arrange la lèvre. » demanda Frank.
Alors je le lui ai donné et je me suis tenu là, étonné qu'il prenne mon argent. Fred m'a alors giflé puis la bande s'est éloignée.

J'ai entendu Mark dire : « La prochaine fois, l'argent est à moi. »
Le seul d'entre eux qui ne s'en prenait pas trop à moi allait s'y mettre maintenant ? Je me relevais et rentrais chez moi sans savoir ce que j'allais faire.

Bien sûr, à mon retour, maman a remarqué cette nouvelle ecchymose. Je lui ai dit que c'était arrivé en jouant au football, au déjeuner. À ce stade, je voulais juste retrouver la solitude de ma chambre. J'aimais m'allonger sur le lit, regarder le plafond, me demandant pourquoi les gens font ce qu'ils font. On pourrait dire que j'étais intelligent pour mon âge. J'ai tout analysé, mais en même temps, tout gardé pour moi. Le lendemain, je les ai tous rencontrés. Frank s'est excusé pour la veille et les autres ont été étrangement gentils avec moi alors que je me rendais à l'école à pied. J'ai dit :

« - Pourquoi vous me harcelez toujours ?

-      On ne t'harcèle pas, déclara Fred.

Puis Frank a dit :

« - Hé, Anthony, tu peux me faire une faveur ?

-      De quelle faveur s'agit-il, Frank ?

-      J'ai besoin que tu ailles à cette adresse et que tu prennes un truc qui a été mis de côté pour moi. Oh, et Anthony, on m'a dit que si personne n'est à la maison, il suffit de grimper par la fenêtre. »

Donc, comme un crétin, je l'ai fait. J'ai frappé à la porte et personne n'a répondu, alors j'ai fait le tour de la maison et j'ai vu une fenêtre ouverte. Ce dont je me suis souvenu, c'est que Frank avait dit que si personne n'était à la maison, c'était par-là que je devais passer. J'ai mis une boîte sous la fenêtre, suis monté et me suis glissé à l'intérieur. J'ai attrapé le sac qu'on m'a demandé de prendre et je suis parti. Puis, j'ai rejoint Frank et je le lui ai donné.

L'un des autres enfants a dit : « Vous avez entendu ? La maison de Tom a été cambriolée. Un pistolet a disparu, ainsi que de l'argent. » Ils ont tous commencé à rire et Rick m'a fait « Maintenant, tu dois faire tout ce qu'on demande, sinon on s'occupe de toi. »

Qu'est-ce que j'ai fait pour me mettre dans cette situation ? J'ai mis un pistolet entre les mains d'un enfant de douze ans. J'aurais dû regarder dans le sac en premier, mais j'étais trop nerveux, à grimper par la fenêtre d'une maison inconnue.

Cette nuit-là, alors que j'essayais de dormir, je n'arrêtais pas de penser à quel point j'aimerais ne plus faire partie de ce monde. J'ai pensé à mon père, souffrant du diabète, ce qui n'était pas mon cas. Peut-être que si l'on se fait une injection, on peut mettre fin à toutes ces horribles expériences. Je suis allé dans la cuisine et je l'ai fait : j'ai attrapé la bouteille d'insuline du réfrigérateur et une seringue. J'ai rempli la seringue, me suis piqué dans le bras et je suis retourné me coucher.

Plus tard, je me suis réveillé, transpirant comme jamais cela ne m'était arrivé. Je me sentais affamé et anxieux. Je suis allé dans la

cuisine et j'ai pris des céréales D'une manière ou d'une autre, la teneur en sucre des céréales a dû neutraliser l'insuline. J'étais toujours dans le même bateau, sans issue : un mot et je me fais tabasser, je pourrais aller en prison, ou pire, ces gars-là me battent à mort. Le lendemain, je les ai vus dans la rue et Frank a dit :
« - Ton père a une belle voiture. Prends les clés. "
-      T'es fou, Frank ? »
Mais après avoir été un peu bousculé, je suis monté, j'ai attrapé les clés après que papa soit descendu pour faire sa sieste et je suis retourné en bas. C'était samedi, il faisait donc la sieste à midi, et maman n'étant pas à la maison, j'ai profité de l'occasion. Nous nous sommes tous entassés dans la voiture et avons fait le tour du quartier à quelques reprises. Mais Frank perdit le contrôle et est rentré dans une voiture garée. Nous sommes tous partis en courant. Je me suis caché derrière une maison, dans les buissons, jusqu'à ce que papa sorte en courant, cherchant à voir ce qui s'était passé. Puis je suis rentré, j'ai remis les clés à leur place, suis retourné dehors et je me suis caché. Il pensait que quelqu'un avait essayé de voler sa voiture et les flics enquêtaient sur l'accident.
Papa s'est approché et le policier a demandé :
« - Puis-je vous aider, monsieur ?
-      C'est ma voiture. » a dit mon père.
L'officier a demandé :
« - Conduisiez-vous, monsieur ?
-      Non, je ne conduisais pas la voiture, monsieur l'agent. Je faisais la sieste
à la maison.
-      D'accord, monsieur, la voiture n'est pas trop amochée. Vous pouvez y aller et la ramener à la maison, assurez-vous de contacter votre compagnie d'assurance et de lui dire que la voiture a été volée. Venez demain au commissariat pour prendre le rapport. À part ça, on a tout ce qui faut. » dit l'officier.
Alors, papa est rentré chez lui pour récupérer les clés, est revenu et a garé la voiture là où elle était avant l'incident. Pendant que les

autres flics faisaient le tour du quartier, j'en ai entendu un près des buissons où je me cachais, bien que lui ne puisse pas me voir. Qu'est-ce qui me passait par la tête, comment était-ce arrivé ? Je suis jeune, stupide et lâche, voilà pourquoi. Je suis sorti de ma cachette et ai rencontré Virginia. Elle se demandait pourquoi il y avait un tel raffut.

« Quelqu'un a essayé de voler la voiture de papa et l'a écrasée au coin de la rue. » j'ai dit.

Puis Frank, Rick, John, Mark, Ed et Fred se sont approchés et ont dit :

« T'as vu ce que Anthony a fait ? Il a détruit la voiture de son père ! » À ce moment-là, j'étais rouge d'humiliation et d'embarras. Virginia m'a rappelé que j'avais dit que quelqu'un avait essayé de voler la voiture de papa. C'était six contre un, alors je suis resté silencieux. Virginia était énervée qu'on lui ait menti, alors elle m'a traité de looser fini et malhonnête et m'a dit de ne plus jamais lui adresser la parole.

Rick a repris la parole. J'ai supposé qu'il allait changer de sujet mais, au lieu de cela, il a mentionné que, si je ne faisais pas ce qu'ils disaient, ils me feraient la peau.

J'ai cambriolé une maison, je serai accusé d'avoir détruit la voiture de papa, et je suis maintenant l'esclave de ces soi-disant amis. Il était difficile de concevoir que des enfants de douze et treize ans puissent détruire un autre enfant. Qui aurait deviné ?

Puis ce bon vieux Frank a mentionné qu'il lui fallait vingt dollars. Il m'a regardé et a dit : « T'as deux jours, sinon. » Je me suis assis là pendant une demi-heure, me demandant où j'allais bien pouvoir trouver ça. J'étais sur le trottoir, assis, espérant qu'une voiture me heurterait pour que je ne doive pas donner les remettre à Frank.

Je pensais à la voiture qui n'est jamais venue quand je reçus un tas de gifles à l'arrière de ma tête.

« - Mais qu'est-ce que vous faites ? Laissez-moi tranquille ! j''ai pleuré.

-    Tu ferais mieux de te bouger et de me trouver ces vingt dollars.

» a répondu Frank.

Le lendemain, nous sommes tous allés rendre visite à ma grand-mère maternelle. C'était sympa. J'ai toujours aimé la voir. Mais cette fois-ci ce fut différent. J'avais besoin de vingt dollars, ou j'allais me faire tabasser. Je suis entré dans la chambre de grand-mère pendant que tout le monde parlait dans le salon et j'ai pris vingt dollars. J'évitais à nouveau les coups, mais à quel prix ? L'argent manquant est passé inaperçu, on n'en entendit pas parler du reste de la journée.

Frank a demandé son argent dès qu'il m'a vu le lendemain. Pendant que je le lui donnais, John est arrivé avec le reste du groupe.

« - Hé, vous deux, le centre commercial vient d'ouvrir. Allons voir ça. » a dit Fred.

Nous sommes entrés dans le magasin et derrière moi, j'ai entendu : « J'aime cette veste.

- Achetez-la, alors, John.

- Pourquoi est-ce que je devrais l'acheter alors que tu vas me la voler ? Si tu sais ce qui te convient le mieux, tu le prends et tu sors.

» C'est exactement ce que j'ai fait, avant de la lui donner une fois que nous nous étions éloignés du magasin. Quand je pensais à ce que je venais de faire, cela m'a déçu de moi-même, principalement parce que, avant d'avoir eu le malheur de connaître ces mecs, je n'aurais jamais rien fait de mal comme ça. Parfois j'avais envie de fuir, de m'éloigner du problème. L'intimidation, les mauvaises influences et cette pression étaient accablantes. Mais je suis resté et j'ai supporté ce comportement complètement ridicule. Tous ceux que je croisais dans le quartier me donnaient l'impression d'être des espions pour ces garçons. Il semblait qu'ils avaient une influence significative sur les enfants du quartier.

Je voulais vraiment confier à quelqu'un ce qui m'arrivait, mais je ne savais pas à qui faire confiance ou qui me croirait. Garder pour moi tout ce qui m'arrivait n'était pas facile. Je pensais qu'il valait peut-être mieux que je garde le silence pour le moment.

Merde, cette vieille maison dans laquelle nous vivions auparavant me manque. La vie était tellement plus facile et je préférais l'école là-bas, plutôt que celle que je fréquentais actuellement. Les enfants étaient très différents et nous avions plus en commun. Je ne sais pas si c'était parce que nous étions plus jeunes ou parce que nous n'avions tout simplement pas de penchant pour la violence.

Tout ce que je sais, c'est que je regrette la vallée de Simi et la maison dans laquelle nous vivions auparavant. Je suppose que, comme pour toutes choses, je dois juste m'habituer à ce nouvel environnement.

Chapitre 6

Le nouveau centre commercial semblait être un endroit amusant où aller, même après avoir pris cette veste. Un jour, en se promenant dans le centre commercial, Rick a dit :

« - Hé, allons jouer au baby-foot dans l'arcade.

-     Bien sûr, ça a l'air marrant. » j'ai répondu.

Le baby-foot est un jeu avec beaucoup de petits petites figurines attachés à un bâton, et vous devez manœuvrer le ballon de l'autre côté, devant l'équipe de votre adversaire jusque dans le but. J'étais plutôt bon et j'ai joué tout l'après-midi.

Sur le chemin du retour, nous avons commencé à donner dans les coups de pied dans les journaux distribués plus tôt dans la rue, en marchant. J'ai donné un coup de pied au mien et j'ai presque frappé une jolie fille qui se tenait devant sa maison.

« Attention, cria-t-elle, tu m'as presque frappée. »

Bien sûr, je me suis excusé et j'ai commencé à lui parler.

« - Salut, quel est ton nom ? J'ai chuchoté.

-     C'est Beth, et toi ?

-     Oh, je suis Anthony. »

Nous nous entendions très bien et avons eu une conversation agréable jusqu'à ce que Frank me pousse de côté et commence à lui parler. Il m'a dit d'aller voir ailleurs, qu'il l'aimait bien et que je devrais arrêter d'essayer de lui parler. J'ai commencé à prendre le chemin de la maison avec les autres gars qui se moquaient de moi, et Fred qui lançait : « On te laissera parfois parler à une fille, à moins que l'un de nous ne soit intéressé. »

J'ai trouvé ça pathétique, quels idiots. Alors que nous marchions dans la rue, papa, qui était dehors a dit :

« - Oh, qui sont tes amis, Anthony ?

-     Oh, voici Rick, John, Fred, Mark, Ed. »

À ce moment-là, Frank marchait pour nous rattraper.

Papa a demandé :

« - Hé, vous voulez venir manger quelque chose ? »

Bien sûr, ils ont tous dit oui, alors nous sommes montés et avons mangé des macaronis au fromage.

La bande aimait la cuisine de papa, alors nous nous sommes assis et avons discuté pendant un moment. Après leur départ, il a dit :« Tes amis sont gentils, Anthony. »

J'ai pensé, mon Dieu, si tu savais ! Je suis allé dans la chambre, me suis allongé sur le lit et j'ai commencé à penser à Beth, à quel point c'était merdique que Frank ait pris le dessus pour lui parler.

Le lendemain, nous sommes tous allés à la plage pour faire du surf. Ce fut une journée géniale. Nous avons tous passé un bon moment, et la bande se comportait mieux. Je suis devenu soupçonneux de leur soudaine gentillesse.

Merde, c'est peut-être juste mon imagination, pensais-je. Je ne devrais pas être si paranoïaque tout le temps.

Là je me suis dit, ça c'est finalement un jour normal. Une journée où personne ne m'a frappé ou ne m'a fait faire quelque chose qui me pourrait me faire arrêter. Quoi qu'il en soit, étant donné que les jours passaient sans aucun nouvel incident, il me semblait que les choses pourraient s'améliorer. Frank est venu dans l'après-midi, demandant une faveur. Quel enfoiré. Je me demande si ce clown peut devenir plus pathétique.

« - De quoi t'as besoin Frank ? J'ai répondu.

-    Oh, tu peux faire mes livraisons de journaux pendant que je suis en

vacances ? Tout ce que t'as à faire c'est de remettre les journaux pendant mon absence. Ensuite, tu collectes tous les abonnements à la fin du mois. Tu peux garder ta part et me remettre le reste de l'argent à mon retour. »

Je me suis dit que je pourrais gagner quelques dollars et ne pas voir cette tête avant deux semaines.

Donc, maintenant j'étais un paper boy, un livreur de journaux. À la fin des deux semaines, j'ai commencé à collecter les abonnements. Le plus drôle était que la plupart avait déjà payé. J'ai commencé à m'inquiéter parce que cent vingt-cinq dollars étaient dus à la fin de la collecte, avec soixante-quinze dollars supplémentaires, ce qui était censé être ma part. J'ai commencé à aller dans chaque maison et je n'ai pu récupérer que cent dollars. Il semblait que Frank avait déjà pré-collecté les abonnements en partant du principe qu'il partait en vacances et voulait remettre l'argent avant de quitter la ville. Le seul problème était qu'il n'avait remis un sou. Mon père l'a découvert parce que j'avais besoin de vingt-cinq dollars pour couvrir ce que Frank allait demander à son arrivée le lendemain.

Il n'allait pas me les donner. Il disait que Frank devrait couvrir la dépense car il relevait de sa responsabilité de remettre de l'argent.

« - Papa, j'ai découvert que Frank faisait de la collecte avant de partir en vacances.

-     Eh bien, il aurait dû en garder une partie, sachant qu'un certain montant devait être remis au gestionnaire des livraisons à la fin du mois. » Quand Frank est arrivé, il a demandé :
« - Où sont les cent vingt-cinq dollars, pourquoi est-ce que je ne les tiens pas entre mes mains ?

-     Je n'ai pu collecter que cent dollars. » dis-je à Frank.
Mais il est sorti de ses gonds et m'a frappé, m'appelant un menteur et disant que je ferais mieux de trouver les vingt-cinq dollars qui me manquaient. Je me suis relevé et suis rentré chez moi et, comme d'habitude, je suis entré dans ma chambre et me suis couché sur mon lit.

Ce gars est tordu, je pensais. Il m'a traité de menteur quand c'était lui qui avait collecté l'argent sans le remettre.

À ce moment-là, j'étais vraiment sur les nerfs, plein d'inquiétude et de confusion quant à la raison pour laquelle je me suis laissé avoir comme ça. Il n'était pas de ma responsabilité de remettre de l'argent, je devais seulement récupérer les abonnements dus.

Le lendemain, Rick et moi marchions dans la rue, parlant de la situation, et Rick a dit :
« - Je sais où tu peux obtenir les vingt-cinq dollars que tu dois à Frank. »

-     Où est-ce que je peux les avoir ? J'ai demandé.

-    Suis-moi, je vais te montrer. »

Nous avons dépassé quelques rues, et il a pointé du doigt une maison et a dit : « Je connais l'enfant qui vit ici. Il a une bouteille de Sparklets pleine de monnaie. Sèche l'école demain, juste quelques cours, viens ici et prends vingt-cinq dollars pour Frank. Et j'aurai besoin de vingt dollars moi-même. Ne reviens pas à l'école sans mon argent ou sinon. »

Ces guignols vont finir par me faire enfermer. Pour faire court, je suis entré dans cette maison par une fenêtre ouverte, j'ai trouvé la bouteille Sparklets et j'ai commencé à compter quarante-cinq dollars de monnaie. J'étais content parce qu'il y avait des billets d'un dollar dans la bouteille et de nombreuses pièces d'un quart de dollar.

Une fois la tâche terminée, je suis ressorti par la fenêtre et là, j'ai rencontré un problème. Il y avait des adjoints du shérif un peu partout et un hélicoptère tournait, ils cherchaient un cambrioleur dans le quartier qui, je peux le dire, aurait pu être moi. J'ai filé à côté par une ouverture dans la clôture, j'ai marché sur une merde de chien (génial, je me suis dit), cette odeur peut jeter les chiens à ma poursuite et j'ai couru jusqu'à la porte latérale du garage qui était ouverte.

Je me suis caché dans les chevrons pendant ce qui semblait être une éternité passée à paniquer. Je pensais que l'hélicoptère ne partirait jamais. Je suis sorti après avoir entendu l'hélicoptère partir et me suis retrouvé sur le trottoir. Oh, merde, il y a un adjoint.

J'ai commencé à courir à travers les arrière-cours et me suis trouvé directement dans une cour qui avait un gros chien. Mais, par chance, il était attaché. S'il ne l'avait pas été, cela aurait été un gros problème, ce chien m'aurait déchiré. J'ai continué à courir vers l'école et j'ai réussi à me rendre en classe par une ouverture dans la clôture arrière. Heureusement pour moi, le principal-adjoint n'a pas pu me voir. Il était si loin qu'il n'aurait pas pu me décrire correctement. Je me suis immédiatement débarrassé de l'argent incriminant et suis allé en classe. Oui, directement dans les poches de Frank et Rick. Je me répétais qu'un jour, j'allais me faire prendre. Ce n'était pas arrivé aujourd'hui. Je me sentais un peu fier et stupide en même temps, me demandant comment je pouvais laisser ces ânes m'utiliser comme ça. Plus tard, j'ai découvert que la maison dans laquelle j'étais entré pour voler l'argent, était la maison de Fred. Ces idiots m'ont fait prendre de l'argent à l'un de leurs propres amis.

Ces gars étaient pires que ce que j'aurais pu imaginer. Il n'y avait vraiment aucune loyauté entre eux. Que faire ? Seul le temps le dirait.

Pour s'échapper le temps d'une journée et ne pas avoir affaire à ces gars, maman a emmené mes deux sœurs et moi au cinéma. Nous avons vu L'Exorciste et, laissez-moi vous dire, c'était un film intense. La tête qui me tournait me faisait flipper. Ce film m'a perturbé, mais pas plus que mes amis imbéciles.

Donc, après l'extravagance de la soupe aux pois, nous sommes allés manger des tacos au foodtruck du coin. Nous aimions tous les tacos. Quelque chose à propos de cette viande un peu mystérieuse m'a toujours fasciné. Lorsque nous avons roulé dans notre rue, je pouvais voir la bande traîner, ne rien faire, simplement s'asseoir, parler, à cheval sur Dieu sait quoi. Ils semblaient tous manquer d'une véritable intelligence. Je suppose que s'ils en avaient eu, ils n'auraient pas fait de la vie de quelqu'un un enfer sur terre.

Nous aurions probablement été traîner, faire un tour au parc, ou faire du vélo, comme les enfants normaux. Ou peut-être pas. Ils semblaient aimer se montrer et battre plus petit qu'eux. Peut-être que cela les faisait se sentir plus importants ou quelque chose comme ça. Ils avaient probablement été maltraités à un moment donné de leur vie, ou quelque chose d'autre s'était produit qui aurait donné un sens à tout ça. Peut-être souffraient-ils d'une sorte d'épisode psychotique collectif dont ils ne pouvaient ou ne voulaient pas se sortir.

De toute ma scolarité, je n'avais jamais vraiment vu de tyrans. Les enfants s'amusaient, jouaient dans la rue, dans les parcs ou juste devant leurs maisons, mais ne torturaient certainement jamais quelqu'un d'autre.

J'avais cet ami, Barry, qui venait avec moi faire du vélo dans le parc ou juste dans le quartier. Pour moi, il était plus un ami que ceux qui me faisaient faire des choses que je n'étais pas censé faire en premier lieu. Ce que je détestais le plus, c'étaient quand ils me frappaient et me poussaient, et faisaient d'autres bêtises complètement folles.

Chapitre 7

Alors, qu'est-ce qui fait qu'un tyran est un tyran ? Est-ce un manque d'estime de soi ou de confiance en soi, ou ne sont-ils que des idiots nés ?

Prenez Fred, par exemple. Il avait toujours ce regard pas si intelligent sur son visage. Rick avait l'air de se moquer de tout. Frank était probablement le sociopathe du groupe. Il aimait sortir son pistolet à billes et abattre les oiseaux perchés sur les lignes électriques, s'en prendre à des enfants portant un appareil dentaire juste pour pouvoir les frapper à la bouche. Frank adorait tout ça. Je parie que ce type aurait tué un chat ou un chien s'il avait eu le malheur de croiser son chemin. Une vraie personnalité sadique. C'est lui qui m'effrayait le plus.

Une fois, il a sorti le pistolet à billes et m'a tiré dans le cul. Ouais, il m'a tiré dans le cul avec un putain de pistolet à billes. Ce truc faisait vraiment mal mais le vieux Frank pensait que c'était drôle. Je serais surpris si cette tête de nœud ne tue pas quelqu'un un jour, à en juger par le sadisme dont il fait preuve.

Une nuit, ces idiots ont jeté des pierres à ma fenêtre pour me réveiller.

« - Qu'est-ce que vous voulez les gars ? Il est dix heures et demie du soir, j'ai dit.

- Prends les clés de la voiture de ton père. On veut passer à une fête.

Déconne pas, nous fait pas attendre trop longtemps. » dit Frank.

Je suis allé dans la chambre de mes parents, j'ai attrapé les clés et je suis descendu. La voiture de papa était une Pontiac un peu ancienne, toute en acier. « Vraiment lourd ». L'accident que nous avions eu dans la voiture de papa ne lui avait pas causé de dommages. Un vrai char d'assaut. Nous nous sommes entassés dedans et sommes allés à la fête, proche du centre de la ville, à environ dix miles de chez moi.

Je ne pouvais pas croire ce que j'étais en train de faire, prendre la voiture de papa à mon âge. J'avais atteint un nouveau niveau de stupidité. De quoi ça aurait l'aire, être arrêté pour avoir volé la voiture de son père ?

La fête était amusante. J'ai rencontré beaucoup de filles sympas, j'ai obtenu quelques numéros. Mais je ne pouvais pas passer un bon moment, vu comment j'étais arrivé à la fête. Je craignais que papa ne se réveille et remarque que sa voiture n'était plus là où il l'avait garée, qu'il appelle la police pour faire constater le vol. est-ce que ce ne serait tout simplement pas génial, de rentrer à la maison, d'être arrêté sur le bas-côté puis coffré pour avoir volé une voiture ?

Nous sommes tous retournés dans la voiture et, malheureusement, elle ne démarrait plus. J'étais paniqué parce que j'avais traîné mon cul hors de la maison, emportant avec moi les clés de papa et sa voiture.

J'ai dit : « - Eh bien, Rick, Fred, John, Frank, Ed, qu'est-ce qu'on fait maintenant ? On est dans de beaux draps là. »

- La voiture ne démarre pas, répondit Frank.

- Je sais, Frank. Quelque chose d'autre à ajouter ? dit Rick paniqué.

- Prenez les putains de clés, j'ai dit. Je dois les rapporter à papa avant qu'il ne se réveille. Vous m'avez mis dans un sacré pétrin. Je pourrais avoir beaucoup de problèmes pour ça. Ils pourraient m'arrêter pour quelque chose comme ça, j'ai pleuré.

- On s'en fiche, Anthony, répondit Frank.

Je me suis mis à courir pour rentrer chez moi, remettre les clés à leur place et rentrer dans ma chambre, comme si j'avais été là toute la nuit. Mais j'étais à au moins dix miles de chez moi. Heureusement, un inconnu m'a déposé. Je suis rentré dans la maison, j'ai remis les clés et j'ai sauté dans le lit. Quelques heures plus tard, papa soufflait, et soufflait, disant : « Ces salauds ont eu ma voiture. »

J'étais à ses côtés lorsqu'il a appelé la police, signalant que sa voiture avait été volée. Je me sentais misérable. Je devais mériter tout ce qui m'arrivait pour ce que je faisais subir à papa. Quelques jours plus tard, la police a trouvé la voiture et l'a faite remorquer chez le mécanicien. Heureusement, nous n'avions pas endommagé le véhicule. Seule la batterie n'avait pas tenu le coup. C'est la dernière fois que je prends sa voiture, je me suis juré. Je suis fatigué de blesser mes parents.

Ce jour-là, je suis descendu pour parler à Rick de ce qui s'était passé. Il s'en fichait vraiment comme de ce qui m'arriverait si j'étais pris. À ce moment, les trois autres sont entrés dans la pièce.

« - Hé, allons au centre commercial » dit John.

- Ouais, on va s'amuser. » répondit Fred.

Alors, nous avons commencé à nous mettre en route et j'ai croisé papa.

« - Je peux avoir quelques dollars ? Nous allons au centre commercial.

- Bien sûr, fiston, voilà. Prends cinq dollars.

- Merci papa ! »

Sur le chemin du centre commercial, nous sommes passés devant la maison de Beth, mais elle n'y était pas. J'aurais vraiment aimé lui parler, juste pour faire chier Frank. Je le jure, ce gars-là était tellement nerveux, c'était un miracle qu'il n'ait pas déjà été enfermé dans un établissement pour mineurs ou quelque chose de ce genre. Lorsque nous sommes arrivés au centre commercial, la bande a recommencé avec ses exigences minables. Fred a dit : « Hé, fourre cette chemise dans ton pantalon. » Il m'a tendu une chemise que j'ai pliée et glissée sur le devant de mon pantalon.

Alors que nous sortions, j'étais derrière le groupe. Un gars m'a attrapé le bras et a dit : « - Vous êtes avec lui ?

- Non, je ne l'ai jamais vu auparavant » a commenté Rick.

Le gars a ensuite dit : « Sors la chemise et on y va. » Il m'a accompagné jusqu'au fond du magasin, dans un petit bureau. Il a pris ma photo et a appelé la police. Lorsque les policiers sont arrivés, ils sont entrés, m'ont menotté et m'ont fait sortir.

La bande était dehors, à droite, assis sur un mur. Ils m'ont fait signe de me taire, avec quelques gestes mimant qu'ils m'égorgeraient. Je baissais les yeux et m'assis dans la voiture de police. On aurait dit que j'y suis resté pendant des heures. L'officier a rempli certains documents et a commencé à me poser beaucoup de questions. J'ai juste répondu du mieux que j'ai pu, puis nous nous sommes mis en route.

Une fois arrivés au commissariat, ils ont pris mes empreintes digitales, m'ont photographié et laissé dans une pièce jusqu'à ce que maman vienne me chercher. Elle était très déçue de moi. Elle m'a demandé comment je pouvais faire une telle chose. Je ne pouvais vraiment rien dire d'autre que de répéter que j'étais désolé.

Quand nous sommes rentrés à la maison, papa a dit qu'il avait appelé la sécurité du centre commercial : je ne pouvais plus y aller pendant les heures de classe sans la présence d'un adulte. Cela incluait le cinéma et le parking. Plus la peine d'essayer de venir faire du vélo ou du skate sur les rampes. Quelle déception, je pensais. J'aimais faire ça les fin de semaine.

J'avais besoin de respirer, alors je suis allé me promener dans la rue et je suis tombé sur la Bande des Six Psychopathes, qui traînait dans le coin. Les gars m'ont demandé. « Hé, Anthony, comment c'était au poste de police ? » Je me demande bien pourquoi ces mecs devraient s'en soucier.

« - Comment tu penses que ça s'est passé ? Je n'ai jamais eu ce genre de problème avant de vous rencontrer, j'ai dit.

- Oh, maintenant c'est notre faute ? C'est ce que t'es en train de nous dire,

Anthony ? demanda Mark.

- Ce n'était certainement pas mon idée de mettre cette affreuse chemise dans mon pantalon. » dis-je à Fred.

Le lendemain, j'étais seul à la maison, je me préparais pour l'école, et les Quatre Fantastiques sont venus frapper à la porte. Il semblait que les deux autres avaient mieux à faire que de me harceler. J'ai ouvert la porte : « Que faites-vous ici ? »

Ils ont fondu sur moi et ont dit : « Tu ne nous parles plus jamais sur ce ton. On n'a pas aimé la façon dont tu nous as parlé hier. »

« Frank, prends cette chaîne. On doit lui apprendre le respect. » Dit Fred. Deux d'entre eux m'ont attrapé dans le salon et enveloppé la chaîne autour du cou, m'ont tiré jusqu'au sol et a dit : « Répète après moi. » Dit Fred. Ils m'ont tiré à quatre pattes dans le salon en disant : « Là, on s'amuse bien non ? Je ferai tout ce que les maîtres me diront sans poser de question. »

« Dis-le, ou tu te fais gifler. » commenta Frank.

Alors, j'ai répondu : « Je ferai tout ce que les maîtres me diront. ». J'étais absolument humilié et je pleurais de ce que quelqu'un puisse ainsi me détruire et m'ôter toute humanité. J'ai senti mon cœur se briser. Les larmes coulaient comme une rivière. Ils ont laissé tomber la chaîne, m'ont tout de même frappé et sont sortis.

Après avoir enlevé la foutue chaîne de mon cou, je suis allé dans la salle de bain pour me nettoyer. J'étais déjà en retard pour l'école, encore quelque chose que j'aurai à expliquer à mes parents. Sur le chemin de l'école, j'ai remarqué cette jolie fille et je me suis arrêté pour lui parler. Après tout, j'étais déjà en retard, quelques minutes de plus ne feraient pas de différence. C'était une jolie fille aux longs cheveux bruns, un peu courts, mais mignons.

« - Hé, comment tu t'appelles ? j'ai demandé.

- Linda et toi ? elle répondit.

- Oh, je suis Anthony.

- Tu vas à l'école au coin de la rue ? demanda-t-elle gentiment.

- Oui, je m'y rends là, j'ai dit.

- Eh bien, Anthony, c'était sympa de te parler, mais j'ai un rendez-vous chez le médecin, donc je ne serai pas à l'école aujourd'hui.

- Alors, tu vas dans la même école que moi ?

- Oui. Voici mon numéro. Appelle-moi un de ces quatre. »

Après avoir parlé avec Linda, je me sentais un peu mieux après la merde que ces crétins m'avaient fait endurée. Abrutis, Voilà un mot qui leur convient. Je n'arrive toujours pas à croire que je suis ami avec eux. Est-ce que je sais même ce que ce mot signifie ? Une fois arrivé à l'école, je devais bien sûr aller expliquer pourquoi j'arrivais avec deux heures de retard. Je leur ai dit que je n'avais pas d'autre excuse que d'avoir trop dormi. Ils n'en ont pas fait grand cas, alors je suis allé en classe.

À la récréation, nous jouions au flag-football, j'aimais bien parce que j'étais un bon coureur. Nous avons commencé à choisir des équipes et j'étais dans l'équipe adverse de celle de Rick, Frank, John et Fred.

J'ai pensé que peut-être, face-à-face, ces mecs n'étaient pas si durs. Le match a commencé et nous nous débrouillions très bien face à leur équipe. On m'a remis le ballon et j'avais commencé à courir jusqu'au centre quand j'ai vu Frank et Rick arriver à toute vitesse. L'un m'a frappé en haut, l'autre en bas. Quand je me suis revenu à moi, l'ambulance était là, ainsi qu'une foule d'enfants. Je me souviens avoir entendu : « Est-ce qu'il va bien ? »

Avant que je comprenne ce qu'il m'arrive, je me suis à nouveau réveillé dans le bureau de l'infirmière avec des sacs de glace sur la tête, les jambes et le bras droit. Le directeur recevait Fred et Rick dans son bureau pour demander comment cela avait pu se produire dans un match de flag-football alors qu'on est seulement sensé saisir les drapeaux. Bien sûr, ces deux-là m'ont reproché de leur avoir causé des ennuis. Il me semblait que tout était ma faute.

Après un long repos sur la table de l'infirmière, je me suis mis en route pour la maison. J'ai pris le même chemin que le matin, espérant ainsi rencontrer à nouveau Linda. Par chance, elle était là, assise devant sa maison. Je me suis assis à côté d'elle et nous avons parlé tout l'après-midi. Elle était belle et aimait discuter. J'aimais le temps que je passais avec elle, cela me faisait oublier les problèmes que j'avais avec les gars du quartier.

Quand je suis parti, elle a dit qu'elle serait contente de pouvoir encore me parler et j'ai répondu que j'aimerais beaucoup aussi. Alors que je marchais dans la rue, je suis tombé sur Fred et il m'a dit que Jim avait déménagé. Vous vous souvenez de Jim, cet enfoiré qui m'a ouvert la tête il y a quelques mois. Pour moi, ce mec était un désastre !

« Dommage, c'était un mec sympa », oui, c'est vrai, je suis sûr qu'il va nous manquer.

Alors maintenant que l'un des monstres était parti, il n'en restait plus que cinq. J'aurais souhaité qu'ils s'éloignent tous ou que tout d'un coup, ils me laissent tranquille.

J'ai dit à Fred que je devais monter maintenant. L'heure du dîner approchait.

« - Je reviendrai plus tard et on pourrait peut-être jouer au baseball, comme avant. » j'ai demandé.

-     Bien sûr, Anthony, je vais demander au reste de la bande. »

Chapitre 8

Alors que j'étais à l'étage, je me disais qu'avec Jim parti, c'était un tyran de moins pour me déranger. Je ne pouvais pas arrêter de penser à Linda. C'était une fille tellement agréable et intéressante à qui parler.

Le téléphone a sonné et, bien sûr, personne d'autre ne s'est levé pour y répondre. Alors, naturellement, j'y suis allé. Purée, est-ce que personne ne peut jamais répondre au téléphone ?

« Bonjour ? . . . Oh, salut, Fred, qu'est-ce que tu as en tête ? Ouais, j'aurai fini dans une minute. »
J'ai dit à mes parents que j'allais voir Fred un petit moment.

« D'accord, mais dépêche-toi pour que tu puisses revenir et manger ton dîner. » maman a dit.
Je suis arrivé chez Fred et j'ai dit :
« - Alors, Fred, qu'est-ce qu'il se passe ?

-     Il y a la danse scolaire du mercredi et je me demandais si tu avais quelqu'un
pour t'y accompagner, demanda Frank.

-     J'ai ma petite idée, oui, j'ai répondu.

-     Cool. On se retrouve tous chez Rick's, à 17 h 30, suggéra Frank.

-     D'accord, ça marche. » j'ai dit.

Le lendemain, j'ai vu Linda à l'école et je lui ai demandé si elle allait à la fête. Avant qu'elle ne puisse me répondre, un gars a fondu sur moi, sans raison. J'ai crié :
« -   Hé, mec, c'est quoi ton problème ?

-     Viens ici une minute, c'est toi mon problème, il a dit.

-     Qu'est-ce que tu racontes ? Je ne te connais même pas, j'ai répondu.

-     Tu parles à mon ex-petite-amie là, et j'essaye de la récupérer, il expliqua.

-     Apparemment tu ne t'y prends pas bien. Excuse-moi mais j'ai mieux à Faire là. À plus. »

Je me suis tourné vers Linda et j'ai dit :

« - Alors, Linda, tu veux aller à fête ce soir ?

- Bien sûr, Anthony.

- Cool, viens chez moi vers 17 h 30. C'est sur le chemin du centre-ville. »

Après l'école, je suis rentré chez moi pour faire mes corvées et me préparer pour la fête. À cinq heures et demie, nous étions tous dehors, en train de discuter avant de nous diriger vers le centre. Il y avait John, Rick, Fred, Mark, Frank et, bien sûr, Beth.

Nous avons marché tous ensemble. Il y avait beaucoup de monde, des enfants qui parlaient et tout ça. Après l'ouverture des portes, nous sommes tous entrés. C'était assez grand. Les chaises étaient installées le long des murs, au milieu était la piste de danse, et à l'autre bout se tenait le DJ. L'endroit était très fréquenté et la musique était excellente. Voir tous les autres enfants danser était un peu amusant, certains d'entre eux ne savaient vraiment pas s'y prendre, mais au moins ils essayaient et passaient certainement un bon moment.

« - Je vais prendre un coca. Linda, tu en veux un ?

- Ouais, je veux bien.

En revenant, je remarquais que les mecs de la bande parlaient à Linda et, pour une raison quelconque, elle avait ce regard dégoûté sur son visage. J'ai demandé :

« - Est-ce que tout va bien ?

- Non, et je pars.

- Je vais te raccompagner. »

Elle a dit non immédiatement, ajoutant que Frank allait la raccompagner chez elle et que je ne devrai plus jamais lui adresser la parole. J'étais complètement déboussolé quant à ce qui se passait. Un autre garçon de l'école est venu vers moi et m'a dit : « Ces quatre-là étaient en train de lui dire que tu es un criminel et qu'elle devrait rester loin de toi. Ils ont dit quelque chose à propos de ton arrestation pour vol à l'étalage et effraction. »

J'ai répondu : « Je n'arrive pas à croire pas à quel point ces salauds peuvent être cruels. »

Nous sommes rentrés à pied. J'ai demandé : « Où est allée Beth ? »
Fred m'a dit que Frank s'était débarrassé d'elle après avoir vu Linda.
« Je suppose qu'il la préférait. Frank a dit à Linda qu'il voulait
mieux la connaître. Au début, elle était réticente à cause de toi, on
lui a donc dit qui tu es vraiment. Ça a bien fini pour Franck, pas
vrai, tête d'œuf ? On t'a déjà expliqué les règles en ce qui concerne
les filles. On peut prendre tout ce qu'on veut. Rappelle-toi, c'est
cinq contre un maintenant. " Dit Fred.

J'étais furieux. J'avais perdu une autre fille à cause de ces crétins.
John a immédiatement commencé à me taquiner. J'ai perdu mon
sang-froid et je l'ai giflé en bonne et due forme, je suis monté sur
lui et j'ai commencé à lui mettre des coups de tous les côtés. Il a
crié : « Arrête ! ça va, j'arrête. » Alors je l'ai laissé, je me suis
retourné et les deux autres se contentaient de me regarder. « Pour
qui tu te prends, à frapper l'un d'entre nous ? » hurla Fred.

Frank revint à cet instant, après avoir raccompagné mon ancien
rencart. Il a regardé John par terre, puis il m'a frappé et je suis tombé
en arrière. Les trois autres m'ont attrapé, et Frank a commencé à me
donner des coups de poing dans le ventre. Il recula un peu et cria :
« Anthony, tu ferais mieux de ne plus jamais frapper l'un de nous !
» Reculant pour s'élancer, il me renversa. Après m'être relevé, je
suis rentré chez moi et je suis juste allé dans ma chambre pour
m'allonger sur mon lit, fixant le plafond. Maman est entrée et a
demandé ce qui n'allait pas.

« Oh, rien, maman. Juste fatigué. » Je n'ai pas pu me résoudre à
lui parler de ce qu'ils m'avaient fait.

Je me suis dit que les choses étaient en fait loin de s'améliorer.
J'aimais bien Linda, je ne pouvais pas croire qu'elle se soit retournée
contre moi si vite.

Pourquoi ne m'a-t-elle pas demandé de quoi ils parlaient ? Non
pas que j'aurais dit quoi que ce soit à cause de ce qu'ils pourraient
me faire. Encore une fois, je suis resté silencieux. Mon problème
était que je manquais de courage ou de bon sens pour me sortir de

cette situation misérable. Dois-je continuer à laisser ces punks dicter ce qui se passe dans ma vie, à qui je peux et ne peux pas parler quand il s'agit des filles ? Je ne pense pas avoir entendu parler de quelque chose de plus absurde que cette situation merdique.

Raconter à quelqu'un un tel tissus de mensonges. Pourquoi est-ce qu'ils ne se débrouillaient pas pour rencontrer des filles et ne se réjouissaient pas que j'ai rencontré quelqu'un à qui parler et avec qui passer du temps ? Je suppose que Linda ne s'intéressait pas tellement à moi si elle avait si rapidement choisi quelqu'un d'autre. Ce qui me dérange le plus, c'est que ce merdeux de Frank me frappe.

Le combat que j'ai eu avec John était justifié. Je ne l'ai pas commencé, mais je l'ai certainement terminé. Je ne sais pas pourquoi Frank voulait coller son nez dans nos affaires et me traitait comme il le faisait. Ce mec était un fils de … fini. J'aurais pu le comprendre si j'étais le premier gamin venu qui avait sauté sur John sans provocation. Provoqué est exactement ce qu'il m'a fait, et j'ai répondu.

Frank semblait être du genre à prendre beaucoup de plaisir à battre les gens sans raison. Je me souviens d'une fois où il a frappé ce mec à plusieurs reprises dans la bouche juste pour faire saigner ses lèvres. Je ne sais pas pour vous mais, pour moi, cela ne semblait pas normal.

Le lendemain, j'ai eu un match. J'étais censé lancer, alors je pensais surtout à ça. Je me sentais un peu déprimé par tout ce qui m'était arrivé récemment et j'aurais souhaité avoir quelqu'un à qui parler. J'arrivais tôt au parc, j'ai déposé mes affaires et beaucoup de choses me trottaient en tête. J'avais peut-être besoin d'un changement de décor, mais je ne pensais pas à m'enfuir ou à quelque chose de stupide.

Les autres joueurs ont commencé à arriver et l'entraîneur a dit : « Allez, commencez à vous échauffer ».

Le receveur m'a tapé dans le dos et m'a dit : « Allons-y. On peut aller par-là, sur le côté, et en jeter quelques-unes. » Alors que je m'échauffais, le receveur a demandé :

« - Qu'est-ce qui ne va pas ? T'as l'air déprimé en ce moment.

- Oh, ça va. Ne t'en fais pas. Lançons la balle. » j'ai répondu.

Nous avons fini par gagner le match, ce qui était une sensation incomparable. Il était encore un peu tôt, alors j'ai traîné et regardé le match suivant. C'était des enfants plus âgés qui jouaient ; ils pouvaient participer à des matchs en soirée. Il y avait beaucoup de monde ce soir-là. Ces jeux étaient toujours passionnants à regarder - les matchs de nuit, je veux dire.

Sur le chemin du retour, je suis tombé sur Frank, Rick, Fred et Mark.

« - Hé, les gars ! Quoi de neuf ? j'ai dit.

- On a besoin que tu nous obtiennes de l'argent, vingt dollars, ça devrait aller. Demande à tes parents. Sois pas bête, ne nous faites pas attendre. » dit Frank.

Alors, je suis rentré chez moi et j'ai demandé si je pouvais emprunter vingt dollars, pour pouvoir aller au parc regarder les matchs et manger quelque chose.

Papa a dit : « Bien sûr, mon fils, et voilà. »

Je suis descendu et j'ai commencé à marcher vers le parc et j'ai donné l'argent aux mecs de la bande. Ils ont dit : « Bah vas-y maintenant, casse-toi. » Je suis allé au parc, me suis assis tout seul au bout des gradins et j'ai regardé le match. J'ai pensé au moment où j'avais essayé de me suicider et j'aurais souhaité avoir réussi. Oh, eh bien, je dois aller aux toilettes, je me suis dit, alors j'y suis allé. J'ai vu Frank et Linda se câliner sur les balançoires.

Je ne pense pas qu'ils m'aient vu, ce dont j'étais heureux car cela aurait été gênant. Alors, je suis allé dans les toilettes et j'ai fait ce que j'avais à faire. Dès que je suis sorti, je suis tombé sur Linda et Frank. Nous n'avons pas échangé un mot. J'ai juste continué à marcher, espérant que personne ne dirait rien.

Merde, je me sentais tellement nul. J'aimais cette fille. Cette putain de situation était nulle !

Ce fin de semaine, nous sommes allés chez notre tante, mes sœurs, mes parents et moi. C'était agréable de voir mes cousins. Pendant que tout le monde était assis à parler, je suis allé aux toilettes et je suis passé près d'une porte, je suis entré et j'ai regardé autour de moi. J'ai vu de l'argent sur la commode et je l'ai attrapé. Ouais, je me sentais coupable et tout, mais ces gars-là avaient développé ça chez moi maintenant. C'était naturel. En plus, j'avais peur de me faire battre.

Nous sommes tous montés dans la voiture, puis j'ai vu tante se diriger vers la fenêtre et me faire signe de la baisser. Une fois que c'était fait, elle dit : « T'as quelque chose pour moi ? »

Maman a dit :

« - De quoi tu parles ?

-      Il semble qu'Anthony soit passé par la chambre et ait pris de l'argent qui

était posé sur la commode. »

Maman était furieuse. « Sors de la voiture et vide tes poches. » Et il y avait bien vingt-cinq dollars.

   « Anthony, dans la voiture. Attends un peu qu'on soit à la maison. » Une fois que nous sommes arrivés, elle a dit : « Tu montes dans ta chambre, et tu t'allonges sur le ventre. » J'ai obéi, elle est entrée et m'a donné une bonne fessée.

« - C'est quoi ton problème, fils ? Tu ne faisais jamais ce genre de choses avant.

   - Je sais, maman. Je suis désolé. J'essaierai de faire mieux. »

J'ai essayé d'éviter la bande en partant pour l'école à un autre moment et en changeant mon itinéraire. Je savais une chose, je n'adresserai plus la parole à une fille. Enfin, je dirai encore bonjour comme ça, mais rien de trop en avant ou niais.

   Donc, en classe, nous regardions ce documentaire sur la nature, et cette fille m'a envoyé une note, me demandant si je voulais aller derrière l'école. C'est là que les petits couples se retrouvaient pour être seuls. Je me suis retourné, l'ai regardée et j'ai pensé, Hmmm, je ne pense pas. Je lui ai dit : « Désolé, je ne peux pas. »

Après le film, nous sommes allés en récréation, et j'étais un peu déprimé, alors je suis allé sur les bancs pour être seul. Je le faisais assez souvent, aller quelque part pour m'isoler. Après mes récentes expériences, je n'avais plus trop confiance qui que ce soit.

Je suppose que ça aurait pu être pire, mais ça aurait aussi pu être bien mieux voire même ne m'être pas arrivé du tout, comme ce n'est pas le cas pour la plupart des enfants. Qui sait, peut-être que je suis né sous une mauvaise étoile ?

Maintenant que la saison de baseball battait son plein, au moins je serais pris par les entraînements et les matchs. Cela me garderait occupé. En plus, j'aimais aller au parc, jouer sur les balançoires et les manèges, grimper aux arbres. C'est juste une pensée, mais qui sait ?

Chapitre 9

Il y avait encore quelques mois d'école avant les vacances d'été. Ce furent quelques mois bien difficiles. J'avais certainement eu ma part de malchance. Il y a toujours les petites fêtes de danses scolaires tous les mercredis soir. Ce serait peut-être amusant d'y aller seul et de sortir un peu, pensai-je. Je n'avais pas à me soucier d'y aller accompagné, après les deux incidents que j'avais déjà eu avec Frank. Ces derniers temps, les gars semblaient s'être calmés, avaient cessé de me demander d'enfreindre la loi et de me battre. Mais, au fond de moi, je sentais que les dégâts auraient peut-être des effets durables. Ce truc de la chaîne dans le salon m'a vraiment détraqué.

Il y avait une autre danse au centre, alors nous sommes tous allés nous amuser. Alors que je dansais avec cette fille, quelqu'un m'a poussé de côté et m'a dit :

« - Pourquoi est-ce que t'es toujours en train de parler avec ma copine ?

- Écoute, idiot, je ne lui parle plus, alors casse-toi.

- On va dehors. »

J'ai regardé, et c'était l'ex petit ami de Linda. « J'ai dit, on va dehors » J'ai à nouveau regardé et c'était encore l'ex-petit ami de Linda.

Il a dit : « Putain, dehors, maintenant. »

« OK, si tu veux. » Alors que nous passions devant les portes d'entrée, il a essayé de me donner un coup de poing, mais j'ai esquivé. Il a raté et est tombé. Je me suis dit que ce mec était complètement paumé. Je l'ai immédiatement frappé et si bien, qu'il a fini par dire : « Arrête, arrête, arrête ! J'arrête. » Je me suis levé, je lui ai tendu la main pour l'aider à faire de même et j'ai demandé : « - Est-ce que tout ça était vraiment nécessaire ?

- Maintenant que tu le dis, non. Ça ne l'était pas.

- Bon, bah prends soin de toi, et désolé de t'avoir frappé.

- Pas de problème, Anthony. À plus. »

Je sentais qu'il valait toujours mieux se faire des amis après un combat. De cette façon, le mec ne revenait jamais en demander plus. Mais parfois, ce n'était pas aussi simple que ça.

Ce fin de semaine, papa et moi allions passer une matinée en bateau, à pêcher. Je n'avais jamais pêché depuis un bateau auparavant. Dans l'après-midi, nous sommes allés au magasin d'articles de sport pour acheter du matériel de pêche et d'autres choses dont nous pourrions avoir besoin. J'étais un peu excité de monter sur un bateau, étant donné que c'était la première fois.

Le dimanche est arrivé, j'ai dû me réveiller à quatre heures et demie du matin. Je ne peux pas vous dire à quel point je détestais me réveiller si tôt. Nous nous sommes rendus au port, nous nous sommes garés et avons marché jusqu'à l'embarcadère pour monter sur le bateau. Quelque chose à propos de cette odeur de diesel m'a fait me sentir nauséeux.

Une fois que nous étions en route, j'ai commencé à fixer la proue qui montait et descendait, montait et descendait, montait et descendait. Le gars à côté de moi a ri et a dit à papa « Hé, ton gosse est vert. On dirait qu'il va rendre son petit-déjeuner. » Je me tournai vers papa, qui se mit à rire : « Merde, tu es vert ! »

Je me sentais comme. . . Oh non. J'ai dû tourner la tête de côté. Je me sentais pire que mal. Quand ce putain de balancement s'arrêtera-t-il ? Enfin, nous sommes arrivés sur le lieu de pêche et, heureusement, le bateau a cessé de tanguer. Je me sentais un peu mieux après avoir rendu tout ce que j'avais mangé.

J'ai ramassé la canne à pêche et je l'ai essayée. La pêche est plutôt amusante (moins les nausées, bien sûr), pensais-je. Tant que le bateau ne bouge pas, je vais bien. Je me tenais là, canne à la main, pensant aux derniers mois et à la façon dont j'allais surmonter tout cela. Je sais que j'ai mentionné ce petit problème et je ne sais pas ce que je vais faire. Être gentil n'a aucun effet sur ces gars-là. Je ne sais pas comment résoudre ce dilemme.

Ce qui m'a attiré, ce sont ces petits poissons qu'on appelle les anchois. Il était un peu difficile d'y mettre l'hameçon, pour qu'ils servent d'appât. Ces poissons puaient et glissaient. J'ai dû en laisser tomber trois, en essayant de fixer leur queue à l'hameçon.

Papa semblait passer un bon moment. Il a attrapé peut-être quatre poissons, moi un seul. Je suppose qu'il était juste un meilleur pêcheur que moi. Après une matinée amusante entre bateau qui tangue et vomissements, j'ai repris ma place avec mon vieux sur le côté du bateau pour le chemin du retour. J'entendais bien les autres passagers rire dans le fond et constater comme je n'avais pas le pied marin. Mais je m'en fichais. J'étais bien où j'étais, suspendu au-dessus du bord du bateau à mesure qu'il montait et descendait, montait et descendait.

Enfin, nous avons retrouvé la terre ferme et sommes rentrés chez nous. J'avais passé une belle journée avec lui, même si je dégobillais comme un fou. Je n'aimais pas manger le poisson, mais papa a adoré. Je sais, qui va à la pêche et ne mange pas de poisson?

Que puis-je dire ? J'étais un mangeur difficile.

Pendant que papa était dans la cuisine, préparant son poisson, je suis descendu pour voir ce que faisait Rick. Je suis allé frapper à sa porte et son oncle a répondu. Il fumait comme un pompier. C'était étonnant qu'il n'ait pas eu de cancer. Il avait toujours une cigarette dans la bouche.

« Bonjour Anthony, Rick est dans sa chambre avec Frank. Vas-y, tu connais le chemin. »

Passant devant la chambre, j'ai remarqué qu'il parlait à Frank, mais ils ne me voyaient pas, alors je me suis arrêté pour écouter ce qu'ils disaient. J'ai entendu Rick dire : « Nous n'aurions vraiment pas dû mettre cette chaîne autour de son cou. On dirait qu'on lui a brisé le cœur ou quelque chose du genre. »

Il ne pouvait pas faire mieux que ça ?

À ce moment, Virginia est passée et a dit : « Qu'est-ce que tu fais ici ? »

« Je suis ici pour voir Rick. » Alors, je suis entré : « Les gars, comment ça va ? »

Frank s'est levé et est allé aux toilettes, alors j'ai profité de ce moment pour demander à Rick ce qu'il voulait dire quand il avait dit qu'il semblait qu'ils m'avaient brisé le cœur. Rick se contenta de dire : « C'était pas juste d'avoir fait un truc comme ça. »

A ce moment, je me suis dit que Rick n'était peut-être pas aussi mauvais que Frank et Fred. Quoi qu'il en soit, Frank est entré et a dit : « J'ai entendu ce que tu as dit. Tu crois que je me sens mal à cause de ce qui s'est passé ?

- Je ne veux pas avoir de problèmes, ai-je dit, mais, franchement, c'était nécessaire toute cette histoire de chaîne et de t'appeler mon maître ? » Je me suis tourné vers Rick qui me fixa simplement avec des yeux grands ouverts.

Quand je me suis retourné, Frank m'a donné un coup à la tête et a dit : « Continue de parler et je te fais saigner l'autre lèvre »

Frank continua : « Sortons. Un petit nouveau a emménagé de l'autre côté de la rue. » Nous sommes sortis et avons vu ce gamin dans son entrée qui tenait un vélo avec un grand siège arrière. Frank a dit :

« - Il a quoi ton vélo ?

- Qu'est-ce que tu veux dire ? C'est à ça que ressemblent les vélos en Arizona.

- Quoi, vous êtes de l'Arizona ?

- Oui, nous venons d'emménager ici. C'est quoi ton nom ? Moi c'est Richard.

- Je suis Frank. Voici Rick et Anthony. Amuse-toi bien avec ton vélo.

- D'accord, à plus tard.

- Nous allons au centre commercial pour traîner un peu. »

Alors que nous nous éloignions, Frank a dit : « Wow, ce type sent la pisse. Il pisse dans son pantalon ou quoi ?

Rick a dit : « Je l'ai remarqué aussi. »

On peut se demander pourquoi je traînais avec des amis aussi violents. Je n'ai aucune raison valable, autre que celle-ci : comment pourrais-je les éviter, étant donné qu'ils vivent si près de chez moi?

« - Hé, Frank, dis-je, je ne peux pas aller au centre commercial. Si la sécurité me voit, ils me chopperont et appelleront papa.

- Je m'en fous. Tu y vas. Ou t'as oublié et tu veux une lèvre en moins ? »

Effectivement, dès que la sécurité m'a vu, ils m'ont attrapé, et papa a dû venir me chercher. Assis dans le bureau de la sécurité, l'un des gardes a dit : « Pourquoi tu n'écoutes pas ton père ? » Je n'ai pas répondu. J'ai juste regardé et écouté le garde.

Papa n'était pas content d'avoir à prendre la voiture pour venir me chercher. La première chose qu'il a dite était :
« - Qu'est-ce que je t'ai dit ? Puisque t'es incapable de nous écouter, on va t'envoyer vivre chez les grands-parents. T'as de mauvais résultats à l'école, tu rentres à la maison beaucoup trop tard et tu n'écoutes pas ta mère. Tes amis ont-ils les mêmes problèmes que toi, Anthony ?
- Je ne sais pas, papa, j'ai répondu.
- On en discutera à la maison.
- Mais, papa, ce n'est pas de ma faute !
- Alors de qui est-ce la faute ? Tu dois apprendre la discipline et le respect. »

Quand nous sommes arrivés à la maison, maman a dit : « Bah ça y est, t'as réussi. Je t'emmène chez grand-mère dès la fin de l'année scolaire. Maintenant, vas te préparer pour le dîner. Tu es puni ! »

« T'as plutôt intérêt à te reprendre en main parce ça devient vraiment problématique là. »

Après m'être lavé les mains, je me suis assis et j'ai mangé. Mes sœurs demandaient :
« - Pourquoi tu fais toujours des problèmes comme ça ?
- Je ne sais pas ce que tu veux dire. Occupez-vous de vos affaires, vous deux. Bouclez-la. »

Après avoir fini, maman a dit : « Maintenant, va dans ta chambre ! »

Je suis allé dans la chambre et j'ai passé le temps avec quelques jouets puis je me suis couché.

Je me suis réveillé le matin et je me suis préparé pour l'école. Pendant que je me brossais les dents, j'ai entendu l'oncle de Rick en bas, tousser encore et encore, comme s'il avait une crise. Je me suis dit que c'était tout le bien qu'on retirait à fumer comme un pompier. Tousser à s'arracher les poumons. Qui a besoin d'un truc pareil ?

Arrivé à l'école, je suis allé directement sur les bancs, pour attendre la cloche. Ensuite, j'ai vu quelques enfants que je connaissais, qui sont venus me parler. Je ne pouvais pas les supporter : l'un se curait le nez et l'autre disait, comme à son habitude, à quel point il était bon dans tout ce qu'il faisait. Tellement faux.

Tandis qu'ils étaient assis là, bavardant, Linda s'approcha de moi.

« Salut, Anthony, j'espérais te voir. »

Quelle cruche. Mais bon, je vais jouer le jeu.

« - Linda, pourquoi ça ?

- Je voulais m'excuser pour la façon dont j'ai agi à la danse.

- Ça va, ne t'en fais pas. »

Les autres enfants étant passés à autre chose, il n'y avait que Linda et moi assis sur le banc. Ai-je mentionné qu'elle avait cette énorme poitrine que j'essayais de ne pas regarder ? Alors, au lieu de poursuivre la conversation, car je n'avais aucune intention de le faire, je me suis levé et j'ai commencé à m'éloigner, puis j'ai entendu Linda :

« - Hé, Anthony, j'allais m'asseoir sous l'arbre. Tu veux venir ? demanda Linda avec ses grands yeux.

- Je partais. Je dois aller au bureau et parler au conseiller. »

Merde, pourquoi devait-elle se montrer maintenant ? J'ai pensé. Je vais devoir aller au bureau et inventer la raison de ma présence parce que je n'ai pas du tout besoin d'y aller. Puis je fus sauvé in extremis par la cloche, il est temps d'aller en classe.

Cette école va me manquer quand je serai chez les grands-parents. Ce qui est amusant, c'est que tout le monde pense que ces gars sont de vrais princes et que je suis le fauteur de troubles. Ça me tue.

A la récréation, j'ai repris ma place sur le banc, pour être seul.

« - Salut, Anthony.

68

- Salut les gars.
- On va jeter un coup d'œil à quelques magasins après l'école. Tu peux venir ? demanda Chris, ce gamin que j'avais rencontré il y a quelques jours.
- Je ne peux pas. Je suis puni, et on m'envoie vivre chez mes grands-parents. » Mes parents m'inscrivaient à l'école d'été, pour que je ne sois pas avec la bande.

Sur le chemin du retour, je pensais à quel point j'étais stupide de ne pas avoir résisté à ces gars. Je n'ai jamais été du genre violent. Je ne me souciais pas vraiment de ce que les autres faisaient ou ne faisaient pas. Tout ce que je voulais, c'était être seul et essayer de régler les choses.

À certains égards, j'avais hâte de m'éloigner de ces gars. Pour peut-être rencontrer de nouveaux amis et continuer ma jeune vie. Je savais que ça allait être différent parce que l'école où j'allais aller était principalement afro-américaine. Bien sûr, j'écoute de la musique noire mais, étant blanc… Est-ce que j'étais en train d'échanger une mauvaise situation contre une autre ?

Chapitre 10

Mes grands-parents étaient heureux de me voir et avaient une chambre prête pour moi. J'y ai déballé les quelques affaires que j'avais apportées et je me suis assis pour regarder la télé un petit moment.

« - Je suis fatigué. Bonne nuit, grand-mère, grand-père.

- Bonne nuit, Anthony. »

Nous y étions, le premier jour de l'école d'été. Voyons comment cela se déroule, pensai-je. Certaines filles étaient jolies. Je veux dire, wow, de beaux corps. Ok, concentrons-nous pour ne pas avoir d'ennuis dès le premier jour, Anthony.

Ce type athlétique est venu vers moi et m'a dit :

« - Salut, comment tu t'appelles ?

- Je m'appelle Anthony, et toi ?

- C'est Jerry, il a répondu.

- Eh bien, Jerry, que puis-je faire pour toi ?

- Je vois que tu es nouveau ici.

- Qu'est-ce qui t'a donné cette idée ?

- Eh bien, disons que tu détonnes un peu, n'étant pas exactement noir.

- Wow, est-ce si évident ? j'ai demandé.

- Assez, ouais. T'es plutôt drôle comme gamin. »

Pourquoi ce gars continue-t-il de m'appeler « gamin » ? Après avoir parlé avec quelques personnes ici et là, je me suis dit, que j'aime peut-être cette école. Cela semble très différent de Yancy et je suis loin de ces enfoirés. On ne se sait jamais, ça pourrait très bien fonctionner. J'ai juste besoin de commencer à rencontrer les bons enfants et à sortir. Vous savez, comme un enfant normal. C'est vraiment mieux que d'avoir à regarder par-dessus mon épaule tout le temps.

Sur le chemin du retour, j'ai vu cette fille qui, je dois le dire, était extrêmement jolie. Alors, je me suis arrêté pour lui parler.

« - Bonjour.

- Oh salut.
- Je m'appelle Anthony. Je viens d'emménager avec mes grands-parents, dans la rue.
- Je suis Lola, ravie de te rencontrer.
- Joli nom, « Lola ». Ravi de te rencontrer aussi. Tu vas aussi à Coolidge Intermédiaire ?
- Oui.
- C'est bien. J'espère que nous pourrons apprendre à nous connaître.
- Ce serait bien, Anthony. »

Sur le chemin du retour, je me disais : « Voilà quelqu'un que j'aimerais bien connaître ». Parfois, quand je disais « ravi de vous rencontrer », c'était surtout par politesse. Parce qu'en réalité, il ne faisait pas si bon rencontrer certaines personnes. Mais j'étais sans aucun doute ravi de rencontrer Lola. On penserait que « ravi de vous connaître » serait acceptable, mais cela ne correspond pas tout à fait à la réalité. On ne peut pas dire « ravi de vous connaître » alors qu'en réalité on ne connaît pas cette personne. Drôle de tournure selon moi.

« - Alors, Anthony, comment s'est passé ton premier jour de cours d'été ? demanda grand-mère.
- Ce fut une très bonne journée. Où est grand-père ?
- Il est dehors sur la balançoire. »

Mon grand-père était toujours sur cette balançoire. Il aimait s'asseoir dehors. Il était aussi un charpentier hors pair, et pour prendre une pause, il sortait pour fumer. Il fumait comme un pompier. Il aurait vraiment dû penser à réduire un peu.

« - Alors, Anthony, comment était l'école ?
- Bien, grand-père. Comment tu te sens aujourd'hui ?
- Oh, mon côté me fait mal, avec ce maudit sac qui me pend au corps. »

Grand-père avait des problèmes rénaux, alors il faisait pipi dans une poche attachée à son côté droit. Cela devait être difficile, avoir un sac attaché à son corps.

J'aimais la maison de mes grands-parents parce qu'il y avait une colline couverte d'arbres derrière la maison. J'adorais marcher sur les sentiers et grimper aux arbres.

« - Allons manger, Anthony.

-    D'accord, grand-père. »

Grand-mère était une excellente cuisinière, surtout en ce qui concerne les pâtes et les hamburgers. Elle aimait aussi faire des biscuits et des gâteaux. Après avoir mangé, nous nous sommes installés dans le salon pour discuter.

Papy avait sa chaise préférée à la gauche du salon, à côté de la fenêtre. Il regardait toujours les informations quand qu'il n'était pas dehors sur la balançoire. Grand-mère a demandé :

« - Hé, tu veux faire une partie de Bataille ?

-    Qu'est-ce que c'est, grand-mère ?

-    Je vais t''expliquer. C'est comme ça : je distribue toutes les cartes et, une fois terminé, tu retournes la première devant toi, je jette ma première carte dessus, et la carte la plus haute gagne. Ensuite, tu la mets de côté et tu continues.

-    Ça a l'air très amusant, grand-mère. »

Donc, nous avons joué pendant ce qui semblait être des heures et, finalement, grand-mère a réuni toutes les cartes.

« - Eh bien, tu ferais mieux de te coucher maintenant. Tu as école demain.

-    D'accord, grand-mère. Bonne nuit, grand-père.

-    Bonne nuit, Anthony. »

Le lendemain, sur le chemin de l'école, je suis tombé sur Lola. J'aimais ce nom. Elle était belle. Nous avons marché ensemble jusqu'à l'école. Jerry est arrivé en courant et a dit :

« - Dis-donc, tu ne perds pas de temps ! Salut, Lola.

-    Salut, Jerry. Comment ça va ? On ferait mieux d'aller en classe.

-    A plus tard. »

En classe, ce gamin, Maurice, a commencé à m'envoyer des boules de papier. Je suppose que qu'il essayait de voir quel genre de gamin j'étais. Je me suis retourné et j'ai éclaté :« - Arrête, salope !-

Qui est-ce que tu traites de salope ? Je t'attends après les cours. » Ça y est, la peur revint. J'imagine vous pourriez dire de moi que je suis physiquement non conflictuel.

Après les cours, j'étais près de mon casier, en train de changer de livre quand j'ai senti quelqu'un me pousser. C'était Maurice : « Qui c'est la garce maintenant ? »

Étant donné que je n'étais pas vraiment un combattant, je me tenais juste là comme un petit enfant effrayé.

Alors que Maurice s'approchait de moi, Jerry s'est mis entre nous et a dit :

« - Laisse le gamin tranquille.

- Il m'a traité de salope, Jerry !

- Maurice, qu'est-ce qui a commencé de toute façon ?

- Je lui envoyais des boules de papier.

- Donc, en gros, t'as choisi de te battre avec le nouveau gosse. Eh bien, je te dis de le laisser tranquille. »

Sur le chemin du cours suivant, Jerry m'a dit :

« - Ne laisse pas ces gars te déranger, gamin.

- Merci, Jerry. J'apprécie ton aide dans cette situation. Je te verrai plus tard ».

Je me suis dit que j'étais content que Lola ne l'ait pas vu. Cela aurait vraiment été gênant. Je ferais mieux d'apprendre à me battre, sinon je vais avoir du mal. Plus j'y pense, plus je me demande si cette altercation avec John était un accident.

Je détestais être trouillard et que les gens me frappent, mais ce que je détestais le plus, c'était être victime d'intimidation.

J'ai vu Lola devant l'école. On aurait dit qu'elle attendait quelqu'un. Alors, je l'ai accompagnée :

« - Hé, rentrons à la maison ensemble.

- D'accord, ce serait bien. »

Sur le chemin, nous nous sommes arrêtés au magasin et avons récolté des bonbons.

Nous avons parlé tout le chemin du retour, de tout et de rien. Nous échangions simplement sur différentes choses.

« - Hé, Anthony, tu veux passer plus tard et traîner un peu ?

- Bien sûr, Lola, ce serait cool.

- À plus tard. »

L'autre chose intéressante quand j'étais chez mes grands-parents paternels, était que mon grand-père maternel travaillait de l'autre côté de la rue, dans un atelier. Je suis allé le voir pour lui dire bonjour. Il était surpris de me voir et avait entendu dire que je vivais avec mes autres grands-parents.

Il m'a demandé pourquoi j'avais eu tant de problèmes ces derniers temps. Bien sûr, j'avais trop peur de le lui dire, étant donné que si cela arrivait jusqu'à la bande, ce serait probablement assez douloureux pour moi.

« - Je ne sais pas, grand-père, répondis-je maladroitement.

- Eh bien, j'espère que tu vas te reprendre en main. Tu es trop jeune pour avoir tous ces problèmes.

-Je sais, grand-père. Je ferai de mon mieux pour être plus sage. »

J'ai traversé la rue et avait commencé à regarder des dessins animés lorsque le téléphone a sonné.

« - Bonjour ? . . . Salut, Lola. D'accord, laissez-moi vérifier.

- Papy, je peux aller au bowling ?

- Bien sûr. Reviens tôt, s'il te plaît.

- Merci, grand-père. Je serai là dans peu de temps, Lola. Rendez-vous au coin de ta rue. "

J'ai foncé jusqu'à la maison de Lola afin que nous puissions nous rendre au bowling avant qu'il ne soit bondé. Elle était déjà là.

« - Wow, c'était rapide. Comment t'as fait, t'as couru jusqu'ici ? Lola a demandé.

- Prête ? j'ai dit.

- Ouais, allons-y. » elle répondit.

Alors que nous marchions, j'ai remarqué deux gars qui essayaient de faire la conversation à une fille qui se dirigeait vers le bowling. Ils lui parlaient d'un putain de match de baseball. On aurait dit que ça lui rentrait dans une oreille et sortait de l'autre. Elle ne pouvait pas paraître plus ennuyée. Je le jure, certains mecs parlent de trucs stupides.

Cette fille a commencé à s'énerver à entendre caqueter ces deux idiots, elle hurla : « Laissez-moi tranquille ! » Les deux gars se sont arrêtés, se sont regardés et ont dit : « Ce n'était pas très sympa ça ». En s'éloignant ils murmuraient « quelle salope !!!! »

C'était hilarant, nous avions tout entendu. Qu'elle leur disait d'arrêter, qu'elle n'était pas intéressée. En outre, le sujet auquel ils faisaient référence… Allez parler à une fille du baseball ? Cela n'avait absolument aucun sens pour nous deux. Ces gars se méritaient l'un l'autre. Ils n'auraient pas pu être plus ennuyeux.

Lorsque nous sommes arrivés, nous avons pris la première piste. Lola a commencé. Elle a très bien lancé, renversé huit quilles sur le premier coup. « D'accord, encore deux autres quilles », lui dis-je. Elle a lancé et a cloué les deux dernières quilles. Wow, impressionnant. Pas mal, pas mal du tout. Mon tour. J'ai ramassé la boule, je l'ai pointé sur la quille centrale, et je l'ai lâchée. STRIKE! Lola a dit :

« -   Chance du débutant !
-     D'accord, à ton tour.
-     C'est à mon tour de lancer. »

Alors, elle a l'a lancé, la boule a roulé, et c'était parti. STRIKE !

« - Je t'avais bien dit que j'allais faire un strike.
-     Et tu l'as fait. Et très bien fait, Lola. »

Nous avons fait quelques parties de plus et il semblait que nous étions à égalité lors du dernier match. C'était au tour de Lola, et la boule est sortie : oh, non. Quatre quilles. Elle regarda le couloir pour atteindre les sets de boules, la jeta droit au centre et ramassa la pièce de rechange. Elle s'est mise en place pour le lancer final et la boule a roulé jusqu'au centre. Ça avait l'air bien. STRIKE ! Je ne pouvais pas le croire. Et la foule est en délire, pensais-je.

La pression est au rendez-vous : vais-je perdre ou réussir à obtenir deux strikes pour la victoire ? Je me tenais là, regardant cette piste. Premier lancer tout droit jusqu'au centre, et c'était un STRIKE !

Elle avait l'air inquiète : tout ce dont j'avais besoin, c'était encore deux strikes.

« - Je t'embrasserai si tu écrases toutes les épingles." Elle dit.

-    Si je ne le fais pas?" j'ai répondu.

« - Pas de baiser!" Dit-elle en souriant. »

Oh, la pression était au rendez-vous. J'ai attrapé la boule, j'ai regardé cette piste et je suis allé directement au milieu. Coup direct. La boule a foncé droit dessus. Trois sont restées debout. J'avais besoin de la boule de rechange pour la victoire.

Chapitre 11

« - Oh, attends, et le baiser ?

-       Tu n'as pas fait de strike, désolée. »

J'ai attrapé la boule, j'ai visé et je l'ai lâchée. Ça y est ! Oh, non, non, non. Elle roula vers la gouttière, elle avait gagné. Ma parole, qu'est-ce qu'elle était satisfaite d'elle-même.

Sur le chemin du retour, nous nous sommes arrêtés au parc et nous nous sommes assis sur le banc, pour parler.

« - Anthony, pourquoi as-tu l'air si triste tout le temps ?

- Pourquoi tu me demandes ça ?

- Eh bien, tu as toujours l'air préoccupé et tu ne souries pas si souvent.

- J'avais beaucoup à l'esprit ces derniers mois et il est difficile d'en parler, j'ai expliqué.

- Nous ferions mieux d'y aller, suggéra-t-elle.

- J'ai passé un bon moment au bowling et à parler avec toi. J'apprécie le temps qu'on passe ensemble. J'espère que nous resterons amis pour toujours, j'ai dit.

- Moi aussi, Anthony. Tu es un enfant particulier, je te trouve assez mystérieux. »

Je voulais la raccompagner jusqu'à chez elle, mais elle m'a arrêté au coin de la rue et a dit : « Je peux faire le reste du chemin. » Alors que je me retournais et commençais à m'éloigner, elle m'a crié d'attendre.

Elle s'est approchée de moi, m'a pris dans ses bras, m'a donné un baiser et a dit :

« -   Tu pourras toujours me parler, dès tu le souhaites.

-       Merci Lola. Je t'en suis reconnaissant. J'ai passé un bon moment avec toi aujourd'hui. Le bowling était amusant, et j'aurais préféré gagner, mais on ne peut pas avoir tout ce qu'on veut. Si tu apprends à me connaître, tu verras que je ne suis pas si particulier. Je suis toujours préoccupé et parfois je ne sais pas comment m'exprimer. Tu veux bien t'asseoir ici et parler un peu avant de rentrer chez toi Lola ?

-       D'accord, il est encore un peu tôt.

-       Ça fait combien de temps que tu vis ici ? j'ai demandé.

-       Aussi longtemps que je me souvienne, a-t-elle répondu. Il y a papa, je ferais mieux d'y aller.

-       D'accord, à demain.

C'était drôle, on aurait dit qu'elle avait esquivé en voyant son père.

Sur le chemin du retour, je me suis arrêté sur le banc d'un abribus et j'ai commencé à pleurer sans autre raison que la pensée que quelqu'un avait été aussi gentil avec moi que Lola. Il semblait que le désespoir, la solitude et la dépression étaient devenus accablants. Je ne savais pas quand j'aurais eu le courage de parler à quelqu'un du traitement que j'avais reçu de la part de la bande, à la maison. Ce n'était pas si facile pour moi de parler d'un traitement aussi humiliant, qui bouleversait mon âme.

Le bus est venu et, comme j'étais assis à un arrêt, il s'est arrêté. Je n'avais pas l'intention de prendre le bus, mais j'y montais quand même. J'y suis resté jusqu'au terminus. Je me suis retrouvé à Hollywood, juste sur Hollywood Boulevard. J'ai commencé à me promener, à regarder les différentes personnes, notant la façon plutôt amusante qu'elles avaient de s'habiller et d'agir. C'était comme être dans un cirque ou quelque chose comme ça. Il a commencé à faire sombre, alors je suis allé chercher un endroit pour m'asseoir et prendre un coca avant de rentrer chez moi.

Je suis entré dans un bar pour m'asseoir et prendre quelque chose à boire, et pour être seul avec mes pensées. Le barman a dit :

« - Hé, gamin, tu ne peux pas t'asseoir au bar. Si tu veux boire quelque chose, tu dois t'installer à une table.

-       D'accord, je peux avoir un coca ? j'ai demandé.

-       Bien sûr, gamin, mais pas ici. A une table. »

Je me levai et m'assis à une table à l'arrière, écoutant les couples parler. Cet endroit était un asile de fous. J'ai remarqué ce type discutant avec cette fille. Il lui balançait tout ce qui lui passait par la tête et elle n'aurait pas pu s'ennuyer plus. Ce pauvre mec était en plein naufrage.

Ça n'aurait probablement pas été si mal s'il n'avait pas été aussi saoul. Le gars était dans un de ces états. C'était vraiment hilarant. Regarder des gens ivres est une expérience en soi. Ce clown en particulier s'est levé et a commencé à agiter ses bras en parlant à ces filles. Puis, tout d'un coup, il a commencé à vomir partout. Je me suis que, mon Dieu, ce gars était un cas.

Heureusement, rien n'a touché les filles. Cela n'avait pas d'importance, elles se sont levées et sont allées à une autre table. J'allais leur parler, mais je me suis dit qu'elles avaient eu leur dose de badinage avec ce mec-là.

Il a fini par se faire virer, sur le trottoir.

« - Salut, tu as commandé un coca, demanda la serveuse.

-      Oui, merci, j'ai répondu.

-      Tu prends autre chose avec ça ? elle a demandé.

-      Non, merci, j'ai dit.

-      Hé, gamin, quel âge as-tu ?

-      Dix-huit.

-      Ouais, c'est clair ! je ne te donnerais pas du tout onze ou douze ans ! dit-elle sarcastiquement.

-      Qu'est-ce que ça peut te faire ? Je suis juste ici pour me reposer et boire un coca.

-      D'accord, gamin, installe-toi, je demandais juste ce que tu faisais dans cet endroit, seul. Ce n'est pas tous les jours qu'un enfant de ton âge vient seul ici. Regarde autour de toi : combien d'enfants tu vois ici ?

-      Je suppose que tu as raison, je fais un peu tâche. Merci pour le coca, madame » j'ai dit.

Après avoir englouti le soda, je suis parti avant que d'autres adultes puissent me poser des questions encore plus stupides ou me dénoncer aux flics. C'est le problème avec les adultes, ils voient un enfant seul et supposent qu'il manigance quelque chose ou qu'il est en train de fuguer. Surtout un enfant dans un bar qui boit un coca tout seul. Certaines personnes ont une imagination très active et ont toujours l'envie d'imposer leur volonté aux autres. Je me suis dit que, merde, je devais sortir d'ici. Il se fait tard et je ne veux pas avoir d'ennuis.

Mais avant de partir, je suis allé voir La Brea Tar Pit. J'avais entendu dire que c'était une installation fascinante qu'ils avaient là-bas. En arrivant sur place, on voyait ces énormes statues d'éléphants se tenant dans cette boue noire. Je suppose que c'était du goudron. Bizarre, comment cette substance peut apparaître au milieu d'une ville comme ça. J'ai trouvé ça assez inhabituel, mais j'étais content d'avoir vu ça.

Je suis retourné à l'arrêt de bus et je suis rentré chez moi. Le retour en bus a été agréable. Pour une raison que j'ignore, il y avait toujours un fauteur de troubles dans ces bus. C'était amusant, écouter les gars plus âgés essayer de parler aux filles. Leurs approches semblaient avoir besoin de travail. Certaines de leurs phrases d'accroche pour moi en tout cas, semblaient un peu boiteuses.

Grand-mère et grand-père étaient dehors à me chercher. Ils ont demandé :

« - Où étais-tu tout ce temps, Anthony ?

-       J'étais au parc à jouer sur les balançoires. »

Je détestais mentir mais je ne pouvais pas leur dire que je me promenais dans Hollywood. Ils auraient eu deux crises cardiaques chacun. Je suis allé dans ma chambre et j'ai pensé cette petite sortie et aux gens étranges qui étaient dans ce bar.

Je ne pense pas que j'aurais aimé passer beaucoup de temps à Hollywood. Les gens semblaient venir d'une autre planète. Ce que je veux dire, c'est que les filles étaient toutes fardées, habillées d'une façon étrange et sentaient bizarre. C'était comme s'ils ne croyaient pas aux vertus d'une bonne douche ou quelque chose comme ça. Du moins, les gens dans la rue entraient dans cette catégorie.

En allant à l'école le lendemain, j'ai cherché Lola mais je n'ai pas pu la trouver, alors j'ai attrapé un journal, le faisant avancer à coups de pieds jusqu'à l'école. Je ne sais pas ce qu'il y a avec les petits garçons et les journaux ; il semble que nous ayons tous tapé dedans d'un revers de pied à un moment ou à un autre. Une autre chose que j'avais l'habitude de faire était de marcher sur une canette de soda, de la faire coller à ma chaussure et de marcher avec une canette sous chaque pied. Ça faisait un bruit de craquement qui m'amusait. J'aimais le faire en allant à l'école, en plus de donner un coup de pied à un journal pour plus de plaisir. Le seul inconvénient avec les coups de pieds dans les journaux, c'est que lorsque le journal s'est désagrégé, vous étiez obligé de ramasser tous les morceaux.

Quand je suis arrivé à l'école, j'ai demandé à Jerry :

« - T'as vu Lola ?

- Non.

- D'accord on se voit plus tard. »

Je suis allé en classe et j'ai remarqué que le siège de Lola était vide. J'ai deviné qu'elle était peut-être malade ou quelque chose comme ça. Ça ne lui ressemblait pas de s'absenter ; j'espérais qu'elle allait bien. À la récréation, nous avons joué au ballon chasseur. J'adore être l'enfant qui lance la balle aux enfants au milieu, mais pas être l'enfant au milieu. Certains enfants ne visent pas exactement les jambes mais plutôt la tête. Je sais que j'ai été cloué comme ça à plusieurs reprises, directement sur la bouche. Quiconque a joué à l'esquive sait que cela peut être amusant mais aussi très douloureux. Cela dépend de l'enfant qui lance la balle.

Il y avait un autre jeu que j'aimais, appelé la spiroballe. Il y a une boule attachée à une longue corde et l'autre extrémité de la corde est attachée au sommet d'un poteau. Le but du jeu est de frapper la balle dans une direction spécifique jusqu'à ce que la balle s'enroule autour du poteau. En même temps, une autre personne essaie de vous empêcher d'aller dans la direction de votre choix pour qu'ils puissent aller dans l'autre sens. Bizarre, je sais, mais c'est quelque chose à faire à l'école.

Mes cours se passaient bien. Certains étaient un peu ennuyeux, mais en général, j'aimais la nouvelle école. Les enfants étaient gentils, s'occupaient de leurs propres affaires, et le seul qui ait essayé de m'intimider là-bas était cet idiot de Maurice. Depuis notre petite altercation, tout semblait aller bien maintenant. Je n'avais rencontré aucun enfant qui ait des problèmes comme les gars à la maison.

Le déjeuner est arrivé et j'ai pris de la pizza. Je ne sais pas quoi, mais quelque chose dans cette pizza avait un goût incroyable !

Encore deux cours, alors je pourrai rentrer chez moi. Venaient ensuite les mathématiques, et c'était amusant. J'aimais ce cours pour deux raisons, le professeur était un ange et j'adorais les mathématiques. Je pense que j'étais le seul enfant blanc de cette classe. Il n'est pas difficile de parvenir à cette conclusion. Tout ce que vous aviez à faire était de regarder autour de vous. Merde, j'aurais aimé que Lola soit là !

Après mon dernier cours, je me dirigeais vers la sortie lorsque Maurice s'approcha de moi. Merde, et Jerry qui n'est pas là.

« - Hé, je voulais juste m'excuser pour les boulettes que je t'ai envoyées.

-    Pas de problème, Maurice. Je te remercie.

-    Je pensais que c'était drôle, de te souffler ces boules, et je pensais

que tu le ferais avec moi. Mais je suppose que j'avais tort.

-    Je suis désolé, aussi, de t'avoir traité de salope. Ce n'était pas quelque chose à dire à quelqu'un qu'on ne connaît pas. Je suppose qu'il n'est pas si facile de s'habituer à une nouvelle école.

-    Oui, je sais ce que tu veux dire. Je ne suis ici que depuis quelques

mois. Qu'est-ce que tu penses de cette école d'été ?

-    Ça passe. Un peu différente de la dernière école où j'étais mais je dois juste m'habituer. »

En quittant l'école, je me sentais bien dans ma peau et je me suis décidée à aller chez Lola pour voir ce qui se passait.

J'ai frappé à sa porte et sa maman a répondu. Elle a dit que Lola n'avait plus le droit de me parler, que son père l'avait mise dans une école privée et elle m'a claqué la porte au nez. J'étais choqué, je n'ai pu que rester là, la bouche ouverte. J'ai eu cet incroyable sentiment de perte et de dépression.

J'ai fait demi-tour et j'ai commencé à rentrer à la maison, fixant le trottoir devant moi, me demandant ce qui se passait. J'étais tellement en colère que j'ai commencé à pleurer. Je savais que je ne pouvais pas rentrer tout de suite à la maison, étant aussi énervé, alors je suis allé me promener dans le parc pour prendre l'air et me calmer. Quand je suis rentré à la maison, grand-mère a demandé :

« - Qu'est-ce qui ne va pas, Anthony ?

- Grand-mère, je préfère ne pas en parler. Je vais m'allonger un moment.

- D'accord, faites-moi savoir si tu as besoin de quelque chose.

- Je le ferai, grand-mère. »

Je ne pouvais pas croire qu'il était toujours aussi évident que j'étais bouleversé. Les choses devaient commencer à changer.

Chapitre 12

Cette suite de malheurs devenait un peu écrasante. À partir de ce moment-là, tout ce sur quoi je me suis concentré était d'aller à l'école, d'avoir de bonnes notes et d'arrêter d'essayer de me faire des amis.

Tout ce qui m'était arrivé avait fait de moi un petit enfant amer et antisocial. J'ai commencé à m'isoler, pensant que si personne ne s'approchait de moi, personne ne pourrait blesser mes sentiments. Je n'aimais pas être comme ça, mais il semblait plus sûr de rester seul pendant un moment. Ma vie est devenue un peu solitaire et déprimante.

Je ne savais pas quoi faire. Je ne semblais pas avoir la chance de mon côté pour rencontrer une fille sympa. J'ai toujours été déçu d'une manière ou d'une autre. Parfois, je pensais que la meilleure chose pour moi serait de rester seul, de me concentrer sur l'école et de reprendre ma vie en main avant qu'il ne soit trop tard.

Maman m'a appelé ce soir-là pour me demander comment ça allait. J'ai dit que tout allait bien et que la maison me manquait. Elle a dit que je lui manquais aussi et qu'elle espérait que je rentrerai bientôt. Je lui ai demandé comment mes sœurs et papa allaient. Elle a dit qu'ils allaient bien et que mon absence se ressentait à la maison.

Depuis cet échange avec la maman de Lola, j'étais déprimé. Je ne parlais même plus à Jerry. Je suis sûr qu'il aurait voulu que je lui raconte ce qui s'était passé. Mais merde, je préfère éviter le drame. Ce n'était pas si mal, d'aller à l'école et de rester chez mes grands-parents. Au moins, j'avais beaucoup de temps pour faire mes devoirs et jouer aux cartes avec grand-mère. Parfois, je descendais la rue jusqu'au parc et jouais sur les balançoires ou grimpais aux arbres, ou les deux. Il y avait toujours beaucoup de monde dans le parc. J'aimais bien m'asseoir avec des personnes âgées et nourrir les pigeons. Nourrir les pigeons était amusant, les regarder faire des va-et-vient, se jeter les uns sur les autres, courir après les miettes.

Je me sentais perdu, comme si je n'avais aucune direction à suivre. Je me demandais encore ce qui avait fait dire à la maman de Lola qu'elle ne pouvait plus me parler. Merde, qu'est-ce que j'avais fait de mal ! Ma situation était nulle ! Je n'aurais jamais pensé que quelque chose comme ça m'arriverait. Je veux dire, après tout le temps que j'avais passé avec Lola, c'est sûr que j'avais un résultat différent en tête. Je suppose que ce n'était pas de sa faute si son père ne m'aimait pas.

J'en ai déjà parlé, mais parfois je voulais m'enfuir, et par-là, je ne veux pas dire jusqu'à la prochaine ville. J'étais tellement énervé que je suis monté dans le bus et je suis retourné à Hollywood. J'ai réussi à retrouver ce bar et je me suis assis à l'arrière. La même serveuse était là :

« - Salut p'tit, tu veux un coca ?

- Oui, merci. »

Quand elle m'a apporté le coca, elle a dit : « C'est la maison qui offre ». Elle s'assit et demanda :

« - Pourquoi es-tu seul dans ce coin de la ville ? Cela peut être très dangereux pour un enfant comme toi, dit-elle d'une voix bienveillante.

- Je suppose. Merci pour le coca.

- Pas de problème, gamin. Si t'as besoin de quelque chose, fais-le moi savoir. Il est très rare qu'un enfant de ton âge vienne dans un endroit comme celui-ci. Tu es sans aucun doute différent, mon ami.

- Je ne suis pas si différent. J'aime explorer différents endroits. » Je déambulais dans la rue quand cette fille a commencé à me parler. Elle était plutôt jolie et portait une tenue très sexy. J'aimais lui parler, elle semblait détendue et comme ayant envie de me connaître.

« - Qu'est-ce que tu cherches ? demanda l'asphalteuse.

- Je ne cherche rien, je ne fais que me promener, je regarde ce qui m'entoure, répondis-je innocemment.

- D'accord, eh bien, fais attention ici. Mais tu es sûr que je ne peux rien pour t'aider ?

- Que voulez-vous dire ? J'étais confus.
- Quel âge tu as ? demanda-t-elle.
- Quelle importance l'âge que j'ai ?
- Je suppose que je dois être plus directe avec toi. Tu cherches du sexe ?
- Ahhhh, non. »

Je me sentais un peu nerveux, alors je suis retourné au bar pour un autre coca. Après l'avoir fini, je suis sorti et je me suis demandé ce que j'étais en train de faire. Je n'ai pas besoin de plus de problèmes. Je suis remonté dans le bus et je suis rentré chez moi. Avant d'entrer dans la maison, j'ai remonté une colline, du côté de la rue. Il y avait trois façons d'entrer, la rue, que je venais d'emprunter, ou à l'arrière de la maison de grand-mère, et enfin de l'autre côté, à environ un quart de mile au sud de la maison. J'ai trouvé un arbre pour y grimper et je me suis assis sur une branche surplombant la rue. J'avais une vue magnifique. Quand je suis descendu et suis entré dans la maison, grand-mère préparait des biscuits et grand-père était dehors sur la balançoire. J'ai décidé de gravir la colline et d'explorer un peu, de peut-être grimper à nouveau dans les arbres et regarder autour de moi. J'aimais être perché là-haut ; c'était comme être dans la forêt. Surtout, j'aimais monter sur la colline car c'était calme et paisible, on y entendait que le chant des oiseaux. Alors que j'étais assis là, il a commencé à pleuvoir, j'ai pensé aux courses de bateaux.

Pour ceux d'entre vous qui ne savent pas ce que sont les courses de bateaux, c'est lorsque vous attrapez deux bâtons de glace et courez dans le coin opposé à l'écoulement de l'eau, il faut les poser et regarder celui qui arrive à la fin en premier. C'est un jeu ringard, mais beaucoup d'enfants y jouaient par temps de pluie.

J'ai repensé à l'époque où Frank a mis cette chaîne autour de mon cou. Ce n'était pas une petite chaîne non plus, cette chose devait peser une vingtaine de livres. Ça a dû être le pire moment de ma vie. Toute cette épreuve était comme un mauvais rêve, mais je sentais que cela m'affecterait d'une manière que je ne pouvais pas encore ressentir.

Je devais commencer ma huitième année cette année-là et je préférais aller à l'école près de la maison de mes parents. J'aimais vivre avec les grands-parents et tout, mais je voulais être à la maison avec ma famille. J'ai décidé d'appeler maman et papa pour voir si je pouvais rentrer. Je suis descendu de la colline et j'ai expliqué aux grands-parents ce que je voulais faire. Ils m'ont soutenu et ont dit qu'ils allaient m'aider puisque j'avais si bien réussi à l'école d'été. Grand-mère a appelé et a parlé à papa de mon retour à la maison après la fin des cours d'été. Il a demandé si j'avais montré des améliorations, et grand-mère a dit oui. « D'accord, après la fin des cours d'été, il peut revenir. »

Grand-mère m'a dit après avoir raccroché que je pouvais rentrer chez moi après les cours d'été. J'étais content d'apprendre que je serai de retour à la maison.

Après avoir pris mon petit-déjeuner, je suis sorti un peu avant d'aller à l'école. Je pensais aux quelques deux semaines qu'il restait avant de pouvoir rentrer chez moi. Mon lit et mes jouets me manquaient. J'ai même pensé à mes insupportables sœurs, même si elles ne me parlaient plus autant parce qu'elles pensaient que j'étais un fauteur de troubles. Je souhaitais que mes sœurs ne me voient plus de cette façon. Ce n'était pas entièrement de ma faute.

Quand je suis arrivé à l'école, j'ai vu Jerry debout à l'entrée.

« - Désolé pour toi et Lola, dit-il.

- Merci, Jerry. Qui te l'a dit ?
- La sœur de Lola me l'a dit hier.
- A-t-elle dit pourquoi ses parents ont fait ça ?
- Ouais, mais tu ne vas pas aimer ça.
- Vas-y, Jerry.
- Son père a dit qu'il ne voulait pas que sa fille fréquente un blanc-bec.
- Pourquoi des parents enseigneraient-ils à leurs enfants des choses aussi racistes et ignobles ? » C'est ridicule. « Nous n'étions que des amis.

-     Je t'ai dit que tu n'aimerais pas l'entendre.

-     Merde, Jerry, tu sais ce que je pense ? Les parents transmettent les préjugés. Les enfants ne sont pas nés avec ces pensées. Mec, ça fait chier. Merci de m'en avoir parlé. Wow, si ça c'est pas un coup violent. J'apprécie que tu m'aies dit exactement ce qui s'est passé. Je savais que je ne l'aurais jamais découvert par moi-même.

-     Pas de problème, gamin. »

Merde, comment son père a pu dire un truc pareil ! Je n'arrivais pas à croire qu'il était un fanatique raciste. Il disait à sa fille de ne pas me voir. C'était tellement injuste de la part de son père.
Bientôt, il était temps de rentrer chez mes parents. J'étais un peu excité mais, en même temps, je me sentais mal parce que Lola me manquait. Je parlais avec les grands-parents de la vie en général parce qu'ils pensaient que quelque chose n'allait pas chez moi. Je n'avais toujours pas eu le courage de parler du traitement que j'avais subi, et je ne voulais pas y penser.

« - Hé, Anthony, tu veux jouer aux cartes ?

-     Bien sûr, grand-mère.

-     D'accord, je vais distribuer. »

Papy était sur sa chaise, fumant et regardant le journal. Je suis surpris que ma grand-mère n'ait pas eu de cancer, avec tout ce qu'il a fumé autour d'elle. Le tabagisme de grand-père ne semblait pas la déranger. Je ne l'ai jamais entendu tousser ni se plaindre. Elle ne s'est jamais plainte de rien sauf de la fois où elle m'a attrapé dans la salle de bain, fumant une des cigarettes de grand-père. J'étais sûr que mes parents apprendraient ce que j'avais fait quand elle leur aurait parlé. Là encore, grand-mère était cool. Elle ne dirait probablement rien.

« Que le jeu commence. Toi d'abord, grand-mère ». Le seul inconvénient de ce jeu est qu'il faut beaucoup de temps pour y jouer. Il n'y avait aucun moyen de prédire comment ce jeu allait se terminer. Vous ou votre adversaire ne saviez pas quelle carte viendrait ensuite.

« - Je suis fatigué, je vais me coucher. On peut terminer demain?

- Bien sûr, Anthony. Bonne nuit.

-    Bonne nuit, grand-mère. »

Quand je me suis réveillé le lendemain matin, je me suis préparée pour l'école et j'ai décidé que, puisque je ne pouvais plus y aller à pied avec mon amie, je ferais aussi bien d'aller en skateboard jusqu'à l'école. C'était amusant parce que c'était surtout en descente, à l'exception de quelques petites collines au coin de la rue. C'est pourquoi les courses de bateaux en bâtons de glace étaient si amusantes, à cause du dénivelé.

Je suis allé à l'école et je n'ai pas pu m'empêcher de penser à Lola, à combien elle me manquait ; à la façon dont la vie était déprimante en ce moment. Mais, comme on dit, la vie est pleine de hauts et de bas. Malheureusement, ma vie en connaîtrait beaucoup. C'était comme si j'étais un aimant à malchance, un peu comme cette balade en bateau, de haut en bas, pour finir par se sentir comme une merde.

Je m'assis sur un banc, attendant que la cloche sonne, mangeant des crackers au fromage. J'aimais bien ces petits crackers. Parfois, ce sont les petites choses qui vous font vous sentir mieux. Pour moi, c'étaient des crackers au fromage et des sandwiches à la crème glacée. Mais ma nourriture préférée était la pizza de l'école. Je voulais connaître la recette, ou savoir s'ils l'achetaient surgelée et la réchauffaient. Qui sait ?

Voilà la cloche qui sonne, il est temps d'apprendre quelque chose. L'enseignante s'est levée devant la classe et a fait un petit discours, disant qu'elle était ravie d'avoir eu un excellent groupe pour les cours d'été, et qu'elle espérait que nous réussirions tous beaucoup au lycée. J'avais encore un an avant de devoir m'inquiéter de ce grand cauchemar éducatif. J'avais entendu dire qu'il y avait des tyrans au lycée, mais je ne pensais pas qu'ils arrivaient à la cheville des personnages sadiques auxquels je devais faire face à la maison. Comme c'était le dernier jour de l'école d'été, le professeur nous a fait sortir tôt.

« - Hé, Jerry, je vais bientôt rentrer à la maison, donc, je ne serai probablement pas ici l'année prochaine.

-   Eh bien, gamin, ça a été agréable de te connaître. Et, encore une fois, désolé pour Lola.

-   Merci, Jerry. »

J'ai décidé d'aller au cinéma et d'aller voir ce nouveau film appelé Phantasm. J'avais entendu dire que c'était un film passionnant. Je suis allé seul parce que j'avais envie de solitude et je ne voulais pas avoir à expliquer le film à quelqu'un. Il y a toujours cette personne qui ne peut pas se taire pendant un film. Ils doivent toujours demander ce qui s'est passé ou ils se lèvent pour aller aux toilettes et vous devez tout leur expliquer. Vous savez, le genre qui regarde un film et pose toujours des questions sur ce qu'il vient de voir.

J'ai marché jusqu'au guichet et j'ai demandé à la fille un billet pour Phantasm. Elle a dit :

« - Quelqu'un t'accompagne ?

-   Que voulez-vous dire, quelqu'un m'accompagne ?

-   Ce film est interdit aux moins de dix-huit ans.

-   Eh bien, j'ai dix-huit ans. Où est le problème ?

-   Arrête, tu en as douze.

-   Je vieillis lentement. Allez madame. Qu'en est-il de tous ces comédiens qui ont mon âge ?

-   Gamin, tu as une pièce d'identité ou pas ?

-   Non, pas avec moi.

-   Eh bien, reviens avec ta carte d'identité ou un adulte. »

Donc, je n'ai pas eu d'autre choix que de traîner et d'essayer d'entrer avec des adultes. Après avoir traîné dans le cinéma pendant un certain temps, j'ai repéré un couple qui disait qu'ils allaient voir ce film.

« - Bonsoir, pouvez-vous me faire une faveur et acheter mon billet pour le film ?

- Bien sûr, gamin » dit le gars. Nous nous sommes tous approchés du guichet et avons acheté les billets. C'était trop facile ! La vendeuse n'a rien dit. Je les ai remerciés et suis allé m'asseoir. Le film a commencé. En regardant autour de moi, j'ai remarqué que j'étais le seul qui n'était pas accompagné. Non pas que cela m'ait dérangé, j'ai juste trouvé ça amusant, être l'unique personne seule au cinéma. A voir les couples se câliner je me suis demandé pourquoi ils gaspillaient de l'argent pour aller au cinéma pour finalement ne pas regarder le film. J'avais beaucoup entendu parler de Phantasm et j'avais hâte de le regarder.

Chapitre 13

Ce film enchaînait carnages et bains de sang, et le grand homme était assez terrifiant. La façon dont il a dit « GARÇON » était un peu effrayante mais quand même un peu drôle. Et cette sphère ! bien que, Seigneur, cela pouvait causer un sacré mal de tête. Je pense que c'était une bonne histoire. Vous savez, transporter des corps d'adultes dont la taille a été réduite à celle de nains, afin qu'ils puissent passer par la porte d'un autre monde.

Le seul point négatif était qu'ils étaient esclaves. Je pense qu'ils devaient servir le grand homme, le personnage principal. Ma partie préférée, c'était quand la fille blonde était avec le gars au cimetière. Elle avait une poitrine énorme. Je ne pense pas que j'étais trop jeune pour penser à des trucs comme ça. Elle était chaude !

Après le film, j'ai décidé de me promener en ville, en regardant les magasins et en observant les passants. Je suis arrivé vers ce feu de circulation pour traverser la rue et j'ai vu un groupe d'enfants dans une camionnette : on aurait dit que c'était la fin du monde pour eux. Sur le côté du véhicule, on pouvait lire « Probation ». J'ai regardé de l'autre côté de la rue et j'ai vu le tribunal.

J'ai décidé de m'approcher et de voir à quoi ressemblait l'une des salles d'audience. Je suis entré et le flic a dit :

« - Hé, petit, je peux t'aider ?

- Oh, non, officier. Je voulais juste voir si le tribunal était comme à la télévision.

- Oh, tu sais, ce tribunal-là est pour les enfants qui ont des ennuis.

Tu n'as pas l'intention de le voir depuis le mauvais côté de la barrière, n'est-ce pas ?

- Oh, non, officier, pas moi. Ma mère me tuerait si j'avais des ennuis qui me faisaient arrêter et envoyer au tribunal. »

Je suis entré dans l'une des pièces et je me suis assis à l'arrière. Après un moment, un officier a amené cet enfant qu'il avait l'air effrayé et l'a assis à côté d'un gars en costume. Je suppose que c'était son avocat.

Le juge a commencé à parler en disant :

« - Mon garçon, sais-tu pourquoi tu es ici ?

- Oui, Votre Honneur. J'ai été arrêtée pour cambriolage et délit de fuite.

- Que plaides-tu ?

- Coupable, Votre Honneur. »

J'ai été pris de nervosité ; cela aurait pu être moi, assis sur cette chaise. Le juge baissa les yeux, demanda à l'enfant de se lever et prononça la sentence.

« - Mon garçon, debout s'il-te-plaît. Tu as été reconnu coupable, et étant donné tes antécédents, je te condamne à un an de probation dans un camp de redressement pour jeunes délinquants. »

Wow, j'avais eu de la chance de ne pas avoir été attrapé.

Je me sentais mal pour cet enfant. Il avait l'air d'avoir à peu près mon âge. Il serra sa maman dans ses bras, et ressorti par la porte. Sa maman avait l'air si bouleversée et triste. Je ne pouvais pas imaginer comment un parent doit être affecté par quelque chose comme ça.

Le juge a appelé un autre nom, la porte s'est ouverte, un autre enfant est entré et s'est assis à côté du gars en costume. Le juge lui a demandé s'il savait pourquoi il était là.

« Oui, monsieur. J'ai été pris dans une voiture volée. »

Encore une fois, et si je m'étais fait prendre ? Ce serait moi assis sur cette chaise.

Le juge lui a demandé de se lever, a baissé les yeux et a dit : « Vous avez été reconnu coupable, et je vous condamne à un an de camp de redressement pour jeunes délinquants. »

Le garçon se leva, serra son père dans ses bras et ressorti par la porte.

À ce moment-là, je me sentais si nerveux et effrayé que je suis sorti et alors que j'avançais vers la porte d'entrée, une main m'a saisi l'épaule. C'était le flic avec qui j'avais parlé à mon arrivée.

« - Alors, tu as appris quelque chose en assistant à l'audience ?

- Oui, monsieur.

- C'est bien, gamin. Bonne journée. J'espère que je ne te verrai jamais traverser cet endroit, dans le mauvais sens, j'entends. Tu m'as l'air d'être un bon garçon. Je te souhaite bonne chance.

- Merci Monsieur. Je doute que vous me verrez comme ça. » dis-je

en riant, puis je suis sorti. En marchant dans la rue, j'ai pensé à ces deux garçons et à ce qu'ils avaient fait. J'étais nerveux parce que j'avais fait ces choses-là, mais je m'en étais sorti. J'avais maintenant une idée du genre de condamnation que j'aurais reçue si j'avais été pris.

Je pris le chemin de la maison des grands-parents en pensant à quel point cela briserait le cœur de mes parents si j'étais envoyé dans un camp.

Ce fin de semaine-là, nous sommes allés chez ma tante pour lui rendre visite. Je suis entré et j'ai vu mon cousin, qui jouait à un nouveau jeu, et je lui ai dit :

« - Hé, je peux jouer ?

- Bien sûr, viens » dit-il.

C'était un jeu de boxe appelé Rock 'Em Sock' Em Robots. Il m'a expliqué : « Tu prends ces poignées, et moi, je prends celles-ci, et le but de ce jeu est d'essayer de faire monter la tête. » Il a frappé mon robot et la tête s'est levée. Il a ri et a dit : « Hé, j'ai gagné. »

Il se leva et alla aux toilettes. Je regardais autour de moi, j'ai vu quarante dollars, et je les ai mis dans mon pantalon. S'il le remarquait, j'étais sûr qu'il me demanderait de vider mes poches. Quand il est revenu, j'ai dit : « Merci pour le jeu » et je suis allé au salon. Quelques minutes plus tard, il est entré et a dit :

« - Je peux te parle une minute ?

- Pourquoi tu veux me parler ? »

Mon cousin a dit qu'il avait de l'argent sur sa commode et qu'il n'était plus là.

« - Vide tes poches. Je sais que tu l'as pris.

- D'accord, je vais vider mes poches. Tu vois ? Je n'ai pas

d'argent.

-       Enlève tes chaussures et tes chaussettes. »

Je l'ai fait, et il n'y avait toujours rien. « D'accord, tu peux y aller.

»Quand je suis rentré chez les grands-parents, grand-mère m'a demandé si je voulais manger quelque chose.

    « - Oh oui, grand-mère, tu peux me faire un hamburger ?

-       Bien sûr, je peux le faire. » dit-elle en souriant.

    J'étais bizarre à propos du pain, je n'aimais pas ça, alors j'ai juste mangé la galette avec du ketchup et des frites. Maman se moquait de moi parce que lorsque nous allions en manger, je commandais un hamburger, prenais la galette et la mangeais seul. Tout le monde pensait que j'étais un peu bizarre, mais je m'en fichais.

Après avoir fini de manger, j'ai dit :

« - Je vais me promener, grand-mère.

-       D'accord, ne reviens pas tard.

-       Promis, ne t'inquiète pas. »

Quand j'ai quitté la maison, je suis allé au magasin de disques de la ville et j'ai utilisé l'argent que je venais de voler pour en acheter un tas, puis je suis rentré chez moi. Grand-mère m'a demandé où j'avais trouvé les disques. J'ai dit :

« - Je les ai empruntés à un ami et je dois les rendre dans quelques jours.

-       Oh, d'accord Anthony. »

Je détestais mentir à grand-mère mais je ne pouvais pas lui dire la vérité. Je n'étais pas voleur avant d'avoir rencontré la bande. Je ne sais pas quand ces pensées confuses prendront fin. Bientôt j'espère, et que tout ça va s'améliorer. J'étais assis dans ma chambre, et grand-mère m'a appelé pour manger.

Après le repas, je suis allé jouer sur la colline pendant un petit moment. J'avais grimpé sur un arbre et assis là, je me demandais ce que serait ma vie quand je serai rentré chez moi. Je savais que Jim n'était plus là, et que j'avais bastonné John, il n'était donc plus une menace. Mais les autres m'inquiétaient beaucoup. Voyons ce qui se passe quand je rentre à la maison, pensai-je.

Beaucoup de choses me trottaient en tête. Tous les ennuis que j'avais causés, les crimes que j'avais commis et, surtout, le fait que j'avais pris la voiture de papa deux fois. Je me sentais tellement coupable et honteux, mais je ne pouvais pas dire la vérité à mes parents. Je me demandais si d'autres enfants traversaient le même cauchemar que celui dans lequel je me trouvais.

Je suis rentré chez les grands-parents et, bien sûr, mes parents étaient là, attendant de me ramener à la maison. Nous nous sommes assis et avons discuté un peu avec eux de la façon dont je m'étais comporté et dont j'avais évité les ennuis.

« - Tu veux manger avant de partir ?

- Oui je veux bien, grand-mère. Maman, je peux ?

- Bien sûr, vas-y. Nous allons regarder la télévision.

- Hé, grand-mère, y avait-il des brutes quand tu étais à l'école ?

- Bien sûr, qu'est-ce que tu crois. Il y a toujours eu des intimidateurs

qui s'en prennent à plus petit qu'eux. Souvent, c'est parce qu'ils ont été blessés dans leur jeunesse ou maltraités par un parent. Mais parfois, ce ne sont que des connards. Pardonne mon langage. Donc, pour se sentir puissant, ils s'attaquent sur les autres enfants, pour se sentir mieux dans leur peau. Pourquoi tu me demandes ça, Anthony?

- Je suis juste curieux, c'est tout.

- Dis-moi la vérité. Est-ce que quelqu'un essaie de t'intimider ou te fait faire des choses que tu ne veux pas faire ?

- Non, grand-mère.

- Alors pourquoi as-tu tous ces problèmes ?

- Je ne sais pas. J'ai eu beaucoup à l'esprit ces derniers temps, je ne sais pas quoi faire parfois.

- Ce que je veux que tu fasses quand tu rentres à la maison, c'est étudier et continuer le baseball. Tu es plutôt bon, d'après ce que j'ai

entendu dire, Anthony. Tu devrais vraiment continuer.

- Je vais essayer, grand-mère. Je promets.

-    D'accord, finis de manger pour que tu puisses rentrer chez toi et me rendre fière. »

Après avoir mangé, nous sommes retournés dans le salon. « Je suis prêt à partir maintenant. »

Sur le chemin du retour, je pensais avoir menti à grand-mère et je me sentais mal. J'aurais dû lui dire la vérité sur ce qui m'arrivait à la maison, et peut-être aurais-je dû rester chez elle. J'étais bien à l'école là-bas et j'avais des amis qui ne me poussaient pas à faire des choses que je ne voulais pas faire. Je ne savais pas quoi faire à ce moment-là. Je vais rentrer chez moi et voir comment ça se passe, pensai-je.

Quand je suis rentré à la maison, je suis allé dans ma chambre et je me suis allongé sur mon lit et j'ai beaucoup réfléchi au passé et à toutes les erreurs que j'avais faites et à ce que j'avais fait à papa et maman. Je sais que je ne suis encore qu'un enfant, et certaines choses se produisent pour une raison. Mais je ne peux pas encore comprendre quelle est cette raison.

Le lendemain matin, je me suis réveillée et suis allée avec ma mère me réinscrire dans mon ancienne école. Le mieux dans l'histoire, était que la bande était allée au lycée, donc je n'avais pas à les gérer dans l'enceinte de l'établissement

Mon premier jour était décent. Ça s'est très bien passé. Je me suis fait de nouveaux amis si vous pouvez le croire. J'ai rencontré une nouvelle fille nommée Daisy. Elle était mignonne et ne vivait qu'à quelques pâtés de maisons de chez moi.

Quand je suis arrivé à la maison, j'ai vu les gars s'asseoir et parler. Ils m'ont demandé :

« - Alors, t'as aimé vivre chez tes grands-parents ?

-    C'était bien. J'ai aimé l'école et je me suis fait de bons amis. Je n'avais vraiment pas envie de partir, mais je voulais rentrer chez moi.

-    Allons de l'autre côté de la rue et voyons ce que fait le nouveau gars. Vous savez, celui de l'Arizona, a dit Franck.

-    Je devrais vraiment monter et faire mes corvées. »

Fred a répondu que ça pouvait attendre. « Allons-y, ou Frank va te gonfler un peu les lèvres. » Ces gars-là me menaçaient toujours, et ça commençait à être déprimant. Je pensais que mon absence aurait pu changer quelque chose, mais j'avais tort.

Nous avons tous traversé la rue et appelé Richard pour jouer.

Nous avons commencé à jouer avec un ballon de football. Le but du jeu était de ne pas être taclé pendant que vous couriez d'un bout à l'autre de la cour. J'ai récupéré le ballon et j'ai été immédiatement renversé. Ils se sont tous empilés sur moi, ce qui m'a fait mal au cou, qui s'était complètement penché vers l'avant. « Merde, ça fait mal ! » j'ai crié pour qu'ils se détachent de moi avant que mon cou ne se brise. Frank n'a pas aimé la façon dont j'avais dit cela et a sorti un élastique épais, de ceux qu'ils utilisent au bureau de poste et ont demandé aux autres gars de soulever ma chemise. Il a placé l'élastique sur mon dos, l'a tiré le plus possible et l'a lâché. Merde, ça faisait très mal. Il a ri et l'a fait dix fois de plus. Mon dos avait ces marques rouges dessus. Ils ont dit : « Ne laisse pas tes parents voir ça, ou sinon... »

Richard a dit :

« - Mais pourquoi as-tu fait ça à Anthony ?

-       Occupe-toi de tes affaires, Richard. Reste en dehors de ça.

Quand ils ont eu fini de me torturer avec ce fichu élastique, je suis rentré chez moi. Après avoir dîné, je suis juste allé dans ma chambre pour réfléchir. Je ne pouvais pas croire que rien ne s'était amélioré ici. C'était pire. Ils auraient pu me casser le cou à tous s'empiler sur moi. Je me suis endormi assez vite d'un sommeil qui a duré toute la nuit.

Chapitre 14

Je me suis réveillé le lendemain matin en souhaitant ne pas avoir passé la nuit. Pouvez-vous me blâmer ? Alors que j'étais dans la salle de bain, j'ai entendu l'oncle de Rick cracher ses poumons et tousser à s'en arracher la poitrine. C'était horrible, d'écouter ce vacarme tous les matins. C'était écœurant si vous me demandez. Mais, lorsque vous fumez comme un démon, ce sera le résultat. Donc, après la symphonie d'expectorations, j'ai pris mon petit-déjeuner et je suis allé à l'école.

J'aimais aller à l'école tôt pendant les mois chauds parce que la plupart des filles portaient des shorts. Ils y en avaient partout dans tous les couloirs. Certaines filles avaient de très belles jambes, d'autres pas autant. Qui suis-je pour juger ? Certaines d'entre elles avaient l'air cool et donnaient envie de leur parler, d'autres semblaient ennuyeuses à mourir. Encore une fois, qui suis-je pour juger ? Je n'avais pas envie de perdre mon temps. J'ai décidé de trouver un endroit désert pour m'asseoir et attendre que la cloche sonne.

La cloche sonna, il était temps d'aller en cours. Mon premier cours était en mathématiques. J'aimais les mathématiques - surtout celui-ci car il y avait beaucoup de jolies filles. Mais après toutes les bêtises et les conneries que j'avais subies les deux dernières fois où j'avais essayé de m'impliquer avec une fille, j'ai décidé que je préfèrerais ne pas m'en occuper cette année-là. Je savais que les quatre intimidateurs étaient maintenant au lycée - depuis que j'avais eu ce combat avec John, je ne le comptais plus comme l'un d'entre eux.

Après l'école, une partie de baseball m'attendait. Je pensais que j'aillais lancer à nouveau. Du moins, j'espérais que je jouerai cette position. Papa était censé venir après l'école et apporter mon uniforme car le jeu devait commencer une heure après la sortie de l'école.

Après la dernière sonnerie, je suis allé sur le terrain pour traîner et attendre mon père et le reste de l'équipe. Il me semblait que j'étais le premier à arriver. La plupart de joueurs des deux équipes allaient à la même école que moi, donc ils arrivaient doucement, après les cours ou de chez eux. Très vite, il y eut une foule immense.

Je cherchais papa autour de moi. Il était censé apporter mon uniforme.

Il était là. « Hé, papa, par ici. » Il m'a apporté l'uniforme, alors je me suis dépêché de me changer dans les toilettes. Le directeur était arrivé alors que je sortais de la salle de bain et a dit :

« - Hé, Holden, tu vas lancer aujourd'hui.

- D'accord, coach. Aucun problème. Je suis prêt. »

Le meilleur frappeur était en place, et j'avais entendu dire qu'il aimait les balles hautes et externes, alors ce que j'ai fait, c'est que je l'ai lancée vers l'intérieur et en bas. En gros, avec sa position, il n'avait aucun moyen de frapper la balle. J'ai fini par éliminer trois fois ce pauvre salaud. Je me suis retrouvé avec quinze retraits au bâton, deux circuits et un doublé. C'était l'heure des hamburgers et des cocas. Aujourd'hui, les quatre gars de ma rue étaient là au match, probablement pour repérer des filles. Je suis sûr qu'ils n'étaient pas là pour me voir lancer.

Après le match, papa a dit : « Pourquoi ne rejoins-tu pas tes amis avant de rentrer à la maison ? »

Je l'ai fait, je n'aurais pas dû. J'aurais probablement dû rentrer chez moi avec papa. Si je dis cela, c'est parce qu'un gang aimait traîner dans cette école. Il se trouve qu'ils étaient là cet après-midi. Il y en avait peut-être huit. Ils ont commencé à nous pourchasser, alors nous nous sommes enfuis et avons sauté par-dessus une clôture, mais Frank s'est arrêté en haut de la clôture et a envoyé cet énorme molard qui s'est logé dans l'œil d'un des gars. C'était vraiment hilarant. Ce pauvre salaud avait le visage dégoulinant.

Ce molard en particulier avait un corps exceptionnel parce que Frank mangeait un bonbon mou fruité, ce qui lui donna une viscosité supplémentaire. Ainsi, le mélange de salive, de glaire et de bonbons a fait un matériau gluant très salissant et collant qui était incroyablement dégoûtant. Ce qui est drôle, c'est qu'il était le frère aîné du gars qui me harcelait parce qu'il voulait se remettre avec Linda. Le gars avec qui je me suis battu à la danse.

Quoi qu'il en soit, nous sommes tous rentrés chez nous en courant et avons ri de ce qui venait de se passer. Ces gars chercheraient sûrement Frank, mais je ne pense pas qu'il en ait eu quelque chose à foutre. Aussi dérangé que ce gars semblait l'être, je suis sûr qu'il n'était pas perturbé en ayant quelques petits gangsters de quartier à ses trousses. Le lendemain matin, j'ai rencontré Frank pour parler de l'argent qu'il y avait à se faire. Il a dit qu'il avait une idée de la façon dont on pourrait le gagner. Donc, ce que nous avons fait - considérant que c'était samedi, et que je n'avais un match que tard dans l'après-midi – c'est prendre la tondeuse à gazon et commencer à faire le tour du quartier pour voir si nous pouvions tondre des pelouses. Beaucoup de voisins ont aimé l'idée que les enfants du quartier s'occupent leur pelouse.

Nous avons facturé cinq dollars pour chaque jardin, ce qui comprenait la réparation des bords et le nettoyage. Le seul problème avec cela, c'est que Frank a dit que je n'obtiendrais qu'un dollar. Je devais faire le plus gros du travail, mais il gardait l'argent pour lui, ce qui, pour moi, était complètement injuste. Les autres gars ont dit que je ne méritais pas d'obtenir plus d'argent. Si je n'aimais pas ça, je pouvais prendre l'argent qu'ils voulaient à mes parents ou à ma famille. Ces gars-là m'ont fait commettre des cambriolages, prendre deux fois la voiture de papa et voler à l'étalage. J'étais à leur merci et je ne pouvais rien y faire.

Il y a eu aussi la fois où ils m'ont fait voler cette voiture pour les emmener à l'une de ces stupides fêtes, car je n'avais pas pu prendre la voiture de papa. Nous nous sommes arrêtés dans une station-service et Frank a dit : « Sors et remplis le réservoir. Je vais payer le gars. » Après l'avoir rempli, je suis remonté dans la voiture et Frank est sorti en courant et a dit :
« - Tu ferais mieux de démarrer et vite !
-     De quoi diable parles-tu ? Dis-je frénétiquement.

-   Je n'ai pas d'argent pour payer l'essence, dit Frank.
-   Oh merde, on est foutu, j'ai dit.
-   Pas vraiment, j'ai envoyé le caissier dans la glacière pour m'attraper une caisse de coca. » répondit Frank.

Pour aggraver les choses, j'ai roulé dans l'essence et fait tourner les pneus dedans. Le gars de la station est sorti en courant, nous n'arrivions pas à démarrer, puis tout à coup les roues se sont agrippées et nous avons décollé dans la rue.

Donc, je suppose que l'accord qu'on avait passé pour les pelouses était de bien petite envergure par rapport à l'incident de la station-service, cela n'avait pas d'importance, je me sentais toujours mal parce que ce jour-là, j'ai fait trois pelouses et n'avais reçu que trois dollars. J'ai été très déçu et déprimé par tout cela. Après avoir remis l'argent, je suis rentré chez moi pour me préparer pour le match.

Mais, avant de partir, Frank a dit qu'il avait pris des dispositions pour que je fasse trois autres pelouses le lendemain. « Ouais, bien sûr, hésites pas. » Je suis rentré chez moi et je me suis préparé pour le match. Cette fois, j'allais être le receveur. J'aimais bien la position du receveur, c'était très amusant. J'avais hâte de voir comment ça se passerait.

Le jeu avait commencé, le gars qui venait juste de terminer en deuxième base essayait toujours de prendre la troisième quand il y avait un frappeur droitier à la batte - il l'utilisait comme une sorte de bouclier. Mais cette fois-ci, je le regardais. J'espérais qu'il déciderait de prendre la troisième base. J'adorerais la lui lancer. Le lanceur a enveloppé et a envoyé une balle rapide qui a été lancée et ratée. Le coureur est allé au troisième but, j'ai cassé mon lancer et le coureur était sorti. Je savais que je l'attraperais. J'ai beaucoup aimé ce match.

J'avais hâte d'arriver au lycée, pour pouvoir jouer pendant les quatre années et peut-être entrer dans une bonne université. À la fin du match, nous avons gagné en une seule manche.

En rentrant chez moi, je suis passé devant la maison de Frank, en espérant qu'il n'y était pas. Effectivement, ils parlaient tous dans son allée. Frank m'a vu et m'a dit :

« - Viens demain vers huit heures pour prendre la tondeuse à gazon.

-     Ouais, ça marche. » j'ai répondu.

Les trois autres riaient, m'insultaient et se moquaient de moi.

Une chose que j'ai apprise de ces quatre gars, c'est qu'ils étaient de vrais fils de... Je veux dire des fils de… complets. Surtout Frank, qui était le pire de tous. Un sadique complet par nature. Mais ses parents pensaient qu'il était un petit saint. C'était un fils de…, je dis !

Le lendemain matin, je me suis réveillé, j'ai pris mon petit déjeuner et j'ai dit à mes parents que j'allais me faire un peu d'argent en tondant les pelouses. Ils pensaient que c'était une excellente idée. Quand je suis allé chez Frank, il était dehors avec la tondeuse à gazon et m'a accompagné comme s'il allait m'aider. Lorsque nous sommes arrivés à la première maison, la dame est sortie et a dit : « Faites-moi savoir quand vous avez terminé, les garçons. » Dès qu'elle a refermé la porte, Franck s'est barré.

Je ne peux pas croire que je doive tondre ces pelouses par moi-même et donner l'argent à ce trou du cul, pensais-je. Je jure que si je sors de ce bordel, cela ne se reproduira plus. Après avoir fini la dernière pelouse, l'homme m'a payé et j'ai ramené la tondeuse à gazon chez le sadique, mais il était au coin de la rue, et m'attendait. Je lui ai donné les quinze dollars, le salaud ne m'en a donné que quelques-uns pour mon travail. Quel enfoiré, je vous le jure. Vu qu'il était encore tôt, je me suis installé au parc sur les balançoires. Je suis juste resté là et j'ai pensé à pas mal de choses, comme à la façon dont j'allais sortir de ce bordel. Je me suis assis sur ce manège pendant des heures, juste en faisant le tour, en rêvassant.

La vie est parfois drôle, et vous pensez que tout va bien, et ensuite tout va mal. J'aurais aimé pouvoir parler à mes parents de cette situation. Je suppose que la seule raison qui m'en empêchait était que je ne voulais pas que papa découvre que c'était moi qui avais pris sa voiture. J'étais sûr que si je commençais à chanter, ces quatre-là n'hésiteraient pas à me dénoncer. Ils feraient n'importe quoi pour se couvrir les uns les autres, et j'étais tout à fait sûr qu'ils ne se fichaient pas mal de ce qui pourrait m'arriver.

Après avoir quitté le parc, je suis rentré chez moi pour dîner et me reposer pour l'école le lendemain.

L'école se passait bien et je devais obtenir mon diplôme dans quatre mois. J'espérais que les choses ne se seraient pas aggravées avec ces quatre gars. Je ne voulais plus commettre de crimes à cause d'eux. Je savais que je devais leur tenir tête mais j'étais réduit au silence par la peur d'être battu à mort.

Cet après-midi sur le chemin du retour de l'école, j'ai vu Frank travailler sur un vélo à l'allure bizarre. Il avait un moteur de tondeuse à gazon et était très petit.

« - Hé, Anthony, aide-moi à démarrer. Je t'emmène, dit-il.
-       Bien sûr, cela semble amusant. »
Je l'ai donc aidé à démarrer le petit vélo. Wow, c'était bruyant quand il roulait. Je suis monté derrière lui et nous sommes partis.

« Ne va pas trop vite, Frank. Je ne veux pas tomber. «
Donc évidemment, il est allé plus vite. « Accroche-toi, Anthony. »

Nous traversions un parking, il a heurté un dos d'âne, et j'ai roulé par terre derrière lui. Et tout ce qu'il a dit, c'est : « Mais je t'avais dit de t'accrocher. »

J'avais une égratignure sur le côté et ma hanche saignait. Je ne pouvais pas croire que j'étais tombé de ce putain de vélo. Pourquoi ce clown allait-il si vite ? J'étais fatigué d'expliquer toutes ces blessures aux parents. Après m'être levé du sol et m'être épousseté, j'ai immédiatement ressenti la douleur dans ma hanche.

« - Monte, Anthony, et je te ramène à la maison.
-       Non, merci. Je pense que je vais marcher. C'est plus sûr. "
-       Comme tu veux, à plus tard. »

Après avoir traîné le pied sur six blocs, j'ai finalement réussi à rentrer à la maison. Je suis monté à l'étage et j'ai sauté sous la douche. Une fois que l'eau a touché la plaie, j'ai sursauté. Merde, cette eau pique, bordel. Même si ça faisait mal, j'avais besoin de nettoyer mes coupures.

Sachant que je m'étais cogné la hanche, j'ai pensé que cela pourrait affecter ma capacité à jouer au baseball. J'espère que je pourrai encore jouer, je suppose que je le découvrirai au match demain.

Après être rentré de l'école le lendemain, papa a demandé :

« - T'es prêt à aller au match ?

- Ouais, papa. Donne-moi une minute pour rassembler mes affaires.

- Pourquoi tu marches comme ça, mon garçon ?

- Oh, je suis tombé d'un mini-vélo hier et me suis cogné la hanche"

- Tu penses être en état de jouer ? Il a demandé.

- Oui, je me sens bien. »

Nous sommes arrivés au parc et j'ai commencé à m'échauffer. Je devais lancer ce jour-là. Quand le jeu a commencé, j'ai pris le monticule et nous étions partis. J'ai lancé la première balle et, bon sang, j'ai eu mal à la hanche. Il semblait que j'avais fait plus de dégâts que je ne le pensais. L'extension de mon corps pendant le lancer me faisait très mal.

L'entraîneur m'a fait sortir du jeu et papa m'a emmené chez le docteur. Le docteur est entré et a dit :

« - Eh bien, l'os de la hanche est amoché. La douleur ne devrait pas être si forte à moins que tu ne te déplaces trop vite. Cela signifie que tu ne peux ni lancer ni attraper. Tu ne pourras pas jouer pendant un certain temps. Tu dois reposer cette hanche.

- D'accord, merci. »

Père et moi sommes rentrés à la maison, et je suis resté assis là, triste de ne pas pouvoir jouer à cause de ce salop de Frank. Depuis que j'avais rencontré ces gars, ma vie était insupportable.

Chapitre 15

Je me morfondais comme un petit enfant gâté car je ne pouvais plus jouer. J'ai commencé à me concentrer uniquement sur l'école et à m'éloigner de ces gars qui m'avaient causé tant de problèmes. Aller dans une autre école avait réduit mes contacts avec ces brutes, mais le fait qu'ils vivent dans ma rue réduisait mes chances de les éviter complètement. Je devais faire beaucoup d'étirements et me reposer, ce qui ne signifiait pas de course, de saut ou de torsion. Je mettais un sac de glace pendant une heure avant de me coucher pour soulager une partie de la douleur. J'ai également pris pas mal d'aspirines. Ça m'a un peu aidé. Je suppose que j'étais plus déçu de ne pas pouvoir jouer. Nous avions un autre match ce fin de semaine, donc je me devais d'aller mieux. Je ne voulais pas en rater un autre.

Quand je me suis réveillé, j'ai déjeuné et j'ai parlé avec mes sœurs de l'école et de tout ça. Elles avaient leurs propres problèmes et je ne voulais sûrement pas les déranger avec mes conneries.
Sur le chemin de l'école, j'ai remarqué ce gamin marchant vers moi. C'était ce pauvre mec que j'avais barré trois fois de suite.

« - Salut, comment vas-tu? J'ai une question pour toi, demanda le gamin. Comment savais-tu que je ne pouvais rien renvoyer si le lancer était haut et intérieur ?

- Oh, c'était facile. C'était ta position.

- Ma position ? dit-il, perplexe.

- Ouais, tu te penches vers le bas. Cela facilite le lancer.

- Donc, ce que tu me dis, c'est que si je reculais un peu, ça ne se reproduirait plus ?

- Eh bien, je ne pourrais pas te le dire. Tout dépend du terrain.

- Je m'appelle Greg. Cool de parler avec toi. Tu es Anthony, c'est ça ?

- Oui, c'est ça. A bientôt, Greg. »
Il avait l'air d'être un gars sympa. Ça, c'était une conversation typique - une conversation durant laquelle vous n'aviez pas à vous soucier d'être renversé ou battu.

Quand je suis arrivée à l'école, j'ai vu Daisy parler à quelques filles. Je suis allé à sa rencontre et j'ai dit :

« - Hé, Daisy. Comment ça va?

- Je vais bien, Anthony. Comment ça va ?

- Je vais très bien, sauf pour mon côté endolori.

- J'en ai entendu parler. Désolé que tu te sois blessé. Est-ce que ça va mieux ? Tu peux jouer au baseball ?

- Pas certain. Je le saurai dans quatre jours, quand nous jouerons notre prochain match. Je sais que la dernière fois que j'ai essayé de jouer, la douleur était atroce et j'ai dû sortir après un lancer. »

Après l'école, je suis rentré manger à la maison, puis je suis reparti. Je voulais aller voir le match ce soir-là au parc. J'aimais les matchs de nuit. J'ai dîné et j'ai dit à maman que j'allais au parc pour regarder le match.

« - D'accord, amuse-toi et sois prudent. Ne rentre pas trop tard.

- Ok maman. »

Sur le chemin du parc, j'ai vu ma sœur Marie parler avec son petit ami. Il vivait dans la même rue, à environ un pâté de maisons.

« - Salut, Marie, Rob.

- Salut, Anthony.

- A plus tard, je vais voir le match de ce soir.

- D'accord. »

J'ai continué mon chemin vers le terrain, j'ai acheté du pop-corn et un coca et je me suis assis. Il y avait beaucoup de monde ce soir-là. Au moins, ces salauds de notre rue n'étaient pas présents. C'était une si belle soirée, sans aucun problème. Sur le chemin du retour, j'ai vu ma sœur pleurer dans un coin.

« - Qu'est-ce qui ne va pas, Marie ?

- Rob et moi sommes entrés, et il m'a giflée.

- Ce petit salaud. Quand je le reverrai, il va avoir un problème. Bon sang, j'ai hâte de voir ce petit con. Maintenant, je suis énervé. Allons-y. Arrête de pleurer, avant maman ne te soumette à un interrogatoire.

- D'accord, Anthony, donne-moi une minute.

-   Bien sûr, prends ton temps, je vais attendre ici.
-   D'accord, je suis prête à rentrer à la maison maintenant.
-   Ne t'inquiète pas, Marie. Quand je vois ce salaud, je vais lui régler son compte.
-   Merci, petit frère. Je sais que tu le feras. »

Quand nous avons franchi la porte, maman et papa regardaient la télévision et n'ont pas remarqué que nous étions rentrés. Nous sommes tous les deux allés dans nos chambres et nous sommes couchés.

Le lendemain, je n'ai pas eu à aller à l'école avant l'après-midi à cause d'une réunion du conseil pédagogique dans l'auditorium. Je me suis réveillé vers sept heures trente et j'ai pris mon petit déjeuner. J'ai regardé un peu la télé, puis je suis allée m'asseoir dehors pendant un petit moment ; je traînais. En regardant vers ma gauche, j'ai remarqué ce fils de, Rob qui remontait dans la rue.

Je l'ai appelé et lui ai dit :

« - Salut, p'tit salaud, je vous ai entendu dire que t'avais frappé ma sœur.

-   Qu'est-ce que ça peut te faire, petit ?
-   Laisse-moi te montrer. »

J'ai couru aussi vite que possible et l'ai poussé par-dessus les buissons. Il est tombé comme une poupée de chiffon. J'ai sauté par-dessus les buissons et j'ai commencé à le frapper en disant : « Ne frappe plus jamais ma sœur. »

Il a essayé de riposter mais n'a pas réussi à cause de ma rage absolue. La grand-mère de Rick est sortie - nous avions roulé jusqu'à son seuil, et j'utilisais la tête de Rob comme un bélier contre la porte d'entrée. La grand-mère de Rick est sortie et m'a éloigné de Rob

et lui a dit de partir avant qu'elle appelle les flics. Mais je me suis libéré et l'ai frappé en plein visage et son nez s'est mis à saigner .

Rob a crié :

« - Ce combat n'est pas terminé, Anthony. T'as de la chance que la vieille ait été là pour sauver ton cul.

- Sauver mon cul ? Tu délires, Rob. On se reverra. Et reste loin de Marie, sinon ! »

Après la petite mêlée, j'ai dit à la grand-mère de Rick que j'étais désolé pour toute cette agitation et que j'espérais qu'elle allait bien. J'ai ensuite monté les escaliers jusqu'à ma chambre et me suis préparé pour l'école. Marie aurait été fière de voir comment je m'étais occupé de ce merdeux après ce qu'il lui avait fait la veille. Je déteste quand les gars frappent les filles, c'est pathétique. La grosse erreur de ce type a été de gifler Marie. A quoi pensait-il ?

Sur le chemin de l'école, je suis tombé sur Daisy et nous sommes allés à l'école ensemble. Je lui ai dit ce qui était arrivé à Marie et comment j'avais géré Rob. Elle trouvait que c'était très galant d'avoir défendu Marie. Nous avons parlé jusqu'à l'école. Elle était adorable. Une fois là-bas, nous nous sommes séparés parce que nous n'avions pas les même les mêmes cours.

Nous avions cependant prévu de nous retrouver au parc cette nuit-là et de voir le match de nuit. J'avais hâte d'y être parce que je pensais que ça allait bien fonctionner entre nous.

Mai, au fond de moi, je m'inquiétais de ce qu'il se passerait si la bande nous voyait ensemble. Essaieraient-ils aussi de saboter cette relation ? Pour être plus sûr, j'avais prévu de ne pas lui parler devant tout le monde dans le quartier.

Après l'école, j'ai couru jusqu'à la maison pour m'assurer d'avoir fait tous mes devoirs et mes corvées. J'ai pris une petite glace avant de partir, juste parce que j'aime la crème glacée. Nous avions prévu de nous retrouver à six heures et demi que le match devait commencer à sept heures. Je vais passer par le magasin et acheter un paquet de Chips Ahoy, j'adore ces cookies ! Quand je suis arrivé au parc, je me tenais à droite du snack-bar, attendant Daisy, mangeant un cookie, quand j'ai vu les quatre gars venir vers moi. Ils m'ont entouré, et Frank a dit : « Tiens cette arme juste une minute. »

Au moment où il me la tendait, Rob s'est approché, l'a vu et a crié : « pistolet ! »

Vous vous souvenez de ce looser de Rob, le clown qui pensait que c'était bien de gifler Marie et de s'en tirer. Ce mec m'a vraiment mis dans la merde en criant comme il l'a fait. Je pense que s'il n'était pas venu, cela ne serait pas arrivé. Mes quatre soi-disant amis ont reculé et m'ont montré du doigt, tout comme Rob, et ont dit : « Anthony a un pistolet. »

Immédiatement, un gars m'a attrapé et a tenu mes mains derrière mon dos. J'ai laissé tomber mon précieux sac de biscuits. J'espère que personne ne va marcher dessus.

« - Hé, pouvez-vous ramasser ces cookies s'il vous plaît ?

- Que quelqu'un appelle la police !

- La police, vous plaisantez. »

Une fois la police arrivée, j'ai été menotté et placé sur le siège arrière de la voiture. Je regardais le flic et je me demandais ce qu'il allait faire avec les cookies. Je n'en avais que deux, pour l'amour du ciel. Je sais, là, j'ai de plus gros problèmes que ce paquet de gâteaux. Pour aggraver les choses, à ce même moment, Daisy s'approcha et me vit. Je me sentais incroyablement gêné et honteux.

Je ne pouvais pas croire ce que ces gars venaient de me faire. Daisy baissa les yeux, se retourna et rentra chez elle. Je ne voulais pas imaginer ce qu'elle devait penser de moi. Je crois qu'il est prudent de dire qu'elle ne voudrait plus rien avoir à faire avec moi après cette nuit. J'aurais voulu que rien de tout cela ne se soit produit. Nous aurions pu être assis sur les bancs en ce moment, et regarder le match.

Comme on dit, je n'avais que les yeux pour pleurer. Pourquoi avoir accepté l'arme de quelqu'un comme Frank ? Surtout, dans un lieu public, je me suis dit. C'était très stupide et irresponsable de ma part. Je ne savais pas ce qui allait m'arriver maintenant ni ce que mes parents allaient penser.

C'est ce qui m'a le plus inquiété : comment mes parents allaient-ils réagir face à mon arrestation pour avoir tenu une arme chargée dans un parc ? Je vais bien voir comment ce problème se règlera. Alors que j'étais assis dans la voiture, j'ai commencé à penser à tous les événements qui s'étaient produits jusque-là, pour essayer de donner un sens à ce qui se passait. Rencontrer ces gars, m'ouvrir la tête et me faire entrer dans cette maison pour prendre le sac qui contenait l'arme. Pourquoi Frank m'a-t-il tendu cette arme, quel était son raisonnement ? Pourquoi Rob était-il au parc au même moment que les autres gars ? Était-ce un plan pour me causer des ennuis ? Penser à tout cela pourrait rendre quelqu'un fou. Mon avenir et ce qui allait se passer étaient incertains. Je suppose que j'aurais vraiment dû choisir mes amis plus soigneusement. Quoi est-ce que j'avais fait pour mériter ce genre de problèmes ? Ma vie s'améliorerait-elle jamais ? Ces gars-là arrêteraient-ils un jour de me harceler ?

L'essentiel est que je laisse cela se produire. La situation dans laquelle je suis depuis si longtemps est périlleuse. Quant à une amélioration, eh bien ça reste à voir. Le plus troublant est que je sois le seul à avoir des ennuis, alors que mes soi-disant amis mènent leur vie comme si ce qui m'arrivait n'était pas grave .

Maintenant que j'avais cet énorme problème sur le dos, je ne savais pas quoi faire. Assis à l'arrière de la voiture de police, je me demandais ce que Daisy devait penser de moi maintenant et comment j'allais expliquer cette situation à mes parents. Rob s'est approché de la fenêtre et s'est moqué de moi en disant: « Je t'avais dit que ce n'était pas fini. »

J'ai regardé derrière lui et les quatre m'ont juste fait un signe de la main pendant que nous partions. Cette expérience a été, de loin, le pire jour de ma vie. Je ne comprenais pas comment le simple fait de planifier une rencontre avec une fille pour regarder un match de baseball pouvait se terminer par une arrestation pour port d'arme illégal. Je vais vous dire comment ! C'était la peur de ces intimidateurs et mon manque de bon sens. Maintenant, je devais vivre avec cette situation embarrassante.

Lorsque nous sommes arrivés au poste de police, nous avons traversé cette grande porte qui se refermait derrière nous. Il y avait des rangées de fil de fer barbelé sur le haut du mur, d'environ trois pieds de haut. Je n'en croyais pas mes yeux face à la sécurité qui y était déployée.

Chapitre 16

Après nous être garés, l'officier a ouvert la portière et m'a fait sortir. Nous avons franchi une porte qui s'ouvrait avec un bourdonnement, il m'a conduit dans un couloir et m'a menotté au banc. Quand ils ont appelé mon nom, une autre personne est venue et a déverrouillé les menottes, puis m'a conduit à un comptoir où ils ont pris mes empreintes digitales et m'ont photographié. J'ai demandé si je pouvais appeler maman pour qu'elle vienne me chercher.

« Je ne pense pas, mon garçon. Mais tu pourras appeler ta maman lorsque nous aurons fini de t'enregistrer. »
Une fois le traitement terminé, je suis entré dans une pièce avec un téléphone. « Vas-y, ta mère est au téléphone. » a dit le geôlier.

J'ai pleuré et j'ai dit : « Maman, s'il te plaît, viens me chercher. » Etre en prison me brisait le cœur et me rendait incroyablement nerveux.
Maman a dit : « Je suis désolé, mon fils, je ne peux pas venir te chercher. Ils t'emmènent au tribunal pour mineurs. Tu dois aller au tribunal, tu pourrais être enfermé. Ce n'est pas rien d'être arrêté, tu as fait une erreur cette fois-ci, et je ne peux pas t'aider, c'est hors de ma portée. »
Quand j'ai raccroché, on m'a conduit dans une autre pièce et on m'a dit de rester assis, en attendant qu'ils m'escortent jusqu'au centre de détention pour mineurs. Quelques minutes plus tard, un officier a déclaré :
« - D'accord, allons-y. on a une voiture pour toi.
- Combien de temps faut-il pour y arriver ? j'ai demandé.
- Environ quarante-cinq minutes, c'est près du centre-ville, répondit
l'officier.
- Oh, d'accord, merci. Pouvez-vous me dire comment c'est là-bas ?
Je n'ai jamais eu ce genre de problème auparavant. Je ne sais pas

comment ça se passe, j'ai demandé.

- Je suppose que tu vas le découvrir. Assieds-toi et profite de la balade, a dit l'officier.

- Pouvez-vous me dire ce qui est arrivé à mon paquet de cookies Chips Ahoy ? j'ai demandé.

- Désolé, je ne sais pas de quoi tu parles. » le gars a dit.

Je parie que ces flics les ont mangés avec leur fichu café. J'étais à deux doigts de lui demander s'ils en avaient eu assez.

Environ trente minutes plus tard, il a déclaré : « Nous sommes presque arrivés. »

Nous descendîmes une allée et traversâmes une grande porte qui formait une ouverture dans un mur qui devait avoir vingt pieds de haut. C'était un mur et une porte énormes. Il n'y avait pas moyen d'escalader

cette chose. L'officier a ensuite ouvert la portière de la voiture et m'a conduit dans une pièce où un gars était assis derrière un comptoir.

L'homme a dit : « Enlève tous tes vêtements et mets-les dans ce sac. » J'étais un peu nerveux à l'idée de me déshabiller devant ces gars, mais je n'avais pas le choix. Après avoir retiré tous mes vêtements, ils m'ont fouillé, cherchant toute contrebande ou articles que je n'étais pas censé avoir dans l'établissement.

Après la séance de déshabillage, ils m'ont dit de prendre une douche et de mettre les vêtements qu'ils m'avaient fournis. Ils m'ont donné un pantalon kaki, un sweat-shirt gris et des baskets Converse. Ils m'ont conduit dans la pièce où j'allais dormir et ont dit :

« - Le réveil est à six heures du matin, tu prendras le petit-déjeuner avec les autres garçons. Après, tu seras affecté à un dortoir et à une classe, afin que tu puisses aller à l'école.

- Où est l'école ? j'ai demandé.

- C'est de l'autre côté de la cour. Maintenant, dors un peu, a dit le conseiller. Il est tard et six heures arrivera plus vite que tu ne le penses. » ajouta-t-il à travers la porte qu'il verrouillait.

Quand je me suis réveillé, trois des conseillers étaient arrivés et ont commencé à ouvrir toutes les portes des chambres individuelles.

« Aucun de vous, espèces de petits cons, n'a intérêt à sortir avant d'avoir été invité à le faire. » aboya le conseiller.

Est-ce que ce mec était sérieux ? en voilà un qui aimait le son de sa voix. Je me sentais d'humeur arrogante et, à en juger par mon environnement actuel, je me disais qu'il serait probablement judicieux de se la jouer dur. J'ai crié :

« - Qui est-ce que vous traitez de petit con ?

- D'accord, belette. Sors d'ici et fais-moi des pompes. La prochaine

fois que je dirai quelque chose, il vaut mieux que tu gardes la bouche fermée. Le reste d'entre vous, vous sortez et formez une ligne. Il n'y a plus de clowns pour le reste de la journée. »

Je devais le dire.

« - Alors, demain sera une bonne journée ? j'ai demandé.

- Encore toi. Par terre, je veux des pompes. Et je t'ai dit de garder ta bouche fermée, jeune homme. » a dit l'homme.

Après avoir fait quelques pompes, je suis entré dans la file d'attente et nous avons marché jusqu'à la salle à manger. Je ne pouvais pas croire qu'il y ait autant d'enfants dans ce mitard.

Seigneur, je me demande si je vais voir les deux enfants du tribunal ? Ceux que j'ai vus quand je n'étais pas enfermé. Alors que je prenais ma nourriture, un imbécile a jugé bon de se servir sur mon plateau et de prendre ma boîte de céréales. Je me suis dit que si je ne faisais rien, ce serait peut-être pire la prochaine fois. Je ne veux pas gérer un comportement abusif dans cet endroit.

J'attendis quelques minutes qu'il soit assis. Je suis allé vers lui, je lui ai tapé sur l'épaule et j'ai dit :

« - Cette boîte de céréales est à moi, ordure !

- Comment m'as-tu appelé ? »

Il baissa les yeux, je le frappai sur le visage avec le plateau et le mis KO.

Je pris la boîte de céréales et retournais m'asseoir à ma table. J'avais commencé à manger lorsque deux des conseillers sont venus derrière moi, m'ont attrapé par les deux bras et ont dit :

« - C'est l'isolement pour les fauteurs de troubles.

- Attendez une minute, je mange. Laissez-moi finir.

- T'as terminé, allons-y.

- Mais cet idiot a volé mon paquet de céréales. Qu'est-ce que j'aurais dû faire ? »

Le conseiller a dit qu'à partir de maintenant, je mangerai dans ma chambre jusqu'à ce que j'aille au tribunal dans quelques jours.

J'étais dans la chambre, allongé sur le lit et je me disais qu'au moins maintenant, personne ne me dérangerait, à moins qu'ils ne mettent fin à mon confinement. Oh, attends, je serai ici jusqu'à ce que j'aille au tribunal. Merde, ça craint. Au moins il y a des toilettes. J'en ai profité et me suis dit que je serai respectueux envers les conseillers quand ils viendraient me voir.

Ils passèrent et jetèrent un coup d'œil dans ma chambre : « Nous voulons nous assurer que tu ne fais rien que tu ne devrais pas faire. »

Qu'est-ce que tu penses que je peux bien faire dans cette boîte à chaussures ?

« - Eh bien, détends-toi, et nous te verrons plus tard.

- A quelle heure ? que je m'assure que je ne fais rien de stupide.

- Ne joue pas au plus malin, gamin. Nous sommes là pour t'aider.

- Eh bien, monsieur, merci. J'apprécie votre intérêt.

- Pense à ce qui t'a amené ici, gamin. Écoute, plus tard, tu vas aller en classe. J'ai besoin que tu te conduises bien. Je te fais confiance en te laissant sortir, alors ne me déçois pas.

- Je ne le ferai pas, et merci.

- D'accord, tu iras dans la salle cent-trois à neuf heures du matin. Tu dois donc te préparer.

- Oui, monsieur, je serai prêt à partir. »

J'ai commencé à me nettoyer, rentrer ma chemise dans mon pantalon et à me laver le visage. Au moins, il y avait des toilettes et un lavabo dans ce placard. Je m'allongeai sur le lit et fis ce que le conseiller m'avait dit de faire. J'ai pensé à ce qui m'avait amené là. Alors que j'étais allongé, j'ai pensé au jour où Frank m'avait demandé de ramasser ce colis et aux moyens que j'avais utilisés pour obtenir ce maudit sac en passant par une fenêtre. J'aurais dû m'y attendre. Puis j'ai pensé à ce qu'il y avait dans ce sac : de l'argent et une arme à feu. Pourquoi voulait-il ce sac ? Qu'allait-il faire avec cette arme ? En me faisant arrêter, est-ce que je l'ai empêché de blesser quelqu'un? Comme moi par exemple, ce sociopathe n'avait eu aucun mal à me tirer dans le cul avec ce putain de pistolet BB.

La porte s'ouvrit. C'était le conseiller. « Allons-y, il est temps d'aller en classe. Je vais t'escorter, a déclaré le garde. Assure-toi de ne pas avoir d'ennuis en chemin. »

Sur le chemin, j'ai revu ce type de la cantine. Il était avec deux autres gars, un peu gros. Il m'a regardé et a fait la gorge tranchée avec son doigt. J'ai dit : « - Avez-vous vu cela, monsieur ?

-    Vu quoi, gamin ?

-    Ça ne fait rien. »

Je ferais mieux de surveiller mes arrières ici.

En allant en classe, j'ai remarqué un tuyau de vidange au bout du couloir qui montait en haut de la clôture. Il était ancré contre le mur du bâtiment et je me suis dit que, peut-être, si je montais vers le haut, je pouvais m'accrocher et sauter de l'autre côté du mur, seulement en dernier recours.

Une fois le cours commencé, on nous a tous donné un livre à lire. Nous devions faire un rapport et le remettre le lendemain. L'enseignante a dit : « D'accord, commencez à lire et prenez des notes sur les sujets essentiels qui ressortent. Vous ferez un rapport sur votre sujet particulier. »

Pendant que je lisais, j'ai pensé aux gars que j'avais croisé ce matin et me suis dit que je ferais mieux de rester loin d'eux. Quoi qu'il en soit, revenons à la lecture. J'avais besoin de faire ce rapport pour le lendemain. Une fois les cours terminés, nous sommes retournés à notre module, aux conseillers qui nous attendais, qui nous ont tous dit d'aller dans nos chambres. Après le déjeuner, nous pouvions aller dans une salle pour regarder la télévision et jouer à des jeux. Cela avait l'air bien, faire autre chose que d'être enfermés dans ces chambres à rester allongés. Le sommeil vous quitte au moment où vous prenez conscience de l'endroit où vous êtes. Je le jure, il y avait des fosses autour. J'avais hâte de rentrer chez moi.

Après environ une heure, le conseiller est arrivé au bout du couloir et a dit : « D'accord, sortez. Allez à la salle de jeux et on se tient bien ». Il semblait qu'ils ne verrouillaient pas les portes pendant la journée, seulement lorsque nous nous sommes endormions le soir. Alors, je me suis dirigée vers la salle de jeux et j'ai attrapé des cartes pour jouer au solitaire.

L'endroit était ennuyeux, alors j'ai demandé à ce gamin :

« - Hé, tu sais comment jouer à la bataille ?

- Jouer à quoi ? a répondu l'enfant.

- C'est un jeu que ma grand-mère m'a appris quand je vivais avec elle, j'ai répondu.

- D'accord, comment ça se joue ? il a demandé.

- Voici les règles : je distribue les cartes mélangées de manière égale entre nous, tu tiens les cartes dans ta main et, sans regarder la carte du dessus, tu la retournes et la places au milieu. Ensuite, je fais de même. La carte la plus haute gagne et on continue jusqu'à ce qu'on en ait plus en main. Le jeu se termine lorsqu'un joueur détient toutes les cartes, j'ai expliqué.

- D'accord, j'ai compris, il a répondu.

Nous avons joué pendant quelques heures jusqu'à ce que nous devions retourner dans nos chambres. C'était amusant de jouer à ce jeu. Cela m'a rappelé mon temps passé avec grand-mère. Cela me manquait d'être avec elle. Si je n'avais pas quitté leur maison, je n'aurais pas été dans ce pétrin.

Nous avons passé environ une heure et demie dans nos chambres avant de devoir repartir pour le dîner. Il était 17 heures quand le conseiller a hurlé : « Alignez-vous ! Il est temps d'aller bouffer. »

Chapitre 17

Alors, nous sommes tous sortis de nos chambres, nous nous sommes alignés et avons marché jusqu'à la cantine. Cette nuit-là, il y avait des spaghettis. Ce n'était pas mal. C'était un peu épicé pour moi, mais les boulettes de viande étaient délicieuses. Je n'ai pas vu ce gars qui m'avait causé des ennuis la veille.

Puis un gamin m'a dit :

« - Hé, tu vois le gars que tu as tabassé ?

- Ouais, eh bien ? j'ai répondu.

- J'ai entendu dire qu'ils l'ont envoyé dans le quartier sécurisé, parce qu'il se battait avec un autre enfant, et quand les conseillers ont essayé de les séparer, il a frappé l'un d'entre eux.

- Wow, c'est honteux. J'espère qu'il restera là-bas, ai-je répondu avec un sourire.

- Quel est ton nom, mec ?

- C'est Anthony, et toi ?

- Gerald. Ravi de te rencontrer.

- Eh bien, ravi de te parler aussi, Gerald. Je dois finir de manger avant qu'on nous ramène dans nos chambres.

- Ouais moi aussi. Je ferais mieux de me dépêcher.

- Il est temps de retourner dans vos chambres, les garçons, a crié un conseiller. Levez-vous, apportez vos plateaux jusqu'à la poubelle et alignez-vous. Dépêchez-vous, je n'ai pas toute la nuit. Une ligne, des deux côtés de la salle à manger. Allons-y, j'ai un horaire à respecter. »

Plus tard dans la soirée, un conseiller est venu dans ma cellule pour me faire savoir que j'allais au tribunal le lendemain matin. J'étais content parce que le juge me laisserait rentrer chez moi. Et impatient parce que je n'aimais pas cet endroit. J'ai eu du mal à dormir à force d'anticiper la façon dont les choses allaient s'arranger quand je serai au tribunal.

Oh, eh bien, je dois au moins essayer de dormir.

Quand je me suis réveillé, j'ai commencé à me préparer pour le tribunal. J'étais pressé parce que je devais manger avant de m'y rendre. Dix garçons y allaient avec moi, donc il n'y avait que nous dans la cantine. Nous avons mangé des œufs brouillés, des pommes de terre, du lait et des céréales. La nourriture n'était pas trop mauvaise si vous pouvez le croire. Après le petit-déjeuner, nous avons été conduits par paires dans une autre partie de l'établissement, et menottés bien sûr. Nous arrivâmes à cette porte assez grande qui s'ouvrit à notre approche. De l'autre côté se trouvait un véhicule, garé, avec les portes latérales ouvertes. C'était la même camionnette que celle que j'ai vu le jour où je me promenais en ville, alors que j'habitais chez grand-mère. Celle qui allait au palais de justice que j'avais visité. Oh génial ! J'espère que le flic avec qui j'avais parlé n'est pas là. Connaissant ma chance, il sera dans le même tribunal que celui qui m'a été assigné pour traiter mon affaire. Après que nous nous soyons tous entassés dans le véhicule, une autre porte s'est ouverte sur la rue. Le chauffeur a alors quitté l'établissement, nous étions en route pour le tribunal. Je suis sûr que les gens qui nous ont vus dans cette camionnette se sont dit, regardez ces pauvres merdeux, ils sont pitoyables. Je sais que c'est ce que je pensais quand j'ai vu les deux gars dans le véhicule qui se trouvait près du palais de justice.

C'est marrant de voir comment les choses se passent parfois. Ce que je veux dire c'est, comment diable ai-je laissé cela se produire ? J'étais tellement bouleversé par toute cette épreuve. Je n'arrivais pas à comprendre comment ces connards pouvaient m'avoir fait tout ça. Avoir peur est une chose mais, bon sang, regarde-toi maintenant, pensai-je. Traverser beaucoup de douleur en aurait peut-être valu la peine, si je ne me gâchais pas la vie comme je le faisais en ce moment.

Une fois arrivés au palais de justice, nous avons reculé jusqu'à une clôture qui s'ouvrait vers l'extérieur. Lorsque la porte s'est ouverte, le véhicule a continué en marche arrière dans une allée étroite qui avait une porte et des escaliers à son extrémité. La porte franchie, elle s'est refermée. Une fois que nous nous sommes garés, nous avons été conduits hors de la camionnette et en haut des escaliers, par la porte, et dans une cellule qui avait des bancs le long des murs. Un peu comme à cette fête dansante à laquelle j'étais allé, au parc.

Les gardes nous ont menottés et nous nous sommes tous assis dos au mur jusqu'à ce qu'ils appellent chacun de nos noms pour aller voir le juge. L'attente me tuait. Cinq gars sont passés avant moi et tous ont dû rester pour une autre comparution à la cour. En d'autres termes, aucun d'entre eux ne rentrait chez lui. Ils devaient revenir au tribunal à une date ultérieure. On ne semblait pas être tombé sur un juge amical pour traiter nos affaires. C'est tout simplement génial, pensai-je. Tout ce dont j'avais besoin pour achever ma misérable existence.

« D'accord, p'tits cons, c'est l'heure du déjeuner. Les clowns qui ont vu le juge, on se lève et on fait la queue. On retourne à la maison. » La maison, quel connard !

Les gars qui avaient vu le juge sont sortis pour retourner à la camionnette. Le reste d'entre nous a été laissé assis contre le mur. Le chef a commencé à distribuer des sacs et un carton de lait. J'ai regardé à l'intérieur du sac et j'ai sorti un sandwich, une pomme et des biscuits. Super, je pensais, du pain. Je déteste le pain, le paquet de Chips Ahoy m'a traversé l'esprit à ce moment. J'aurais aimé l'avoir à ce moment-là, ce putain de paquet !

« - Monsieur, il y a autre chose autre chose ? Je n'aime pas trop les sandwichs.

-    Oh, un comédien. C'est tout ce qu'on a, alors mange. »
J'ai séparé le jambon du pain et gratté la moutarde. Je déteste aussi la moutarde ! Après avoir mangé de la viande, j'ai entamé les biscuits, la pomme, puis j'ai bu le lait.

Nous sommes restés assis encore une heure pendant que tout le monde allait déjeuner. À 13 heures, les huissiers de justice ont commencé à nous appeler un par un. Mon tour est finalement arrivé et, bien sûr, quand je me suis dirigé vers la porte pour monter, le flic qui m'a accompagné était le même que celui avec qui j'avais parlé le jour où j'étais assis à regarder les affaires judiciaires.

Il était étonné de me voir ici et a dit :

« - Tu ne peux pas savoir à quel point je suis déçu de te voir ici, petit.

- Je sais, monsieur, je suis assez déçu moi-même.

- Qu'as-tu fait, gamin ?

- La police m'a arrêté avec une arme de poing chargée dans un parc.

- Tu plaisantes ! Qu'est-ce qui t'a pris ?

- Je sais, monsieur, je me sens humilié moi-même.

- D'accord, suis-moi. Nous montons voir le juge. »

A l'instant où je franchis la porte, je vis ma mère et mon père assis derrière un autre gars que je ne connaissais pas. Le flic m'a conduit à la table, l'homme s'est levé et a dit :

« - Je suis M. Whitaker. Je vais te représenter aujourd'hui. Ta maman m'a engagé pour te défendre. Tu comprends ?

- Oui, monsieur.

- D'accord, assieds-toi, on va commencer. »

Le juge m'a regardé et m'a dit : « Mon garçon, tu as été accusé de port d'arme à feu, chargée et en public ainsi que de cambriolage résidentiel. Que plaides-tu ? »

M. Whitaker m'a regardé et a dit :

« - Dis, non coupable, Votre Honneur.

- Non coupable, Votre Honneur. »

M. Whitaker a ensuite ajouté : « Mon client est un bon enfant issu d'une famille modèle, et je crois que ce jeune homme devrait être confié à la garde de ses parents. »

Un autre homme en costume, à la table voisine, a dit : « Votre Honneur, je ne suis pas d'accord. La gravité de ces accusations justifie un renvoi de la séance. »

Le juge a déclaré : « Je suis d'accord. L'accusé peut-t-il se lever ? Cette affaire sera suspendue pendant deux semaines en attendant un examen probatoire et un rapport sur la santé mentale de l'enfant. » Puis il a frappé le bureau avec un marteau, et on m'a emmené.

Mes parents avaient l'air dévastés par le fait que je doive rester en prison.

J'étais aussi assez déçu de devoir rester dans ce placard encore deux semaines. On m'a ramené à la cellule de détention et j'ai dû attendre que le dernier gars monte, puis nous sommes tous retournés dans la camionnette, pour rejoindre le centre pour mineurs. Personne n'a été libéré ce jour-là, nous avons tous dû retourner dans cet endroit.

Pendant que j'étais dans la chambre, en réfléchissant, je me suis souvenu d'un jour où j'étais allé au parc avec grand-mère et jouais sur les barres. J'essayais de faire le beau en m'accrochant à un bras, mais j'ai glissé et je suis tombé sur mon bras gauche, qui s'est cassé. Bien sûr, j'ai commencé à brailler, alors grand-mère m'a aidé à me lever, a tenu mon bras pour qu'il ne bouge pas, et nous sommes rentrés à la maison. À notre arrivée, Papy a récupéré la voiture et m'a emmené à l'hôpital. Je n'oublierai jamais ce jour-là, c'était la première fois que je me faisais vraiment mal. Les choses étranges auxquelles on pense lorsque notre esprit vagabonde. Je voulais vraiment sortir de prison aujourd'hui. Tellement décevant. Tant pis. Je suppose que je vais dormir.

Quand je me suis réveillé le lendemain matin, j'ai entendu les conseillers monter et descendre le long des couloirs en criant : « Préparez-vous pour le petit déjeuner ! Vous avez dix minutes. » Je me dépêchais de me laver le visage, de me brosser les dents et de coiffer mes cheveux. J'avais porté mes vêtements au lit, étant donné qu'il avait fait froid la veille et que j'étais plus au chaud avec mes vêtements plutôt que sans eux.

Ils ne fournissaient pas de pyjamas dans cet établissement. Après tout, ce n'était pas le Ritz.

J'étais prêt à aller manger, les portes ont été déverrouillées et nous sommes tous sortis dans le couloir en formant une ligne. J'ai entendu quelqu'un dire : « Hé, connard. Hé, connard, je te parle. » J'ai regardé autour de moi et j'ai vu le gars que j'avais frappé avec mon plateau. Je ne pouvais pas croire qu'il était de retour. Il n'était pas dans ma classe, donc au moins, je n'avais pas à m'occuper de lui ailleurs qu'à la cantine. Heureusement, le conseiller l'a entendu, l'a tiré hors du rang et a dit qu'il allait dîner dans sa chambre. Maintenant, je crois qu'il est temps de s'inquiéter, compte tenu de la taille des amis de ce mec. Mon petit-déjeuner terminé, je me suis assis là jusqu'à ce que tout le monde ait fini de manger. Une dizaine de minutes plus tard, le conseiller a dit : « Dépêchez-vous, mesdames. Nous n'avons pas toute la journée. » Puis il a ajouté : « D'accord, faites la queue. Une seule file. Rentrez dans les chambres et préparez-vous pour l'école. » En passant devant la porte fermée du type de la cantine, j'ai entendu : « T'es mort, connard. »

Je n'ai pas fait attention ; j'ai continué de marcher jusqu'à la chambre. Une fois arrivé, je me suis lavé et je me suis assis là, attendant d'être appelé pour aller à l'école. Quand j'ai entendu « on fait la queue », je me suis dit que je ne pensais pas que je tiendrai ici encore deux semaines. Je dois faire quelque chose aujourd'hui parce qu'à la seconde où ce gars me voit dans la cour, je crois que lui et ses amis vont me sauter dessus. Je ne peux pas sortir dans la cour quand ils y sont, et c'est généralement après l'école. Je devrais peut-être utiliser l'idée du tuyau.

Lorsque la classe a commencé, l'enseignante a demandé si nous avions lu nos livres. Nous avons tous dit :

« - Oui, Madame.

-       J'ai une bonne classe. Et maintenant, je veux que vous écriviez une courte histoire sur ce que vous lisez et que vous me la remettiez à la fin du cours. Alors ce soir, vous devrez lire le reste du livre et demain rédiger un autre rapport. Ça vous va ?

-       OK, pas de problème.

-       D'accord, alors on se met au travail. »

J'ai écrit un excellent rapport sur le livre que je lisais. C'était l'histoire d'un groupe de naufragés, ou quelque chose comme ça. Je m'en foutais parce que je devais sortir d'ici.

Je regardais l'horloge et je réfléchissais à comment j'allais le faire. Le professeur se tenait devant la classe et nous a dit de prendre nos livres et de former une ligne. Donc, ce que j'ai fait, c'est que je me suis tenu tout au fond parce que le professeur, en nous conduisant au module, ne se tenait pas à la porte pour ensuite nous suivre. Elle partait en première, en tête de queue, donc j'avais ma chance.

Chapitre 18

Une fois qu'elle a passé le coin avec le premier groupe, j'ai ralenti et j'ai attendu que le dernier de mes camarades de classe fasse le tour du bâtiment avant de courir vers le tuyau et de commencer à grimper. Une fois que j'ai atteint le sommet, j'ai jeté mes jambes par-dessus et j'ai sauté en bas. Merde, ça faisait presque vingt pieds de haut. Quand j'ai atterri, j'ai cru m'être tordu la cheville.

Je me suis relevé, je me sentais bien et j'ai pensé que je devais changer de vêtements. J'ai traversé la rue et puis quelques cours arrières jusqu'à ce que je trouve une corde à linge. J'ai attrapé des vêtements qui me convenaient, je me suis habillé et j'ai commencé à faire du stop en direction de mon quartier. C'était assez loin, donc j'étais un peu inquiet que la police ne me trouve avant que je n'arrive par le bus. Par chance, un homme s'est arrêté et m'a demandé :

« - Hé, gamin, pourquoi n'es-tu pas à l'école ?

- Oh, j'étais chez mes grands-parents, et maman a oublié de venir me chercher, alors j'essaie de prendre le bus pour rentrer.

- Je peux peut-être t'aider. Prends ça, ça devrait te ramener à la maison. Achète-toi un Coca et quelque chose à manger, ça te fera de la monnaie pour le bus.

- Merci, monsieur, c'est sympa. »

Après m'avoir déposé au magasin, il a dit :

« - Bonne chance, gamin.

- Je vous remercie. Bonne journée. »

Finalement, je suis arrivé à l'arrêt de bus et je me suis mis en route. J'ai pensé à ce que je venais de faire et aux problèmes que j'allais avoir, mais je me suis dit que lorsque j'expliquerai les circonstances, la loi pourrait peut-être ne pas être contre moi. Ce que j'allais faire d'ici là, je ne le savais pas. Je suppose que je dois d'abord trouver quelqu'un qui puisse m'aider. Je vais essayer d'aller à Hollywood et retrouver la serveuse.

Quand je suis arrivé au bar, je me suis assis à la même table et j'ai attendu qu'elle vienne m'apporter un coca. Une vingtaine de minutes s'écoulèrent avant qu'elle s'approche de ma table.

« - Que fais-tu ici ? a-t-elle demandé.

-       J'ai un problème et je me demandais si tu pouvais m'aider. Au fait, quel est ton nom ?

-       C'est Cherry, et toi ?

-       Je suis Anthony. »

Je lui expliquais la situation dans laquelle je me trouvais. Elle avait l'air surprise.

« - Je ne peux vraiment pas t'aider avec ça ; c'est grave. Je pourrais avoir beaucoup d'ennuis, vu ton âge. Ce que je peux faire, c'est te donner un peu d'argent pour t'aider un peu. Tiens prends ça. Cent dollars. Cela devrait te durer au moins une semaine. Il y a autre chose que je peux faire pour toi.

-       J'écoute.

-       J'habite à quelques pâtés de maisons d'ici, dans un immeuble. Si tu n'as pas d'endroit où dormir, il y a une salle de sport qui ferme à 22h, tu pourrais y rester quelques jours. Tu devras être parti à huit heures du matin, tous les jours, car c'est à ce moment-là qu'elle ouvre. Je l'ouvrirai la nuit avant que tu arrives.

-       Ça m'a l'air bien, Cherry. »

Je l'ai remerciée, j'ai demandé un coca et je suis resté là le reste de la journée.

J'étais anxieux et effrayé par ce que j'étais en train de faire de ma vie. Bien sûr, nous disons tous : « Et si je ne le faisais pas ».

« Et si je ne faisais pas ça. » Eh bien, il était temps de prendre mes responsabilités. Je me suis enfui d'un centre de détention pour mineurs, par peur pour ma vie, et d'un groupe de garçons qui, selon moi, allaient me faire du mal. A mes yeux, c'était une raison suffisante. Cependant, pourquoi ne pas l'avoir signalé et avoir demandé aux conseillers de déplacer ces garçons vers une autre section ? Parce que les adultes ne m'inspirent pas confiance et je ne crois pas qu'ils feraient ce qu'il faut pour m'aider. Je peux continuer à ruminer comme ça tout l'après-midi. Maintenant, je suis un jeune fugitif.

Je me parle parfois quand je suis nerveux ou effrayé. Je sais, une habitude bizarre, mais il est probable que nous en avons tous. Si j'avais signalé le problème que je rencontrais au centre de détention à un adulte, que serait-il arrivé s'il n'avait rien fait ? Je suppose qu'ils en auraient parlé à ces garçons, qui auraient tout nié en bloc, jusqu'à ce qu'ils me voient seul. Je suis sûr que je n'aurais pas eu la moindre chance dans un combat qui m'opposait à eux trois. Je ne voulais plus penser à ce problème. J'avais assez de choses en tête en ce moment.

Au cas où vous ne seriez jamais allé à Hollywood, il y avait beaucoup d'endroits où se cacher. Le problème était, étaient-ils sûrs ? Je peux vous dire que NON ! Cherry est revenue vers moi.

« - Hé, tu es toujours là, mon jeune ami.

-      Oui, j'ai beaucoup à l'esprit en ce moment.

-      D'accord, voici mon numéro. Fais-moi savoir quand tu viendras. De plus, si tu veux mon avis, je pense que tu devrais faire marche-arrière et leur dire pourquoi tu es parti, et ensuite, croiser les doigts.

-      C'est facile à dire pour toi. Tu n'as pas à t'inquiéter d'être tabassé par un groupe de délinquants juvéniles.

-      Écoute, gamin, tu viendras me dire comment tout ce bordel a pris fin. Je ne prévois pas de quitter cet emploi de sitôt, donc je serai là.

-      Je le ferai, et merci pour l'argent.

-      Aucun problème. Tu me rappelles mon petit frère. Je te vois dans quelques heures mais, rappelle-toi, à huit heures du matin, tu ne pourras pas être dans cette pièce.

-      Ne t'inquiéte pas, je n'y serais plus. »

À dix heures, je l'ai appelée et lui ai dit :

« - Je suis en route, d'accord ?

-      Lorsque tu arriveras au coin d'Hollywood et d'Orange, tourne à droite. L'adresse est 1986 Orange Avenue.

-      Merci, Cherry. J'ai compris. »

J'ai marché jusqu'à cette adresse, elle m'attendait dehors. Elle m'a conduit à la salle de gym et l'a ouverte. Je suis entré et j'ai trouvé un canapé qui ferait l'affaire et me suis endormi.

À sept heures trente, elle est venue me réveiller et m'a dit que je devais y aller. J'ai mis mes chaussures et je suis allée me promener dans les magasins, puis j'ai pris un petit-déjeuner. Je pourrais tout aussi bien aller voir un film. Alors je suis allé au cinéma pour voir ce qui était à l'affiche. J'ai décidé de voir Star Wars. Il y avait une affiche sympa et c'était un film pour lequel je n'aurais aucun problème à acheter un billet.

Le film était excellent. Le singe était drôle : il ne faisait que gémir pourtant tout le monde comprenait ce qu'il disait. C'était vraiment hilarant. A la fin, la salle a applaudi. Pourquoi diable les gens applaudissent-ils à la fin d'un film ? Ils n'ont pas applaudi à la fin de Phantasm.

Après le film, j'ai appelé Cherry au travail pour savoir si je la dérangerais en passant au bar pour discuter. « Bien sûr que non, Anthony, pas de problème. Ça me ferait plaisir de te voir. »
Quand je suis arrivé, il n'y avait pas trop de monde. Mais, encore une fois, l'après-midi ne faisait que commencer. Je m'assis à la même table que d'habitude, car c'était à l'arrière ; personne ne me dérangerait. Je pense que Cherry a veillé sur moi. Elle est une personne merveilleuse. J'ai été très chanceux de la rencontrer. Elle m'a aidé de multiples façons.

Après son travail, nous sommes allés à la salle de loisirs de son immeuble, nous avons fait un peu de sport, puis elle m'a demandé si je voulais voir son appartement et manger quelque chose. « Avec plaisir, ce serait bien » dis-je. Quelques jours s'étaient écoulés depuis que je m'étais échappé de cette prison pour enfants, et j'étais aussi confus quant à ce que je devais faire que le jour de mon départ. C'était génial que Cherry m'ait aidé comme ça. Ce n'est pas tous les jours que quelqu'un aiderait un étranger, en particulier celui qui a des problèmes avec la justice.

Comment tout ça va se finir ? Quand cela va-t-il se terminer ? Est-ce que ça va finir ? Que va-t-il m'arriver maintenant ? Surtout si l'on considère qu'il ne s'agit pas d'un vol à l'étalage, c'est beaucoup plus grave dans mon cas. Est-ce que maman ou papa vont pouvoir me faire sortir ? La sanction pour le port d'une arme est sévère. Si seulement je n'avais pas tenu cette arme stupide, je ne serais pas dans cette situation minable. Ce que j'aurais dû faire, c'était refuser de prendre l'arme des mains de Frank. Ce fut une grosse erreur.

Quand j'ai vu ces gars, j'aurais dû marcher dans une autre direction. Putain, il y a tant de « et si » quand on se trompe royalement. En fin de compte, cela se résume à ça : j'ai foiré. Je crois que lorsque vous êtes jeune parfois, peut-être pas tout le temps, vous prenez des décisions qui affectent négativement toute votre vie. Croyez-moi, je sais de quoi je parle !

L'avenir n'est pas écrit, pour qui que ce soit, comment peut-il l'être ?

Si seulement j'avais fait les choses différemment, ma vie ne serait pas affligée, pendant tant d'années, par tous ces fléaux. Je suppose que je devrai être plus sage dans mes décisions et essayer d'être plus fort.

Hier soir, à Hollywood, avant que je ne retourne dans le quartier. Alors que je marchais dans la rue, je levais les yeux vers une horloge : il était près de vingt-trois heures. Je ne voulais pas déranger Cherry, et j'ai perdu son numéro, donc je suis allé sur un parking. La portière d'une voiture était ouverte alors j'ai rampé dedans et me suis endormi sur le siège arrière. Quand je me suis réveillé le matin, un type m'a attrapé et a appelé les flics. Merde, ça y est, c'est fini pour moi maintenant. Quand les flics sont arrivés, ils ont dit : « - Hé gamin, pourquoi dormais-tu sur le siège arrière de cette voiture ?

- Eh bien, monsieur, il était tard et je n'ai pas pu rentrer chez ma Cousine, parce qu'il était tard. J'ai décidé de rester ici jusqu'à ce qu'elle revienne du travail, pour qu'elle me donne sa clé.

- Où travaille ta cousine ?

- Elle est serveuse au bar de l'autre côté de la rue.

- D'accord, nous allons te mettre ces menottes jusqu'à ce que nous puissions confirmer qui ton identité. Quel est le nom de ta cousine ?

- C'est Cherry.

Le flic a traversé la rue et est sorti avec Cherry qui m'a immédiatement fait signe et a crié :

« - Qu'est-ce qui t'est arrivé la nuit dernière ?

Dès que le flic a vu ça, il est revenu avec Cherry et m'a laissé partir. Putain, c'était juste, très juste. Cherry m'a regardé et m'a dit :

« - Pourquoi ne m'as-tu pas appelée hier soir ?

- J'ai perdu le papier avec ton numéro.

- Bon sang, Anthony, tu dois être plus prudent.

- Je suis désolé de te déranger au travail. Je vais au parc pour passer le temps. Je t'appellerai plus tard.

- D'accord Anthony, mais fais attention ici, ce n'est pas sûr. »

Ne t'inquiète pas Cherry, je ne compte pas trop traîner dans les rues, je n'ai pas besoin de flic qui vienne m'ensevelir sous des questions. Je te verrai plus tard.

Une fois parti, je me suis dirigé vers un parc pas trop loin, je me suis assis sous un arbre et j'ai regardé les gens. J'ai particulièrement aimé regarder les petits enfants jouer dans le bac à sable avec leurs mères près d'eux. Je me souviens avoir fait ça quand j'étais plus jeune. Regardez-moi maintenant, un jeune délinquant en fuite. Quelle disgrâce.   Je pensais que si quelqu'un m'avait demandé il y a deux ans si je m'imaginais dans cette position, j'aurais dit : « Vous êtes fou ! »

Je ne pourrais jamais commettre un crime et aller en prison. Je vous le jure, ce bordel va me rendre fou. Où suis-je censé aller ? J'ai douze ans. J'ai très peu d'argent, je me suis échappé d'un centre de détention pour mineurs, j'ai en guise d'amis des enfants douteux, j'ai des délinquants juvéniles qui veulent me tomber dessus et je n'ai nulle part où dormir. Je ne vois pas comment cela pourrait empirer. Je pense que je vais faire le tour du quartier. Il y a beaucoup d'endroits où se cacher, surtout dans le parc.

Chapitre 19

Il était très tard quand j'ai pensé à remonter dans le bus et à revenir dans le quartier, pour me remonter le moral. Je m'inquiétais de ce que pensaient maman et papa. Depuis, la police devait être passée à la maison pour me chercher. Je me sentais mal en pensant à ce que j'infligeais à ma famille. Le stress que je leur faisais subir était énorme et complètement injuste. Je suis presque dans le quartier. Je devrais descendre ici et marcher le reste du chemin.

J'ai quitté le bus qui était arrivé près de ma rue et j'ai marché jusque chez mes parents, les lumières étaient allumées, mais personne ne se promenait à l'intérieur. J'essayais de n'être vu de personne, quand tout d'un coup, j'ai entendu :

« - Anthony, qu'est-ce que tu fais ici ?

-      Salut Frank. Je me suis échappé du centre de détention.

-      T'es complètement malade ! T'étais où ces derniers jours ? Dit Frank.

-      Une fille m'a aidé, j'ai répondu.

Pourquoi cet enfoiré se sent concerné ?

-      Tu vas avoir des problèmes ... dit Frank en riant.

-      Où est Rick ? j'ai demandé.

-      Ils ont déménagé il y a quelques jours.

-      Tu sais où ?

-      Oui, sur Allen Street, à quelques kilomètres d'ici.

-      T'as l'adresse ?

-      Ouais, 4356 Allen Street.

-      D'accord merci. »

Vu l'heure tardive, j'ai décidé que je ferais mieux d'aller chez Rick le lendemain matin. Ce serait samedi et il n'y aurait pas d'école.

Le matin, je me suis réveillé après avoir dormi dans une attraction au parc : c'était un peu comme une cabane dans les arbres mais tout en métal, avec un toboggan. Ce n'était pas trop mal, et c'était même plutôt confortable, même si je devais dormir assis. J'ai réussi à trouver la maison de Rick, pour lui demander de l'aide, parce qu'il n'était pas aussi mauvais que les trois autres et j'étais presque sûr qu'il m'aiderait.

Je suis arrivé chez Rick et lui aussi a été surpris de me voir :

« - Merde, Anthony, tu ressembles vraiment à rien. Tu veux prendre une douche ?

- Oui, s'il-te-plaît. Merci. »

Je suis allé dans la salle de bain pour me laver.

Quand je suis sorti, Frank, Fred, Rick et Mark se tenaient là, me regardant, et ont dit : « Sortons un peu. »

Une fois dehors, j'ai reçu un coup par derrière. J'ai dit :

« - Pourquoi as-tu fait ça ?

- Et pourquoi t'es venu ici, sachant que la police te cherche ? je n'ai pas besoin qu'ils viennent dans cette maison. Fouillez-le pour voir combien d'argent ce connard a sur lui. »

- Qu'est-ce que tu veux dire ? Je n'ai pas d'argent, j'ai crié.

- Comment es-tu arrivé ici alors, menteur ? Ramassez ce guignol par les chevilles et secoue-le. Eh bien, qu'avons-nous là ? » dit Rick.

Frank a pris l'argent que mon amie m'avait donné, puis Fred m'a frappé et m'a dit de décamper.

« - Casse-toi, on ne veut pas de la police ici.

- Pourquoi m'as-tu laissé prendre une douche ?

- Je devais te garder ici jusqu'à ce que les gars viennent. J'ai vu cet argent dans ta poche pendant que tu te lavais. Je voulais juste voir si tu mentirais à ce sujet. Maintenant, casse-toi, looser, dit Rick.

- Je pensais que vous étiez mes amis. »

Je suis parti et suis retourné au parc dans la cabane. J'aimais bien cet endroit car il était un peu à l'écart et à l'abri des regards. Je me suis mis à pleurer, que vais-je faire maintenant ? Je suis resté au parc toute la journée et, une fois qu'il a commencé à faire sombre, j'ai eu froid et faim. Maintenant que je n'avais pas d'argent, je ne savais pas quoi faire.

Le lendemain, Rick est venu et m'a apporté de la nourriture.

Je lui ai demandé :

« - Pourquoi tu continues à me traiter comme de la merde, puis tu retournes ta veste en étant gentil, pour enfin me traiter encore pire qu'avant ? ton comportement commence à me rendre fou, j'ai pleuré.

- Détends-toi, Anthony. Je sais comment obtenir de l'argent. Dans quelques jours, les gens qui habitent à quelques rues d'ici partent en vacances.

- Comment le sais-tu ?

- Leur fils me l'a dit. J'ai déjà été chez eux, et ce gamin avait environ cinq cents dollars dans sa chambre, sous son lit. Si tu les récupère, je te donnerai cent dollars. Sinon, tu peux t'asseoir ici et mourir de faim. Marché conclu ?

- OK je m'en occupe.

- Au fait, voici une avance de vingt dollars sur les cents. Cela devrait t'aider jusqu'à ce que tu obtienne mon argent. »

Au cours des deux jours suivants, je suis resté dans le parc et j'ai joué sur les balançoires et les manèges. Le premier jour, je me suis beaucoup promené mais j'ai pris soin d'éviter la police. Je ne savais pas s'ils me cherchaient ou non. Donc, je suis resté près du parc, au cas où je devrais m'enfuir ou quelque chose comme ça. Il était plus facile de se cacher dans le parc que dans la rue.

J'étais content qu'il y ait un marché au coin de la rue pour que je puisse manger quelque chose. Le temps a passé vite. Cela faisait presque deux semaines que j'avais quitté cet établissement. Bien sûr, je ne peux pas vivre comme ça indéfiniment.

Je suis trop jeune et les rues sont dangereuses. J'aurais aimé que rien de tout cela ne se soit jamais produit. J'ai commencé à avoir faim et j'avais envie de poulet. Alors, je suis allé à la rôtisserie à côté du marché. J'ai acheté quelques cuisses et de la purée de pommes de terre et je suis retourné au parc pour manger sur les balançoires. Il faisait plutôt froid ce soir-là, et j'ai pensé à appeler Cherry, mais je ne voulais pas la déranger. Elle avait déjà trop fait pour moi.

Je suis remonté dans la cabane dans les arbres, qui était sur le terrain de jeu, et ai essayé de dormir. Je me suis réveillé vers six heures trente. Je n'étais pas trop sûr de l'heure, mais je savais que c'était tôt. Plus tard, j'ai vu Rick et les autres gars s'approcher de moi et ils m'ont fait signe de les suivre. Je les ai suivis, ils ont désigné une maison puis se sont éloignés.

Je suis passé dans la cour arrière et je suis entré par une fenêtre. J'ai trouvé l'argent et je suis sorti, pour me retrouver face à face avec les voisins. Ils m'ont immédiatement saisi et ont appelé la police. Une fois la police arrivée, ils m'ont emmené dans la voiture, ont vidé mes poches de l'argent que je venais de voler, m'ont menotté et m'ont emmené au poste. Ils m'ont demandé ce que je faisais dans cette maison, et je leur ai raconté toute l'histoire des gars du centre de détention et enfin comment j'étais parti parce que j'avais peur. Les flics m'ont dit que sans cette évasion, on m'aurait renvoyé chez moi. Ce flic-là était différent. Il semblait se soucier qu'un enfant de mon âge ait ce genre de problèmes.

Maman est arrivée et a commencé à pleurer de soulagement, disant qu'elle était heureuse que j'aille bien. Le flic a parlé à maman et lui a dit que je devais retourner au centre de détention pour mineurs et qu'elle ne devait pas s'inquiéter pour moi parce que, du fait de mon évasion, ils me mettraient dans la zone de haute sécurité de l'établissement.

Ma mère m'a expliqué que suite à tous ces problèmes, l'école m'a expulsé, et que je n'avais ainsi pas pu obtenir mon diplôme. Elle m'a fait un câlin et a dit qu'elle me verrait au tribunal dans quelques jours. Quand elle s'est retournée pour partir, je lui ai dit en pleurant:
« - Je suis désolé, maman. Je suis désolé pour tous ces problèmes.
-    Je sais, Anthony, je sais. On se voit dans quelques jours. »
Après le départ de maman, j'ai été placé dans une pièce jusqu'à ce qu'ils puissent me ramener au centre avec un autre motif d'accusation dans mon casier judiciaire, gracieusement offert par mes copains. Cela faisait deux accusations de cambriolage et une de port illégal d'arme à feu, chargée. Et n'oublions pas la fuite d'un établissement pour mineurs.

Wow, tu peux être fier de la profondeur de ta stupidité. Vraiment, si quelqu'un pouvait prendre de plus mauvaises décisions, faites-le moi savoir. Je suis resté assis là, à penser à quel connard j'étais et à comment que j'allais sortir de cette situation. Sans oublier combien cela coûtait à maman de me faire représenter par M. Whitaker. Ce n'est pas un avocat assigné d'office. Il est avocat en droit pénal et ils ne sont pas bon marché.

Je jure que si je sors de ce centre de correction vivant, je passerai le reste de ma vie à rembourser mes parents.

« Ok allons-y. Le transport est arrivé. Les mains derrière le dos pour que je puisse te mettre ces menottes. » Il m'a ensuite pris par le bras et m'a conduit à travers une pièce, une autre porte, puis dans le couloir vers une dernière porte qui menait à l'extérieur. Il m'a fait asseoir sur le siège arrière et nous sommes partis.

Tout le long du chemin du retour, je regardais les montagnes dehors et je pensais à la façon dont j'aurais aimé être là-haut avec ma famille, comme la dernière fois. C'était amusant de jouer dans la neige et de passer du temps avec mes proches. Je me sentais coupable de tout ce qui était arrivé. Bien sûr, j'ai en grande partie blâmé la bande, mais surtout je me suis reproché de ne pas être plus fort et de n'avoir pas résisté à leur intimidation. Je suppose que j'avais plus peur d'être battu qu'autre chose.

C'est drôle, les choses auxquelles vous pensez quand vous avez continuellement des ennuis. J'ai repensé à l'époque où nous étions à Disneyland, et à papa qui avait dit : « Garde tes mains et tes pieds dans le bateau ou tu vas tomber. » Ce fut une journée parfaite. Je ne savais pas si je ne retournerais jamais à Disneyland et j'étais sûr que ma famille ne me regarderait plus jamais de la même façon. Je me sentais comme le mouton noir de toute la famille et il valait probablement mieux que je m'en aille. Aller au camp à ce stade pourrait être la meilleure chose qui puisse arriver, compte tenu de la situation avec les quatre garçons dans le quartier.

Une fois que nous sommes arrivés à l'installation, j'ai été conduit à travers le bâtiment principal, par la porte, à travers la cour et vers un mur massif qui abritait les modules de détention. Ils ont dit qu'il s'agissait des modules M et N. Ils étaient complètement isolés des autres modules, derrière une immense clôture.

Quand j'ai franchi la porte, le conseiller a dit :

« - J'ai un évadé ici, vous devez garder un œil sur ce petit singe. Il escalade les murs très facilement.

- C'est celui qui a remonté le tuyau de drainage près de l'école ?

- Lui-même. Il faut le garder enfermé à l'intérieur.

- Allons-y, que je te montre ton nouveau logement. J'espère que tu apprécieras ton séjour parmi nous. Puisque tu es unique en ton genre, tu as une chambre pour toi tout seul. Le petit-déjeuner est à six heures du matin, et l'école est à sept heures dans la salle de jour. Nos invités ne sont pas autorisés à quitter les lieux, sauf pour aller au tribunal. Tu comprends ce que je te dis, jeune homme ?

- Oui, monsieur.

- Très bien. Bonne nuit. »

Ce bâtiment était sans aucun doute très sécurisé. Les fenêtres devaient faire trois centimètres d'épaisseur et les portes étaient lourdes, avec une grande serrure.

Le bâtiment avait deux étages, pour accueillir plusieurs enfants. L'entrée principale avait des gardes avec des caméras tout autour du périmètre. Je ne vais nulle part cette fois. Je n'ai pas d'autre choix que de rester et de faire face aux conséquences. Non pas que je pense à m'enfuir.

Quand je me suis réveillé le lendemain matin, je suis allé à la cantine qui était un peu plus petite que l'autre. Les autres enfants étaient tous de la même taille que moi, donc je me sentais très à l'aise. Au moins, je n'ai pas à me soucier de ces gars de l'autre côté du mur, pensais-je. Cet endroit n'est pas si mal, et il est moderne et propre.

Chapitre 20

Les autres garçons étaient assez sympathiques et bavards. Il y avait cet enfant, André, qui parlait sans arrêt. (Quel était son crime ? Ne pas pouvoir se taire ?) Je ne pouvais pas imaginer qu'un petit enfant comme lui fasse quelque chose d'assez grave qui justifierait son enfermement dans ce module. Puis il y avait le vieux Dante. Je dis « vieux » parce qu'il avait l'air un peu plus âgé que nous. Il ne parlait pas beaucoup, il observait tout le monde et tout ce qui croisait son chemin. Un garçon plutôt inhabituel, calme. Jérôme était tout à fait différent. Différent parce qu'il se curait toujours le nez, regardait sa trouvaille avant de l'essuyer sur sa chemise. Il avait l'air de le faire assez souvent, et saisissait sa nourriture de la même main. Nous étions dix dans ce module, donc c'était facile à gérer pour les conseillers.

Après le petit-déjeuner, les conseillers nous ont dit de ramener tous les plats à la cuisine, puis de revenir et d'organiser les tables pour que nous puissions les utilisez comme des bureaux. Cette tâche terminée, nous nous sommes tous assis et avons attendu que l'enseignante vienne et commence le cours.

Le gars qui se curait tout le temps le nez commençait à énerver un autre enfant : « Hé, crétin, arrête de te fouiller le nez. Ça commence à me dégoûter. » Tout le monde a ri et l'enfant a cessé sa chasse au trésor.

Enfin, le professeur est entré et, wow, elle était canon. Elle devait avoir la vingtaine, avec des cheveux blonds et des yeux bruns. Quel corps. Elle a commencé par faire circuler des livres de mathématiques, ce qui me convenait bien. J'aimais bien les mathématiques ou tout autre sujet d'ailleurs, tant que c'était avec ce professeur.

« - D'accord, les enfants. Passez à la page cinq de vos manuels et faites les vingt premiers problèmes dans vos cahiers. Lorsque vous avez terminé, posez vos crayons et levez la tête.

- Hé, Anthony, je peux te parler une minute dans mon bureau ?

-       Bien sûr Monsieur. »

Je me suis rendu au bureau du conseiller et il a dit :

« - Tu iras au tribunal demain matin. Je voulais juste te dire de bien te comporter et de ne rien faire de stupide.

-       Comme quoi, monsieur ?

-       N'essaye pas de t'enfuir, à nouveau, dit-il.

-       Bien sûr que non, monsieur, j'ai répondu, je ne suis pas stupide.

-       D'accord, Anthony, retourne en classe.

-       Oui monsieur. »

Pendant le cours, l'un des enfants, qui n'avait pas l'air brillant, a demandé à l'enseignante si elle avait un petit ami et a lancé qu'il était étudiant honoraire dans une grande école. Ce mec. Quel idiot. Un lèche-cul. Que pensait-il exactement accomplir ?

Le professeur a dit :

« - C'est bien. Vous avez terminé les exercices ?

-       Non, madame balbutia le crétin. Au fait, Madame, quel est votre nom ? il a demandé.

-       Mon nom est Mme Reynolds.

-       Je trouve que vous êtes jolie. »

Ce gars est un crétin, essayer de prendre du bon temps avec un professeur qui avait au moins dix ans de plus que lui. Je parie que c'était le type de débile qui offrirait une pomme à son professeur et lui demanderait de lui tenir la main pendant les sorties. Il me donnait la nausée. Vous auriez été là, vous vous seriez sentis aussi mal que moi.

Le plus drôle était quand le vieux Dante a lancé ce méga pet qui aurait pu faire exploser les fenêtres. Personne n'a dit un mot. Tout ce que nous avons vu, c'est l'enseignante qui a écarquillé les yeux, avant de sortir en fermant la porte. Tout ce qu'on pouvait entendre après, c'était une explosion de rires, digne d'un groupe de hyènes, c'était un vrai rugissement. Nous ne pouvions pas arrêter de rire. Cela a grandement amélioré la journée, avec le vieux Dante en tête de liste.

Une dizaine de minutes plus tard, un conseiller est entré et nous a dit de nous taire. Il a ensuite arpenté la pièce comme s'il cherchait quelque chose, puis à renifler, à la recherche de toute odeur persistante. C'était vraiment hilarant, de voir ce gars renifler comme ça. Après son départ, l'enseignante est revenue et a dit : « Nous n'aurons plus ces explosions. » Ensuite, le fouilleur de nez a dit :

« - Madame, ce n'était pas une explosion, c'était un énorme pet.

- Oui, je sais, Jérôme. J'entends par là que nous n'aurons plus d'explosions corporelles. COMPRIS ?!

- Oui m'dame.

- C'est plus clair, Jérôme ?

- Oui m'dame. » répondit-il en riant.

Maintenant que tout était rentré dans l'ordre, l'enseignante a continué la classe. Dante, quel clown. Ce salaud n'avait honte de rien. Il a juste continué à faire ce qu'il faisait. Cet épisode ne l'a même pas fait rire. L'enseignant a écrit certains problèmes au tableau et nous a demandé de les résoudre, et d'en mettre la réponse sur un morceau de papier.

Elle a dit : « Vous avez dix minutes pour résoudre ces problèmes, mais il faut que vous écriviez comment vous avez trouvé les réponses. »

Ces problèmes n'avaient pas l'air trop compliqués. Je les ai terminés en cinq minutes environ et j'ai posé mon crayon. Le professeur a dit :

« - Tu as terminé, Anthony ?

- Oui, professeur, j'ai fini.

- Laisse-moi vérifier ton travail. Elle a rapporté ma feuille à son bureau et lus mes calculs. « Excellent, Anthony. Toutes tes réponses sont correctes et tu as trouvé toutes les solutions.

- Je vous remercie. C'était simple, pas si difficile, j'ai ajouté.

- D'accord, les enfants, pour vos devoirs, je veux que vous terminiez les pages une à dix de vos livres et que vous ayez faits vos exercices pour la classe de demain. C'est tout, vous pouvez retourner dans la salle de jour et attendre que le conseiller vous donne d'autres instructions. »

Le conseiller est entré et a dit : « Les enfants, vous pouvez regarder la télévision et jouer à des jeux jusqu'à cinq heures. Mais on reste calme. Je ne veux pas avoir à revenir ici. »

Jérôme s'est approché de moi et m'a demandé :

« - Tu fais quoi ?

- Je joue juste au solitaire. Hé, Jérôme, tu sais comment jouer à la Bataille ? j'ai demandé.

- Oui, mais je n'ai pas joué à ce jeu depuis longtemps.

- Cool, je vais distribuer les cartes.

- D'accord. »

Après avoir distribué toutes les cartes, nous avons commencé à jouer.

« - Hé, Anthony, où as-tu appris ce jeu ?

- Ma grand-mère m'a appris.

- Quelle grand-mère ? Du côté de ta maman ou du côté de ton père ?

- Du côté de papa, j'ai dit.

- Je l'ai appris de ma sœur aînée. On y jouait tout le temps, commenta Jérôme.

- Tory n'a jamais joué à ce jeu avec moi. Je n'ai jamais eu la chance de lui montrer comment jouer. »

À la fin de la partie, il était presque cinq heures, et le conseiller a dit : « Les enfants, faites la queue et direction le réfectoire. » Nous nous sommes tous levés et alignés avant d'aller à la cantine. Il y avait de la pizza aujourd'hui. J'étais étonné parce que c'était la même que celle qu'ils servaient à l'école.

Quand nous avons tous fini de manger, nous sommes allés dans nos chambres. Je suis entré dans la mienne et je me suis juste assis sur le lit. J'étais déprimé et me sentais très seul. Ma famille me manquait, et surtout Daisy. Je me demandais ce qu'elle faisait et si elle pensait à moi. Je me demandais même ce que faisait la vieille Cherry. Je suis sûr qu'elle ne savait pas que j'étais de retour dans cet endroit. Je me suis dit que si j'arrivais à sortir d'ici, je devrai récupérer de l'argent quelque part et la rembourser. Je pensais à ce canapé dans la salle de loisirs, il était très confortable et l'endroit était chaud. Je me suis allongé sur le lit et j'ai regardé le plafond, comme je le faisais à la maison, en pensant à ce qui s'était passé ces derniers mois et à tous les ennuis que j'avais causés. En y repensant, la plupart du temps ce n'était pas de ma faute, mais cela m'a encore plus déprimé. J'aurais dû être dans mon lit, pas dans ce placard. Mes jouets me manquaient ainsi que parler à mes parents. Et surtout le baseball. J'étais formidable et j'aurais probablement été un grand joueur. J'espère que je ne serai pas ici très longtemps. Je veux rentrer à la maison. Avant de le savoir, je m'étais endormi.

Quand je me suis réveillé, le conseiller est venu, a ouvert ma chambre et m'a demandé si j'étais prêt à aller au tribunal.

« - Oui monsieur.

-     D'accord, finis de t'habiller et va à la cantine, que tu puisses manger avant de partir. »

Quand je suis arrivé, je me suis aligné et j'ai pris des œufs brouillés, des pommes de terre et du bacon. Je prenais toujours le même petit-déjeuner. Cela me rappelait la maison. Je me suis vite retrouvé à pleurer parce que je voulais rentrer. Je détestais cet endroit mais j'ai essayé de ne pas m'apitoyer encore plus. Quand j'en ai eu fini avec le petit-déjeuner, j'ai pris mon plateau et l'ai ramené sur la première table, près de l'entrée, puis je suis allé dans la salle de jour jusqu'à ce qu'on m'appelle pour monter dans la camionnette. Je regardais Bugs Bunny à la télévision. J'aimais Bugs, il se sortait toujours des mauvaises situations. Je pensais que s'il était ici, il creuserait un trou, sauterait dedans et ressortirait sur une île ou au milieu d'une parcelle de carottes. Malheureusement, je ne suis pas Bugs, donc je vais monter dans cette camionnette et aller au tribunal.

Pendant que j'attendais qu'Elmer Fudd me mette les menottes et me conduise vers le véhicule, j'ai commencé à rêvasser, repandant à cette nuit dans le parc, mais cette fois Daisy venait vers moi par l'arrière et me couvrait les yeux avant de dire :

« - Devine qui c'est ? »

Je me retournais et disait :

« - Wow, tu es pile à l'heure.

-Quoi, tu pensais que je serai en retard ou que je ne viendrai pas? »

« - Anthony, Anthony, réveille-toi, dit le conseiller en me secouant.

- Oh, désolé, monsieur. Je rêvassais.

- De quoi est-ce qu'on peut rêver pendant la journée ? demanda-t-il perplexe.

- Oh, juste une fille.

- Ce n'est jamais « juste une fille ». Elle doit être unique pour toi, non ?

- Monsieur, je n'ai jamais eu la chance de le découvrir.

- Eh bien, peut-être que si tu sors aujourd'hui, tu pourras la revoir.

- J'aimerais beaucoup, monsieur.

- Eh bien, voyons d'abord comment se passe le tribunal, et ensuite on verra pour la fille. Mets tes mains derrière ton dos, pour que nous puissions y aller.

- Monsieur, suis-je le seul à y aller aujourd'hui ?

- Oui, donc le voyage devrait être rapide. »

Je suis monté dans la camionnette et nous avons roulé vers le palais de justice. J'ai pensé à la dernière fois que j'étais devant le tribunal avant de m'échapper. Puis je me suis souvenu que le juge a dit qu'il avait besoin d'un rapport d'aptitude d'un agent de probation, que je n'avais pas en ma possession. J'ai paniqué et j'ai dit : « - Nous devons retourner au centre.

- Pourquoi, Anthony ?

- Parce que le juge a dit qu'il avait besoin d'un rapport d'aptitude d'un agent de probation. Je ne l'ai pas.

- Détends-toi, Anthony. Je suis cet agent de probation. Je l'ai ici.

- Merci, monsieur, j'apprécie.

- Pas de problème, jeune homme. »

Lorsque nous sommes arrivés au palais de justice, nous avons reculé cette même allée, celle avec la porte. La portière s'ouvrit. Je suis sorti de la camionnette et j'ai monté les escaliers, vers la zone d'attente. Le conseiller a enlevé les menottes et je me suis assis, j'ai attendu. Il était environ huit heures trente lorsque nous sommes arrivés au palais de justice. J'en ai pris note lorsque j'ai franchi la porte et que j'ai vu l'horloge sur le mur.

L'attente me stressais, j'aurais aimé qu'ils m'aient déjà appelé.
J'ai demandé :
« - Pourquoi la séance n'a pas commencé ?
-     L'avocat est en retard, il devrait bientôt arriver. »
Merde, il est midi. Maintenant, je dois attendre jusqu'à une heure de l'après-midi pour que les gens de la cour reviennent du déjeuner. Ça craint. Bon sang.

Chapitre 21

Pour couronner le tout, ils m'ont apporté un autre sac brun avec ce sandwich de merde. Je déteste le pain, bon sang ! Je n'avais aucune chance ! Est-ce qu'au moins une chose pourrait aller bien dans ma vie ? Est-ce qu'on ne pourrait pas m'accorder une pause ?

Finalement, à une heure, j'ai été appelé à entrer dans la salle d'audience. Le même flic qu'avant est venu me chercher et m'a dit : « - Encore ? Mais qu'est-ce qui t'arrive, petit ?

- J'en sais vraiment rien, peut-être des douleurs de croissance, ou tout simplement la malchance. Je pense que récemment, j'ai fait de mauvais choix, que j'espère pouvoir rectifier si je parviens à sortir de ce bordel.

- Eh bien, gamin, tu es le seul à pouvoir prendre ces décisions. Ce que tu dois comprendre, c'est que les choix que tu fais étant jeune peuvent avoir des effets durables sur ta vie. Si j'étais toi, j'observerais attentivement le chemin que tu es en train de prendre en ce moment. Crois-moi : rien de bon ne sortira de tout ça. Allons voir le juge maintenant. Ton avocat vient d'entrer, vas à ta place.

- Bonjour, M. Whitaker, comment allez-vous aujourd'hui ?

- Mieux que toi, jeune homme. »

Le juge est entré et a commencé à parler de toutes ces choses juridiques que je ne comprenais pas. Il a dit : « Mon garçon, debout s'il te plaît. Ce que j'ai en main, c'est le rapport de probation. Ton avocat et moi avons discuté de ce rapport fait par ton conseiller. Nous avons cherché à éclaircir les circonstances qui ont pu te pousser à fuir le centre de détention pour mineurs. Nous avons tous deux convenus que la peur pouvait inciter les jeunes à faire des bêtises. J'ai donc décidé de te laisser retourner chez tes parents, à condition que tu sois en probation pour une durée de deux ans. Si tu évites les ennuis, toutes les charges seront rayées de ton dossier comme si cela ne s'était jamais produit. Mais permet-moi de te rappeler que si tu as à nouveau des ennuis, je n'aurai pas d'autre choix que de te condamner à un an de détention dans un camp pour mineurs. Tu comprends ce que je viens de dire ?

-    Oui, monsieur.

-    Le tribunal suspend ses travaux pour la journée. »

En descendant, l'huissier de justice me félicita d'avoir été libéré en disant qu'il espérait que j'en profiterai pour reprendre ma vie en mains. Il ne voulait certainement pas me revoir dans ce genre de situation.

« - Écoute, reviens me voir un de ces quatre, mais par la porte d'entrée principale, d'accord ?

-    Avec plaisir, monsieur. »

De retour dans la cellule de détention, je n'ai pas pu me retenir de rire. Le conseiller est venu vers moi, m'a également félicité et a dit: « - Je pensais qu'un enfant comme toi n'avait rien à faire ici. Je te souhaite bonne chance. Maintenant, allons-y, tes parents t'attendent déjà.

-    Oui monsieur ! » j'ai répondu.

Je ne pouvais pas croire à mon bonheur, je rentrais chez moi. Je priais pour que ces tyrans me laissent tranquille maintenant et prennent conscience du mal qu'ils avaient causé à ma famille comme à moi. Sur le chemin du retour, je pensais à appeler Daisy et Cherry, pour leur annoncer la bonne nouvelle, que mes problèmes étaient maintenant derrière moi. J'avais hâte de rentrer. J'étais tellement impatient et plein d'excitation, je tenais à peine en place. J'ai demandé au conseiller combien de temps il faudrait avant d'arriver à l'établissement.

« Patience, Anthony. Nous sommes presque arrivés. »

Je n'arrêtais pas de dire : « On est arrivés ? On est arrivés ? » Je pouvais voir qu'il s'énervait, alors j'ai cessé de demander une minute, avant de recommencer :

« - Alors on arrive ?

-    Si tu continues de me poser la question Holden, j'arrête la voiture.

-    D'accord, d'accord, j'arrête. Continuez de conduire. S'il vous plaît, ne laissez pas mes plaisanteries vous dissuader de nous ramener à l'établissement. C'est juste que je suis ravi de quitter cet endroit. J'espère en tout cas que je n'aurai pas à y revenir.

- Eh bien, Holden, ça relève de toi. Toi seul peux dicter l'issue de ta

vie, personne d'autre. Enfreindre la loi n'est jamais la voie à suivre. Tu comprends, Holden ?

- Oui, monsieur, mais parfois, dans certaines situations c'est inévitable.

- De quelles circonstances parles-tu ?

- Eh bien, monsieur, pouvez-vous garder un secret ?

- Bien sûr, tu peux tout me dire.

- J'ai un problème avec des garçons qui me forcent à faire des choses que je ne veux pas faire. Parfois, ces choses sont illégales.

- Je ne sais pas quoi te dire, mais tu dois te défendre et choisir de faire ce qui est juste. » m'expliqua-t-il. Comme je m'y attendais, je n'ai pas eu beaucoup d'aide du tout.

« Merci monsieur. Je me souviendrai de ce que vous m'avez di » Je crois que mon problème ne va pas s'arranger d'un coup de baguette magique. Cela ne fonctionne pas de cette façon. La partie doit se jouer et les pions doivent avancer ou tomber. Je ne sais pas ce qui va se passer demain, le lendemain ou la semaine prochaine. Je veux juste que ma vie s'améliore. Vivre comme ça n'est pas seulement nul, mais je fais aussi vivre un enfer à mes parents.

Lorsque nous sommes arrivés au centre, le conseiller a dit :

« - D'accord, Holden, va à la salle de jour. Je vais m'occuper de la paperasse, puis je t'accompagnerai à l'admission.

- Oui, monsieur, je vais attendre ici. »

Alors que j'étais assis sur le canapé, Jérôme est venu et m'a demandé comment c'était passé le tribunal.

« - Je rentre chez moi, tu peux le croire ?

- C'est bien, Anthony. J'espère que tu ne reviendras jamais dans cet endroit.

- Moi aussi, Jérôme. »

Le conseiller est revenu et a dit :

« - Allons-y, Anthony.

- D'accord. Prends soin de toi, Jérôme.

- Toi aussi, Anthony. »

Nous sommes sortis par la première porte, qui menait à la cour des modules M et N, et nous sommes arrivés à la grande porte qui séparait M et N du reste de l'établissement. Le conseiller a décroché le téléphone et a dit : « Ouvrez la porte du périmètre M et N ». J'ai entendu un clic bruyant et la porte s'est ouverte lentement. Une fois la porte ouverte, nous avons traversé une autre cour.

À ma grande surprise, j'ai vu le gars avec qui j'avais eu un problème à la cantine, mais il ne m'a même pas regardé. Il s'est juste retourné et a marché dans l'autre sens, alors nous avons traversé la cour jusqu'au bâtiment d'accueil.

Une fois à l'intérieur, on m'a dit de m'asseoir sur le banc devant un long comptoir avec des ordinateurs et des gens qui travaillent sur tout ce sur quoi ils travaillent pendant la journée. Quand ils m'ont appelé, ils m'ont donné quelques sacs. L'un avait tous mes vêtements et l'autre avait mon portefeuille et le peu d'argent que j'avais quand j'ai été arrêté.

« - Tu peux aller t'habiller dans cette pièce et attendre que quelqu'un vienne te chercher.

- Oui monsieur. »

Je suis entré dans la pièce et je n'ai pas perdu de temps à mettre mes vêtements et mes chaussures mais, avant de pouvoir finir, la porte s'est ouverte.

« Suis-moi, gamin. Tu vas au bureau d'accueil, tes parents attendent. » Il n'a pas eu à me demander deux fois ; je suis sorti pronto. Lorsque la dernière porte s'est ouverte, j'ai vu mes parents assis qui m'attendaient. J'ai couru vers eux, j'ai embrassé maman et papa. Puis le gars a fait signer des papiers à maman et nous sommes partis. Je ne connaissais pas son nom et je m'en fichais, je voulais juste rentrer à la maison.

Une fois dehors, maman et papa ont dit : « - Nous ne voulons plus que tu passes du temps avec ces garçons. Depuis que tu les as rencontrés, tu n'as eu que des ennuis. Tu comprends ?

- Oui, mais ça va être dur, ils habitent juste à côté de chez nous, j'ai répondu.

- Eh bien, essaye au moins, d'accord ? m'ont-ils supplié.

- D'accord, maman, papa. Je vais essayer. »

Quand je suis arrivé à la maison, je suis allé dans ma chambre, j'ai regardé tout autour de moi et me suis amusé avec mes jouets. Cela m'avait manqué d'être là. Je ne pouvais pas croire à tous les ennuis que j'avais eu ces derniers temps. Je suis montée sur mon lit après avoir joué pendant un petit moment et j'ai pensé à ce que j'allais faire car je ne pouvais pas aller à l'école. Maman m'a appelé pour venir manger et m'a demandé ce que je comptais faire.

« - Eh bien, maman, c'est seulement pendant environ un mois, donc ça devrait aller si je reste à la maison. Je vais regarder la télévision et travailler un peu ici.

- D'accord, Anthony, ça me paraît bien. »

Quand je me suis réveillé le lendemain, j'ai pris mon petit-déjeuner, j'ai regardé des dessins animés un petit moment et j'ai pensé à ce que j'allais faire aujourd'hui. J'aurais aimé pouvoir aller au centre commercial et jouer dans l'arcade. Malheureusement, je n'ai pas été autorisé à entrer dans le centre commercial en raison des problèmes que j'y avais rencontrés dans le passé. Je ne pouvais même pas y aller au cinéma. Je ne pense pas que j'aurais pu être plus ennuyé qu'à ce moment-là. Tout ça, ça craint ! Je pense que je peux aller au parc et jouer sur les balançoires et les manèges. J'ai pris mes affaires et j'ai marché jusqu'au parc.

J'ai pensé appeler Daisy pour qu'on se voit, mais elle était à l'école et je ne savais toujours pas ce qu'elle ressentait pour moi. Je suis resté dans le parc jusqu'à midi environ, puis je suis rentré à pied. J'espérais que je ne verrais pas ces gars-là sur le chemin du retour parce qu'ils prenaient le même chemin pour revenir du lycée. J'ai réussi à revenir sans voir personne. J'ai regardé la télévision. A quatorze heures, j'appellerai pour voir si Daisy était à la maison. J'ai fait une petite sieste jusqu'à l'heure où j'avais décidé d'appeler

Daisy. Sa maman a répondu et a demandé :

« - Qui est à l'appareil ?

- Je suis Anthony.

- Celui qui a été arrêté dans le parc il y a quelque temps ?

- Oui m'dame.

- Eh bien, Daisy n'est pas amie avec des criminels. Je te prierai de ne pas rappeler ici. » Elle a violemment raccroché le téléphone et la ligne a coupé.

Eh bien, cela ne s'est pas passé comme je m'y attendais. Je sentais que les choses s'effondraient à nouveau. Vous devez vous demander, comment se fait-il qu'un enfant de mon âge puisse avoir tant de malchance ? J'aurais souhaité pouvoir répondre, mais je ne savais pas trop ce que j'avais fait pour mériter ces conneries.

Je suis retourné dehors et j'ai vu les gars remonter la rue.

« - Hé, Holden, quoi de neuf ? On a entendu que tu as été expulsé de l'école. Que comptes-tu faire maintenant ?

- Traîner à la maison, je suppose. Peut-être étudier ce que je peux pour me préparer pour le lycée en septembre.

- Tu penses jouer au football ? Ils ont demandé.

- Oui, très probablement. Du moins je l'espère. C'est quand l'inscription pour le football ? ai-je demandé à Rick.

- En août, je crois et le concours semaine de l'enfer est la première semaine de septembre.

- Je vous verrai plus tard. Je vais monter maintenant, j'ai dit.

- D'accord on se voit plus tard. » ont-ils dit avant de partir.

Je ne voulais pas leur dire que je ne pouvais plus leur parler, car cela pourrait les énerver. Je n'avais besoin d'aucune de leurs bêtises. J'espérais qu'après m'être fait arrêter, ils pourraient m'accorder une pause.

Je pense que je vais regarder la télévision jusqu'à ce que mes parents rentrent à la maison.

« - Salut, Anthony, comment s'est passée ta journée ?

- C'était bien, maman.

- Qu'as-tu fait de ta journée ?

- Je suis juste resté dans le coin et je me suis assis un peu dehors.
- As-tu revu ces garçons ?
- Oui maman.
- Ils t'ont parlé ?
- Oui, juste quelques minutes. Maman, je pourrai jouer au football quand j'entrerai au lycée ?
- Bien sûr, si tu as de bonnes notes, ça devrait aller. Je dois t'emmener au lycée pour t'y inscrire en août, alors tu pourras te renseigner sur le football. »

Chapitre 22

Ce soir-là, j'ai demandé la permission d'aller au parc pour assister à un match de baseball. Je n'avais plus le droit de jouer à cause de ce qui s'était passé avec tout le truc du pistolet. Mais j'aimais toujours regarder des matchs. Je rêvais d'être sur le monticule, de lancer comme je le faisais avant que les choses ne dégénèrent. J'espérais que j'aurai l'occasion d'être lanceur en entrant au lycée.

Après avoir dîné, alors que je marchais vers le parc pour aller voir les matchs, je rencontrais Daisy et ses amis. Elle m'a ignoré et est allée de l'autre côté du parc, loin de moi. C'était un coup de pied dans le cul. Elle aurait au moins pu dire bonjour.

Je me suis assis au bout des gradins, pour assister au match et j'ai eu besoin d'un verre, alors je suis allé au snack-bar et j'ai acheté un coca et du pop-corn. Ils avaient toujours du pop-corn à ces jeux. C'était plutôt bien, mais ils n'y mettaient pas de beurre. C'était quand même bien. Je suis retourné dans ma partie des gradins et j'ai continué à regarder le match. Je me sentais incroyablement mis à l'écart, j'avais l'impression que personne ne voulait de moi ici, alors je me suis allé vers les balançoires et je me suis assis, avec toujours une bonne vue sur le terrain. Me sentir comme un paria à mon âge n'était pas mentalement stimulant, à mon avis.

Vers la mi-temps, j'ai vu la bande marcher vers moi. Frank m'a demandé :

« - Combien d'argent t'as sur toi, Anthony ? et ne mens pas ou tu te prends un coup en pleine gueule.

- J'ai quelques dollars. Pourquoi tu me demandes ça ?

- Parce que je veux manger quelque chose. Donne-le-moi ! »

Les trois autres commençaient à s'approcher :

« - Tu l'as entendu, donne-lui.

- Très bien, voilà. Maintenant, partez et laissez-moi tranquille. »

Quand ils se sont éloignés, j'ai juste regardé le sol et je me suis dit, nous y revoilà.

Après la fin du match, je rentrais à la maison, pour me retrouver, encore une fois, avec Frank sur le dos.

« - Samedi, il y a une pelouse que tu dois tondre pour moi. Mais rappelle-toi, quand ils te paieront, tu me donnes le fric. Sois chez moi demain à neuf heures du matin. Tu as compris ?

- Ouais je comprends. »

Samedi matin, j'ai dit à papa que j'allais jouer quelques heures au parc.

« - D'accord, fiston, sois de retour à la maison pour le déjeuner.

- D'accord, papa. »

J'ai marché jusqu'à la maison de Frank. Il vivait dans la rue. Quand je suis arrivé à la porte, j'ai frappé. Sa maman a répondu.

« - Frank est ici ?

- Oui, juste une minute. Franck ! Anthony est là.

- Maman, Anthony et moi allons tondre une pelouse. Cela ne devrait prendre qu'une heure.

- N'oublie pas, Frank, de donner à Anthony sa part de l'argent.

- Bien sûr, maman. » répondit Frank.

Quand nous sommes repartis, Frank a dit : « Dis le moindre mot et tu es mort ! Ce que nous allons faire, c'est que quand tu seras arrivé, tu vas tondre la pelouse pendant que moi, je serai avec Linda. »

Arrivés à la maison, j'ai démarré la tondeuse à gazon et je me suis mis au travail. La dame est sortie et m'a demandé si je voulais de la limonade.

« Je veux bien, Madame, ce serait bien. »

Ma limonade terminée, je me suis attaqué aux bords de la pelouse. C'était plutôt bien, je dois dire. Une fois mon travail terminé, la dame m'a donné cinq dollars et j'ai attendu Frank au coin de la rue. Il est arrivé en marchant aux côtés de Linda. Ils se tenaient la main. C'est mignon. A vomir ! Si vous les aviez vus, vous auriez été aussi dégoûtés que moi. J'ai remis l'argent à Frank, et nous sommes tous retournés chez lui.

J'étais tout en sueur, donc ce connard a dégoté un tuyau d'arrosage pour faire croire à une dure journée de travail et s'est aussi sali un peu les mains, puis nous avons continué notre chemin.

Ce que ce salop était prêt à faire …

Lorsque nous sommes arrivés à la maison, la mère de Frank a ouvert la porte et a dit : « On dirait que vous avez eu une grosse journée. Allez-vous nettoyez un peu, pendant que je vous sers des cocas. »

Nous sommes allés dans la salle de bain pendant que Linda était assise sur le canapé.

« - Écoute, quand tu auras fini, j'ai besoin que tu partes.

- Et le coca ?

- Oublie ça. Dis à maman que tu dois rentrer chez toi et pas un mot sur l'argent, sinon… »

Quand nous sommes sortis de la salle de bain, sa maman a dit :

« - Voilà, Anthony.

- Oh, non, merci, madame. Je dois rentrer à la maison pour le déjeuner, mais merci.

- Frank t'a-t-il donné ton argent ? »

Frank m'a regardé d'un air méchant et j'ai dit :

« - Oui, madame, il m'a donné ma part.

- Frank, tu es un si bon garçon, à partager avec Anthony. »

J'ai cru que j'allais exploser. J'ai juste souri et je suis rentré chez moi.

Avant le déjeuner, maman m'a demandé :

« - Comment était le parc ?

- Je me suis beaucoup amusé, maman. J'ai passé un bon moment sur les balançoires.

- C'est bien. Maintenant, va te laver les mains et viens manger. »

J'ai pensé à appeler Cherry parce qu'elle devait être chez elle à ce moment-là. Je voulais lui dire que j'étais revenu chez moi. J'ai pris le téléphone et composé son numéro.

« - Bonjour ?

- Salut, Cherry.

- Qui est-ce ?

- C'est Anthony, dis-je en riant.

- Anthony, comment vas-tu ? Qu'est-ce que tu deviens ?

154

\- Eh bien, Cherry, je me suis fait prendre et j'ai été renvoyé au centre de détention pour mineurs quelques jours, mais j'ai été libéré. Je suis à la maison maintenant. Comment vas-tu ?

\- Je vais bien, merci, répondit-elle.

\- Écoute, Cherry. Je veux te rembourser quand j'aurai l'argent.

\- Ah, ne t'en fais pas, Anthony. J'étais heureuse de t'aider.

\- Eh bien, je voulais juste te faire savoir comment j'allais. Peut-être qu'un jour je pourrai revenir et te rendre visite. »

\- Ce serait génial. Tu sais où je travaille.

\- Ok, au revoir. »

Après avoir raccroché, je suis allé voir papa, il avait quelque chose à me dire.

« - Hé, Anthony, je parlais au gars qui gère le grand immeuble au coin. Il a dit qu'il avait besoin de quelqu'un pour balayer tous les abris d'auto et qu'il paierait vingt dollars.

\- C'est une bonne idée, papa. Quand en a-t-il besoin ?

\- Demain. Si tu veux le faire, je vais l'appeler pour lui faire savoir que tu es intéressé.

\- D'accord, merci beaucoup. Cet argent pourrait me servir. »

Dimanche, je me suis levé et suis allé voir l'homme pour balayer ses abris de voiture. Merde, il y a Frank. Merde !

« - Où tu vas comme ça, Anthony ? a-t-il demandé avec méfiance.

\- Je dois rendre visite à un type pour papa. Il avait besoin de moi pour l'aider, pour nettoyer les abris de ses bagnoles.

\- Je viens avec toi.

\- Non, ça va, ça ne prendra pas longtemps.

\- J'ai dit que je venais, crétin. Ça te pose un problème que je vienne avec toi ? cria-t-il.

\- Non, pas du tout, Frank.

\- D'accord, alors tais-toi et allons-y.

\- Bonjour Monsieur. Mon père m'a dit que vous aviez besoin d'aide pour les abris auto.

\- Oh, tu es Anthony.

\- Oui c'est ça.

- Qui est ton ami ?
- Son nom est Frank.
- Bonjour, je suis M. Johnson. J'ai besoin que les abris soient balayés.

Donc, là-bas, vous trouverez les balais, la pelle à poussière et les poubelles. Apportez les poubelles ici, vous n'avez donc pas besoin d'aller aussi loin pour jeter les débris. Commencez par cette extrémité et nettoyez toutes les feuilles et les saletés jusqu'à l'autre extrémité, ramassez toutes les ordures et mettez-les dans les poubelles. Une fois terminé, je vous donnerai dix dollars chacun. Je pensais que ça ne serait que toi, Anthony, c'est pourquoi je le partage maintenant entre toi et ton ami. Je vous verrai quand vous aurez terminé votre travail pour vous remettre votre salaire. »

Je me suis retourné et m'avançais vers les balais quand Frank a dit : « C'est pour ça que tu ne voulais pas que je vienne, pour que tu puisses garder tout l'argent ? » Avant que je puisse répondre, il m'a frappé dans l'œil. « Maintenant, mettons-nous au travail. Il va bientôt revenir. S'il demande ce que tu as à l'œil, dis-lui que tu es tombé sur le poteau. »

Une fois terminé, M. Johnson est revenu et a dit :

« Wow, bon travail, les garçons. Voici votre argent, dix dollars chacun. Anthony, qu'est-il arrivé à ton œil ?
- Oh, je ne faisais pas attention et je suis tombé sur ce poteau, là.
- Tu devrais être plus prudent, jeune homme, commenta l'homme.
- Merci, monsieur Johnson. J'aurais dû être plus prudent. »

Une fois parti, Frank a pris les dix dollars et a dit :

« Si tes parents te demandent ce qui t'est arrivé, dis-leur qu'un gang t'a sauté dessus quand tu quittais l'abri d'auto. La prochaine fois, ne pense pas à me résister. »

Je rentrais chez moi, bouleversé d'avoir fait tout ce travail pour rien. Pour aggraver les choses, j'avais peur de dire à papa ce qui s'était passé. Arrivé dans ma rue, papa lavait la voiture. Quand il m'a vu, il a couru vers moi et a demandé :

« - Qu'est-ce qui t'est arrivé ?

- Je quittais le parking après avoir fini de travailler et quelqu'un m'a sauté dessus. Ils ont pris tout l'argent que j'avais sur moi. J'ai fait tout ce travail pour rien, papa. Ils ont pris tout mon argent et m'ont frappé.

- Mettons de la glace sur cet œil. Tu vas sans doute avoir un œil au beurre noir. »

Quand nous sommes montés à l'étage, papa m'a apporté de la glace et je me suis allongé sur le canapé avec le sac de glace sur l'œil. Tory est venu vers moi et a demandé :

« - Qu'est-ce que tu as encore fait ?

- Un groupe de garçons m'a agressé au coin de la rue et a pris mon argent, ai-je expliqué.

- Wow, c'est terrible. Au moins, ils n'ont pas fait plus de dégâts qu'un œil au beurre noir. Qu'est-ce que tu regardes ?

- Je vais regarder des dessins animés. J'aime bien Bugs Bunny, il se sort toujours des mauvaises situations.

- Eh bien, Anthony, tu n'es pas Bugs Bunny, alors essaye d'éviter les problèmes.

- Marie, à t'écouter, c'est moi qui cherche les ennuis à chaque fois que je sors.

- Ce n'est pas ça, mais ce sont les problèmes qui te trouvent.

- Eh bien, comme je l'ai dit, je ne cherche pas d'ennuis. »

Je suis resté à la maison tout le reste de l'après-midi. J'étais tellement déçu de perdre cet argent au profit de Frank. J'avais travaillé très dur pour gagner ces dix dollars.

En regardant ces dessins animés, j'ai réussi à m'endormir. J'ai rêvé du centre pour mineurs et je réfléchissais à la raison qui avait poussé ce garçon à prendre mes céréales. Puis j'ai été transporté jusqu'à la nuit où j'ai été arrêtée pour la première fois et je voyais Daisy secouer la tête en disant :

« - Qu'as-tu fait cette fois-ci ?

- Ce n'était pas ma faute, Daisy. »

Maintenant, au lieu d'être dans la voiture de police, je me tenais devant elle, racontant toute l'histoire, comment Frank m'avait fait entrer dans cette maison et prendre le sac. Comment je le lui avais donné sans regarder à l'intérieur. « Tu ne savais pas qu'il y avait une arme à feu à l'intérieur du sac ? »

Non, je ne le savais pas. Si je l'avais su, je ne l'aurais jamais pris en premier lieu.

Chapitre 23

Puis mon rêve est remonté encore plus loin en arrière, au moment où j'attendais Daisy près du snack-bar. Je regardais la rue et la voyant venir, j'avançais à sa rencontre. Nous sommes retournés au snack-bar ensemble, avons acheté deux cocas et du pop-corn, nous sommes assis sur les gradins et avons regardé le match.

Je me suis réveillé et je me suis mis à pleurer, car je savais combien l'issue avait été différente.

J'ai caché mon visage dans l'oreiller et j'ai pensé à tout ce qui m'était arrivé jusqu'alors. J'ai essayé de donner un sens à tout cela, depuis tous les coups que j'avais pris jusqu'à mon enfermement dans un établissement pour mineurs. C'était extraordinaire que j'aie pu avoir autant de problèmes en si peu de temps.

Je me remémorais notre vie dans la vallée de Simi, tout le plaisir que j'avais à explorer les environs avec des amis. Il y avait un endroit près de l'autoroute, plein d'immenses formations rocheuses où j'allais faire du vélo. Je grimpais sur les rochers avec des amis du quartier. Aucun des amis que j'avais eu là-bas ne m'a jamais traité comme ceux que j'avais rencontrés à Hawthorne. J'avais du mal à comprendre la raison qui pouvait bien justifier ma situation, mais toute réflexion me plongeait encore plus dans la confusion.

Dimanche après-midi, les gars sont venus frapper à ma porte et m'ont demandé si je voulais aller faire du vélo à la plage et jouer sur les planches de bodyboard.

« - Bien sûr, les gars, ça a l'air amusant. Laissez-moi juste demander à mes parents.

- Pourquoi tu demandes la permission à tes parents à chaque fois que qu'on t'invite à faire quelque chose avec nous ?

- Sans raison particulière. Ils aiment savoir où je vais et ce que je compte faire. Je n'ai que douze ans.

- D'accord, vas-y et demande à tes parents si tu peux aller à la plage.

- Maman, je peux aller faire du vélo à la plage avec les gars ?

-   D'accord, Anthony, mais s'il te plait, pas d'ennuis. Tu es en probation, tu ne peux plus de permettre d'enfreindre la loi. Encore une chose, pourquoi est-ce que tu leur parles encore ?»

-   Ça va, maman. C'était juste un malentendu, ils ne sont pas mauvais du tout, ai-je expliqué.

-   Comme je te l'ai dit, pas d'ennuis.

-   D'accord, maman, je n'aurai aucun problème. »

Nous avions commencé à descendre la rue quand l'un des gars a remarqué une voiture vide dont le moteur tournait.

« - Hé, les gars, matez-moi ça. Anthony, regarde à l'intérieur et dis-moi ce que tu vois.

-   Je ne pense pas que ce soit une bonne idée.

-   Qu'est-ce que je t'ai dit de faire ? Regarde maintenant, sinon tu vas voir ! » dit Frank.

Je suis allé à la fenêtre et j'ai vu un sac à main à l'intérieur. J'ai pensé à ce sac avec le pistolet alors je me suis éloigné et j'ai dit : « Il n'y a rien dans la voiture. »

Frank a dit : « Je ne te crois pas. Il vaut mieux qu'il n'y ait rien dans cette voiture, sinon je te casse la gueule. »

Il est allé à la fenêtre, a vu le sac à main et a dit :

« - Anthony, sors-moi le portefeuille de ce sac à main.

-   Je ne peux pas. Je vais avoir des ennuis. »

Il m'a frappé à la bouche et a dit : « Fais-le, maintenant. »

J'ai marché jusqu'à la voiture, j'ai ouvert la portière, j'ai fouillé dans le sac à main et j'ai soutiré le portefeuille. Je l'ai apporté à Frank, et il en a retiré ce qui semblait être un million de dollars. Il s'est avéré qu'il n'y en avait que six cents. Il m'a rendu le portefeuille et m'a dit : « Reprends-ça et remets-le dans le sac. »

J'y suis retourné et j'ai réussi à le remettre sans me faire prendre. Alors que je me retournais vers les gars, ils se disaient entre eux :

« - Bon travail, voleur. D'accord, répartissons l'argent. Six cents dollars divisés par quatre, ça fait cent cinquante dollars chacun.

-   Frank, et moi ?

-   Et toi, voleur ?

-       Je n'ai pas la moindre petite coupure, alors que c'est moi qui ai sorti le portefeuille du sac ?

-       La seule chose que tu vas avoir, c'est ta gueule cassée pour ne pas m'avoir écouté en premier lieu. » Il m'a frappé au même œil que la dernière fois et a dit : « Reste tranquille. Nous allons au centre commercial pour acheter des vêtements.

-       Et la plage ?

-       Changement de plans, débile. Fais ce que tu veux, tant que ce n'est pas avec nous. »

Après leur départ, je me suis relevé, j'ai pris mon vélo et je suis allé au parc. Une fois arrivé là-bas, j'ai déposé le vélo, je suis allé dans le bac à sable et j'ai joué sur les balançoires. J'ai dû faire des va-et-vient pendant quelques heures avant de me diriger vers un banc et de m'allonger là, en regardant le ciel.

Pourquoi diable cette merde m'arrive-t-elle ? Je me suis levé et suis allé aux toilettes pour regarder mon œil. La bonne nouvelle était que ce n'était pas différent. Toujours la même nuance de noir et de bleu.

En sortant de la salle de bain, j'ai remarqué que mon vélo avait disparu. Qu'est-ce qui se passe ici ? Quel salopard prendrait mon vélo ? Je suis rentré à la maison à pieds, papa et maman se dirigeaient vers la voiture.

« - Anthony, où est ton vélo ?

-       Quelqu'un l'a volé pendant que nous étions à la plage. »
Je vous avais dit que j'étais un super menteur.

« - Comment as-t fait pour rentrer ?

-       Le frère aîné de Fred était là et m'a déposé dans le coin. J'ai marché le reste du chemin.

-       Monte dans la voiture, tu peux venir au magasin avec nous.

-       Ok maman. »

Sur le chemin du magasin, la voiture était arrêtée à un feu rouge, et papa m'a regardé sur le siège arrière. Il n'était pas content du tout et a dit, avec un regard coléreux :

« - Anthony, si tu ne te reprends pas, on va t'envoyer dans une école militaire. Je me lasse de ces fichus problèmes que tu rencontres tout le temps. Tout d'abord, ton skate est écrasé. Ensuite, on te vole ton vélo. Sans parler de tes ennuis avec la loi. Si ça continue comme ça, jeune homme, tu iras dans cette école. Je ne plaisante pas, tu ferais mieux de te reprendre en mains !

- Oui papa. Je ferai de mon mieux pour ne pas avoir d'ennuis. »
Au magasin, je suis allé à la section des glaces et j'ai attrapé un gros pot de crème glacée au chocolat et je l'ai apporté à maman :

« - Maman, je peux avoir ça ?

- D'accord, Anthony, mais seulement la glace. Pas de biscuits, de craquelins ou de bonbons. »

Sur le chemin du retour, papa était très calme. Je pense qu'il était énervé par le vol du vélo, qui n'était pas si vieux. Je ne l'avais que depuis environ trois mois.

Arrivés à la maison, j'ai attrapé un bol, je me suis servi un peu de glace et je suis allé dans ma chambre pour la manger en écoutant quelques disques.

Tori est venue avec Marie, elle s'est assise près de moi et m'a demandé ce qui m'arrivait. Elles craignaient que je n'aie trop de problèmes.

« - Anthony, que se passe-t-il ? Tu n'avais jamais autant de problèmes dans l'ancienne maison. Est-ce que ce sont ces garçons avec qui tu traînes tout le temps ?

- Non, les filles, ce n'est pas ça. »
Merde, je mentais même à mes sœurs.

Tori s'est fâchée, m'a traité menteur et est allée dans sa chambre pour bouder sur son lit. Je suppose qu'elle était inquiète pour moi. Je suis allé auprès d'elle et j'ai dit : « Allez, Tori, ne fais pas la tête.» Elle a caché son visage dans l'oreiller et a répondu : « Laisse-moi tranquille. Tu mens. Je sais que ces gars sont la raison de tous tes problèmes.

- Allez, Tori, ne commence pas à mettre ces idées dans la tête. Dire des trucs comme ça va inquiéter papa et maman. »
Une chose à savoir propos de Tori, c'est qu'elle est têtue. Une fois

qu'elle a une idée en tête, c'est tout ce qu'elle croit. Comme elle ne voulait pas lever la tête de son oreiller, je suis sorti et je suis retourné dans ma chambre, espérant que papa et maman ne l'entendraient pas parler de ces gars-là.

Après environ une heure, j'y suis retourné pour essayer de lui parler à nouveau. Cette fois, l'oreiller était loin d'elle, alors je me suis assis à ses côtés et j'ai parlé de la bande. J'ai essayé de la rassurer, lui disant que les gars n'avaient rien à voir avec les problèmes que j'avais. Je le devais. Si je lui avais dit la vérité, elle aurait sûrement tout répété à papa et maman. Enfin, après avoir assuré à Tori qu'ils n'étaient pas la cause de ma malchance continuelle, je suis retourné dans ma chambre.

Ce soir-là, les gars sont venus nous rendre visite. Papa les a laissés entrer et m'a appelé dans le salon. En sortant de ma chambre, j'ai entendu papa leur dire que mon vélo avait été volé cet après-midi alors que nous étions à la plage.

Les gars ont joué le jeu et ont dit :

« - Oui, nous sommes au courant, c'est dommage. La plage était bondée, et il y avait beaucoup de gangs dans le coin, qui s'intéressent aux vélos.

-       Hé, Anthony, on t'aidera à chercher ton vélo si tu veux. »

Ces gars vont me rendre malade avec leur vaine tentative de de se donner une bonne image devant mon père.

-       Tu as de bons amis, n'est-ce pas Anthony ? C'est un très beau geste de votre part, de lui offrir votre assistance. »

Où est le sac, je vais vomir.

« - Oh, oui, papa. C'est certainement très généreux de leur part de m'offrir leur aide pour retrouver mon vélo.

-       On pourrait regarder demain, si tu veux, sur le chemin de l'école.

-       Bien sûr, les gars, ce serait génial, merci. »

Je trouvais ça amusant de rentrer dans le jeu de ces enfoirés.

« - D'accord, les gars, il se fait tard, et Anthony doit se coucher. J'apprécie votre aide pour le vélo.

- Aucun problème monsieur. C'est le moins que nous puissions faire pour notre ami. »

Oh Seigneur, je vais me sentir mal !

« - A plus les gars. Soyez prudents et merci.
- Au revoir, monsieur. À bientôt, Anthony.
- D'accord, il est temps d'aller au lit, Anthony, a dit papa.
- Bonne nuit papa.
- Peut-être que je me trompais sur les amis d'Anthony » a ajouté maman.

Et merde, on aura tout entendu. Donnez-moi juste le temps de trouver un nœud coulant, afin que je puisse me pendre. Je me suis levé et suis allé dans la salle de bain, secouant la tête, pensant que cette situation était en train de devenir vraiment problématique. Maintenant, mes parents pensent que ces petits trolls sont de bons gars. Cela me paraît évident, ils ont fait en sorte que mon vélo disparaisse. Ça ne m'étonnerait pas de la part de ces petits démons. Qui d'autre savait que j'allais au parc ? Pourquoi quelqu'un m'identifierait, pour ensuite attendre de voir ce que je ferais avant de voler mon vélo ? Je sais, pensée paranoïaque pour un petit enfant.

Avant de m'endormir, maman est venue en courant avec une lettre de l'école et a dit :

« - Encore une chose, Anthony.
- Qu'est-ce que c'est, maman ?
- Tu retournes à l'école pour terminer ta huitième année. Tu commences demain. Génial, non ?!
- Ça c'est sûr, maman. »

Chapitre 24

Allongé sur le lit, j'ai pu entendre mon père parler à maman de ces belettes et de la façon dont elles m'avaient proposé de trouver mon vélo. Le lendemain matin, sur le chemin de l'école, j'ai fait comme d'habitude, faire avancer un journal à coups de pied. Parce que mon vélo n'était plus en ma possession, parce que certains idiots l'ont volé.

Alors que je faisais avancer mon journal, un gars de ma classe à l'école m'a rejoint en courant pour marcher avec moi et a demandé si je pouvais faire ses devoirs de mathématiques parce qu'il n'en avait pas eu le temps la veille et ne comprenait pas les questions.

« - Avec tout ce qui ce passe dans ma vie en ce moment, tu veux que je fasse tes devoirs parce que tu n'as pas suivi les instructions que le professeur t'a données vendredi ?

- Oui c'est correct.

- Merde, John. On en reparlera quand nous arriverons à l'école. Tu rends compte que je n'ai pas été là pendant plusieurs semaines, non ?

- Ouais, j'ai entendu que tu avais eu des problèmes.

- Nous ne pouvons pas exactement faire tes exercices ici.

- D'accord. Merci, Anthony. »

Quand je suis enfin arrivé à l'école, je me suis mis en ligne à la cafétéria pour prendre du fromage. Une amie de Linda est venue me voir pour me dire qu'elle me cherchait. J'ai demandé :

« - Pourquoi ?

- Je ne sais pas, répondit-t-elle.

- D'accord, laisse-moi prendre mon fromage. Je serai sur les bancs là-bas, ai-je dit à l'amie de Linda.

- D'accord, je vais lui dire où tu seras. »

Il semblait que Linda voulait me parler pour une raison quelconque.

« - Salut, Anthony. Je voulais te dire que Frank et moi avons rompu, et j'espérais que nous pourrions recommencer à nous parler.

- Je ne sais pas, Linda. Pouvons-nous en parler plus tard ?

-        Bien sûr, Anthony. »

Je m'avançais vers la classe quand un gars est venu vers moi et m'a dit : « - Je vais dire à Frank que tu parlais à sa petite amie.

-        Génial, c'est tout ce dont j'ai besoin en ce moment. Va te faire foutre, Judas. »

Je suis allé à mon cours d'anglais et, après la pause, je devais aider John à faire ses devoirs de mathématiques.

Quand la cloche a sonné, je suis allé sur les bancs pour attendre John. Nous devions faire trente questions en quinze minutes car, juste après, nous avions le cours de mathématiques.

« Hé, John, commençons. On a intérêt de se dépêcher si on veut y arriver. Laisse-moi t'expliquer comment résoudre ces problèmes. » Après avoir fini de lui expliquer le processus de résolution des problèmes, il s'est mis à travailler. Il n'y avait aucun moyen que je le fasse pour lui.

Qu'est-ce qui n'allait pas chez lui ? Pourquoi pensait-il que je ferais ses devoirs pour lui ? Je me demandais pourquoi les enfants que je rencontrais choisissaient toujours de profiter de moi. Pendant le cours de mathématiques, j'ai été appelé au tableau pour résoudre les problèmes qui y étaient inscrits. Ils étaient trop faciles. Quand j'ai eu fini, je suis retourné à ma place et j'ai commencé à travailler sur les problèmes qui nous ont été attribués.

Quand la cloche a sonné, je suis partie et me suis mis en route pour la maison. J'étais affamé. Je ne pensais qu'à dîner.

Juste au moment où je pensais que les choses ne pouvaient pas empirer, j'ai vu la bande s'avancer vers moi.

« - Quoi de neuf les gars ?

-        On ne fait que traîner un peu, on discute de ce qu'on va faire cet après-midi. Nous pensions aller dans cet autre centre commercial, sortir un peu et regarder autour de nous, pour voir si on peut rencontrer des filles.

-        Cela semble amusant mais, malheureusement, je ne peux pas venir.

-        On n'était pas en train de te demander si tu voulais venir. Parce

166

que tu viens.

\- Je devrais d'abord demander à mes parents, à cause de la probation,

je dois toujours leur dire où je suis. Ils seront à la maison dans environ une heure.

\- Ne t'en fais pas, on sera revenu avant.

\- Je suis désolé, les gars, je ne peux pas y aller. Je ne veux pas retourner en prison. »

Frank m'a regardé et m'a dit : « Tu es sûr ? » Avant de pouvoir répondre, il m'a frappé à la bouche et a dit : « Cela te coûtera vingt dollars, tête de cul. »

Quand ils sont partis, je suis allé à l'étage, ne sachant pas comment j'étais censé obtenir ces putain de vingt dollars. Je le jure, ma malchance n'aurait pas pu empirer. Je ne vais pas pouvoir obtenir cet argent, donc je suppose que ça va être une longue semaine.

A l'étage, j'ai commencé mes devoirs. J'avais du mal à me concentrer sur ce que je devais faire, je m'inquiétais pour l'argent. Je pourrais dire à Frank que je ne pouvais pas l'obtenir et croiser les doigts. Mais, connaissant ce type, il supporterait mal de ne pas obtenir ce qu'il veut. Quand je le croiserai à nouveau, je me suis dit que je lui dirai : « Je ne peux pas te donner l'argent. » Je suis sûr que ça ira comme sur des roulettes avec cet idiot. Je me suis réveillé le lendemain vers six heures et demie, pour pouvoir prendre mon petit-déjeuner et me rendre à l'école tôt. Je voulais éviter de voir Frank dans la rue.

Ça s'est bien passé, j'ai réussi à aller à l'école, sans surprise sur le chemin. Je me disais qu'aujourd'hui allait être une bonne journée. Mais ne parlons pas trop vite. Après tout, je n'ai pas passé une bonne journée depuis longtemps. Je suis déjà content du fait que ces quatre-là ne fréquentent plus mon école. Mais l'année prochaine je serai au lycée, dans la même école que mes bourreaux. Cela va sans aucun doute être un nouveau problème. Je dois m'assurer de n'avoir de cours avec aucun d'entre eux.

Linda est venue vers moi et m'a demandé si j'avais pensé à ce qu'elle avait dit. Je lui ai dit : « Pas vraiment, j'ai beaucoup d'autres choses en tête. » Elle baissa les yeux et s'éloigna. Je commençais à penser qu'elle s'en voulait peut-être d'avoir écouté ce génie Frank et sa bande de démons.

« - J'ai tout vu, Anthony. Je vais dire à Frank que tu lui parles à nouveau.

- Écoute, crétin, je m'en fous de ce que tu fais ou à qui tu parles. Maintenant, barre-toi. »

En revenant de l'école, tapant dans un journal, comme je le faisais toujours, je suis tombé sur ce crétin, qui parlait à Frank. Il m'a regardé en passant et a dit : « Je t'ai dit ce que j'allais faire. Qu'est-ce que tu m'as répondu déjà ? Que tu n'en avais rien à foutre. »

Frank m'a regardé, s'est retourné, puis m'a immédiatement frappé à la mâchoire et a dit : « Je t'ai dit de ne pas parler à Linda ! Tu t'en fous maintenant, p'tite bite ? Que je n'entende pas dire que tu lui parles à nouveau, ou c'est ce qui va continuer d'arriver. Tim, assure-toi de me dire s'il parle à Linda.

- Bien sûr, Frank. Je ferai de ce que tu dis, répondit Tim.

- Hé, Tim, voici quelques dollars.

- Sensationnel. Merci, Frank.

Maintenant, j'avais tout vu. J'allais commencer à être surveillé par des Judas qui voulaient lécher le cul de Frank. Juste magnifique !

« Hé, Tim, j'ai un nouveau nom pour toi. C'est Judas ! Tu ferais mieux de rester loin de moi, Tim.

- Pourquoi es-tu si rancunier, Anthony ?

- Pourquoi suis-je si rancunier ? Tu te fous de moi ? Linda n'est même plus sa petite amie. Tout ce que tu fais me cause encore plus de problèmes et je n'en ai pas besoin. Tim, s'il te plait, reste loin de moi. Je dois y aller maintenant ! »

Quand je suis rentrée à la maison, maman a vu ma mâchoire et a demandé ce qui s'était passé.

Quel mensonge pourrais-je trouver cette fois ?

« - Oh, maman, je jouais, et le ballon est passé près de moi et m'a

168

frappé à la mâchoire. » Cela sonnait bien. Maman a acheté le mensonge. Et je me mets en chemin pour ma chambre, m'allonger avec un sac de glace...

Est-ce que j'étais dans la fichue Quatrième Dimension ? Cela était-il possible ? La Quatrième dimension existait-elle ? La raison pour laquelle je dis cela, c'est que la merde qui m'arrivait était tellement délirante que ça me rendait dingue.

Je suis fatigué. J'ai besoin de me reposer un peu, puis j'irai dans le salon, passer un peu de temps avec la famille. J'avais l'impression d'avoir dormi pendant des heures, mais ce n'était que trente minutes. Merde, je ne suis plus fatigué. Maintenant, qu'est-ce que je peux bien faire ? Je m'ennuie tellement que je ne peux pas le supporter. Je ne veux pas sortir à cause des quatre ombres qui semblent toujours rôder autour de moi. Rien de bien à la télévision si tôt dans la journée. Il ne me reste plus qu'à aller parler à mes sœurs.

Hé les filles, que faites-vous ? Rien, Anthony, on joue juste avec nos poupées. Tu veux jouer ?

Merci, Tori, mais je ne pense pas. Je vais retourner dans ma chambre et lire un livre ou quelque chose. J'ai passé environ une heure là-dedans, à lire des magazines quand j'ai entendu un caillou frapper la fenêtre.

C'était Frank, Fred, Rick et Mark.

« - Qu'est-ce que vous voulez ?

- Dépêche-toi, viens ici. On veut te montrer quelque chose. » dit Fred avec un sourire narquois.

« - Attends une minute.

- D'accord, mais dépêche-toi.

- Qu'est-ce que tu veux me montrer ?

- Suis-nous, c'est au coin de la rue. Regarde cette voiture verte.

- D'accord, je la regarde.

- Non, imbécile. Regarde à l'intérieur.

- D'accord, les clés sont dans le contact.

- Exactement, tête de cul. Ouvre la porte et prends-les. Nous allons utiliser cette voiture vendredi soir.

- Comment ça," nous " ?
- Comme tu l'entends. Tu vas nous conduire à une fête vendredi soir et venir nous chercher, dit Rick.
- Vous savez ce qui m'arrivera si je me fais prendre ?
- Anthony, quand vas-tu comprendre ? On s'en fout de ce qui peut t'arriver. Garde ces clés et retrouve-nous ici vendredi soir. Et tu ferais mieux de ne pas décider de nous faire faux bond, sinon. »

Je suis retourné au coin de la rue avec les gars et j'avais commencé à monter à l'étage quand ils ont tous dit : « A vendredi soir, Anthony. » Je les ai ignorés et j'ai continué à monter les escaliers.

Je n'avais plus vraiment envie de regarder la télévision, alors je suis allé dans la chambre pour dormir.

Le matin, je me suis réveillé à l'heure habituelle pour prendre mon petit-déjeuner et me préparer pour l'école. Pendant que je me brossais les dents, j'ai entendu des quintes de toux écœurantes venant d'en bas. Merde, l'oncle de Rick devrait vraiment se faire examiner par un médecin. C'était vraiment dégoûtant, d'entendre ces expectorations.

Sur le chemin de l'école, impossible de trouver un journal ou des canettes. Pour la première fois cette année-là, je suis allé à l'école sans donner de coup de pied dans un journal ni marcher sur des canettes de coca.

La journée se passait très bien : aucun signe de Linda ou de Judas et de sa grande gueule. Je suis allé à toutes les classes et la journée a filé. Je veux dire, elle est passé rapidement. Ce jour fut l'un de mes meilleurs jours. Je n'ai eu aucun problème.

Rapidement, vendredi est arrivé, et les gars n'étaient pas en retard quand ils ont frappé à la porte. Maman a répondu. Elle a dit :

« Salut, les garçons, entrez et installez-vous. » Les gars sont tous entrés et se sont assis pendant que je me préparais pour un nouveau cauchemar.

« - Au revoir maman. Je ne reviendrai pas trop tard.

-	D'accord, n'aie pas d'ennuis, Anthony. »

On se mettait en chemin quand Rick a dit :

« - Changement de plan, nous allons maintenant voir des filles que nous avons rencontrées, à San Diego.

-	Vous êtes malades ? Vous savez à quelle distance se trouve San Diego ?

-	Tais-toi, Anthony, et va prendre la voiture. On attend ici, au coin. »

Chapitre 25

Je me suis dirigé vers la voiture et ne voyant personne autour de moi, je l'ai ouverte, je suis monté dedans, j'ai lancé le moteur et je suis allé jusqu'au coin de la rue. Les autres gars sont rentrés et nous nous sommes dirigés vers l'autoroute.

Une fois là-bas, j'ai pris la direction du sud. Merde, le chemin est long jusqu'à San Diego. Pas moyen de rentrer tôt à la maison. Après avoir roulé une éternité, nous avons finalement atteint San Diego. Arrivés devant la maison, j'ai remarqué qu'il y avait une fête. Les gars ont tous sauté de la voiture et se sont précipités à l'intérieur.

J'ai marché jusqu'à la porte et un gars a dit : « Qui êtes-vous ? » Je lui ai dit que je m'appelais Anthony. Il a répondu : « Vous n'avez pas été invité. Je vous prie de quitter les lieux. » J'ai rebroussé chemin, suis descendu jusqu'au bord du trottoir et je me suis assis dans un coin, pour attendre que les gars sortent, que nous puissions partir. Il se faisait tard et je savais que maman devait se demander où j'étais.

Presque trois heures après, j'ai vu les gars sortir avec trois filles. Ils se sont approchés de moi. Les filles ont demandé qui j'étais et les gars ont dit :

« Personne. Allons-y. »

Ils montaient tous dans la voiture, alors j'ai suivi le mouvement. Frank a dit :

« - Tu vas où comme ça ?

-    Bah, avec vous, les gars, dis-je, confus.

-    Non, je ne crois pas. Il n'y a pas de place pour toi. »

Je les regardais partir en me demandant comment diable j'allais rentrer à la maison. J'allais avoir tellement de problèmes. Je me suis assis là dans ce coin pendant que tout le monde partait. Personne ne m'a demandé si j'allais bien ou si j'avais besoin qu'on me dépose quelque part. J'étais tellement complètement déprimé et je me sentais tellement mal qu'ils m'aient fait un coup pareil et qu'ils aient trouvé cela drôle.

Je sais que je suis jeune et tout, mais quand même. Savent-ils à quel point c'était humiliant d'être qualifié de « personne » devant ces filles ? Cet épisode n'était cependant rien. Alors que j'étais assis là à réfléchir, je me suis souvenu de la fois où nous étions allés jouer au golf miniature dans une salle de jeux près de la maison.

Nous avions tous marqué sur le premier green et ces filles sont passées, alors les gars ont commencé à leur parler. Comme j'allais au trou suivant, l'un des gars m'a cogné, je suis passé par-dessus la balustrade, et j'ai atterri dans l'eau. Ils ont tous commencé à rire de moi. Ce fut le moment le plus humiliant de ma vie.

J'espère que la bande va se dépêcher, nous devons rentrer à la maison. Je secouais la tête, je suis dans le pétrin, maintenant, c'est sûr. À ce moment, les gars sont revenus avec les filles. Il semblait qu'ils étaient allés au restaurant pour manger. C'est tout simplement génial. Anthony peut aller au diable, je n'ai pas faim de toute façon, ce n'est pas grave !

Après les adieux et les à plus tard, ils ont dit : « Anthony, nous sommes prêts à partir maintenant. »
Oh, rajoutez les câlins et les baisers, ça m'a donné envie de leur gerber dessus. Je suis monté sur le siège conducteur et nous sommes rentrés chez nous.

Au moins, lorsque nous sommes revenus au parking, la même place était encore disponible. Rick y avait mis un tas de cônes de signalisation et une pancarte « pas de stationnement ». Je suppose que nous nous en sommes sortis avec ce petit acte criminel, mais n'oublions pas que j'ai dû débourser de l'argent quand la voiture a eu besoin d'essence. Ces gars étaient d'exceptionnels petits merdeux si vous me demandez mon avis.

Quand je suis monté à l'appartement, maman était furieuse.

« - Anthony, où étais-tu à cette heure ? Tu sais quelle heure il est ?

- Je suis désolé, maman, la personne qui devait nous déposer est revenu tard et nous n'avons rien pu faire, ai-je expliqué.

- Anthony, tu es puni, pendant deux semaines. Qu'est ce qui ne

173

va pas chez toi ? Tu veux retourner en prison ? Va te nettoyer et au lit. - Oui, maman, je suis désolé. »

Eh bien, cela est allé de travers. Dans ma chambre, réfléchissant à ma position inférieure et à mon manque d'options, j'ai pensé à me raser la tête et parcourir la terre à pieds. Ensuite, je me suis souvenu que cela ne durerait probablement pas longtemps, compte tenu de mon âge. Peu importe…. Il est temps de dormir. Je ne m'en suis pas si mal sorti aujourd'hui.

Je me suis réveillé à l'heure habituelle, six heures trente. Inutile de penser au fumeur qui s'étouffe en bas. Je devais me préparer pour l'école et y arriver tôt. Et encore essayer d'éviter Linda. Plus que Linda, je devais éviter le petit espion de Frank. Mais je me suis alors rendu compte : je deviens fou. Aujourd'hui c'est samedi. J'ai la tête ailleurs, Je retourne me coucher. C'est définitivement une première pour moi. Ces gars doivent me bousiller plus que je ne peux l'imaginer.

J'ai dormi encore quelques heures, puis je me suis levé pour regarder des dessins animés. Les dessins animés du samedi matin étaient les meilleurs. Bugs Bunny, Road Runner Show était mon préféré. J'ai attrapé un bol de céréales et je me suis planté devant la télé.

« - Salut, Anthony.

- Salut maman.

- Que fais-tu aujourd'hui ?

- Je ne sais pas, maman. Peut-être aller au parc et jouer.

- Tes sœurs et moi allons au centre commercial pour faire des achats.

- Ok maman. A plus tard.

- Je dois travailler sur la voiture. Tu me donnes un coup de main?

- Bien sûr, papa, allons-y. »

Papa et moi sommes descendus pour changer l'huile dans la voiture. C'était amusant. J'aimais travailler sur les voitures. C'est un peu thérapeutique, je pense.

Je suis retourné à l'étage quand nous avons fini et j'ai repensé à ce que j'avais fait la veille. J'étais vraiment déçu de mes choix, mais aussi plus triste car ce n'était qu'une question de temps avant que tout ne revienne s'écraser sur moi. Je me sentais mal à cause de tous les problèmes que je causais à ma famille. Leur mentir devenait chaque jour plus difficile. Je ne sais pas quand tout cela se terminera. Tout ce que je sais, c'est que j'espère que ce sera bientôt. Être traité de cette façon commence vraiment à m'affecter. C'était le premier week-end où je n'ai pas vu ces gars-là et je n'ai pas été obligé de faire quelque chose de stupide. Cela dit, depuis vendredi soir, bien sûr. À bien y penser, je n'ai pas fait grand-chose du tout ce fin de semaine.

Dois-je en dire plus sur la mauvaise influence qu'ont ces mecs-là sur moi ? Après m'être brossé les dents, je me suis assis dans ma chambre avec la porte fermée, fixant les étoiles. J'ai commencé à réaliser à quel point j'avais de la chance de ne pas m'être fait prendre au volant de cette voiture volée. Je savais que si par hasard la police nous avait trouvés dedans, les gars auraient tous dit : « Anthony ne nous a pas dit exactement comment il a acquis le véhicule, il nous a dit que sa mère le laissait l'utiliser. »

Cela résume bien ce que les gars diraient si l'impensable se produisait. Bientôt, je me suis endormi. Vous ne pouvez pas regarder les étoiles si longtemps sans finir par vous assoupir.

Je me suis réveillé à six heures et demie et j'ai entendu les expectorations habituelles venant du rez-de-chaussée, ce qui était la chose la plus dégoutante que j'aie jamais entendue. Cela m'a en quelque sorte coupé l'appétit, mais j'étais sûr que j'arriverais bien à manger quelque chose. J'avais un petit-déjeuner différent en tête ce matin-là car nous étions à court de lait. J'ai fouetté des œufs. Je pense que les œufs brouillés ont meilleur goût si on y ajoute du beurre, plutôt que du lait. Je suppose que cela dépend de chacun. Sur le chemin de l'école, j'ai eu la chance de tomber sur un journal, c'était probablement le meilleur moment de ma matinée.

Ce à quoi je ne m'attendais pas, c'était Linda qui attendait devant, quelque chose ou quelqu'un. Je n'avais pas envie de savoir, alors je me suis baissé et j'ai contourné l'autre clôture, que j'ai grimpée avant d'entrer dans un champ. Quand je me suis à nouveau trouvé dans la rue, plus haut cette-fois, j'ai vu cette sale fouine juste à côté d'elle. Bien tenté, connard.

Je suis allé aux toilettes pour me cacher jusqu'à ce que j'entende la cloche. Je dois être un peu plus intelligent qu'eux si je veux les éviter. Linda finira bien par abandonner ou Frank trouvera un autre camarade de jeu.

Après la sonnerie, je suis allé à mon cours d'anglais. J'aimais beaucoup le cours d'anglais. Permettez-moi d'ajouter qu'il y avait aussi pas mal de filles sympas dans la classe. Le seul problème que j'avais encore concernant Linda, c'est que nos récréations et notre déjeuner étaient à la même heure. L'éventail de mes cachettes était limité. Si je lui écrivais une note et que je la lui envoyais pour lui expliquer le problème de Frank, elle pourrait arrêter de me chercher. Avec ma chance, elle va la lire et la jeter. Non, ce ne serait pas une bonne idée. Le petit espion de Frank va la déterrer et la lui donner. Un vrai fils de… sournois.

J'ai décidé de ne rien dire à personne et de laisser la situation s'apaiser. Si cela fonctionnait, j'espérais que Linda comprendrait le message et cesserait de me chercher.

À l'heure du déjeuner, j'ai fait le tour du bâtiment pour éviter la cour de récréation et le bitume. Le seul endroit privé était les gradins. J'y suis resté jusqu'à ce que la cloche sonne et je suis arrivé un peu en retard dans ma classe.

« - Anthony, où étais-tu ?

-    Je suis désolé, Mme Franklin, j'étais aux toilettes.

-    D'accord, eh bien, asseyez-vous. »

Après que la dernière sonnerie de la journée, j'ai pratiquement couru jusqu'à chez moi pour éviter de rencontrer Linda ou Tim. En évitant un problème, je suis tombé sur les quatre autres à un pâté de maisons de chez moi.

Rick a dit :

« - Hé, nous allons à la pizzeria, tu veux venir avec nous ?

- Maman a dit que j'étais puni.

- Dis-lui simplement que tu es resté après l'école.

- Je suppose que je peux vous accompagner. »

Nous avons marché jusqu'à cette pizzeria sur Hawthorne Boulevard et nous pensions commander une grande pizza et nous asseoir dehors pour la manger. J'avais un peu d'argent avec moi, et j'espérais qu'ils ne découvriraient pas, car ce n'étaient pas leurs foutues affaires.

Le serveur a apporté la pizza, nous l'avons mangée et nous sommes assis là, à parler. Frank s'est levé et a dit : « Je reviens. Je vais aux toilettes. » Puis Mark et Rick se sont levés et ont dit qu'ils allaient jeter un coup d'œil dans le magasin d'à côté. Je n'en ai rien pensé jusqu'à ce que je constate que quinze minutes s'étaient écoulées. J'ai commencé à m'inquiéter, me demandant si mes bourreaux m'avaient laissé là pour payer la facture. Pas même cinq minutes plus tard, le serveur est venu avec l'addition pour la pizza. Il y en avait pour quinze dollars ! Merde ces gars-là. Je le jure, pouvaient-ils être plus cruels et plus pathétiques ?

Après avoir payé la facture, je suis rentré à pied. C'est l'enfer. Maintenant, je n'ai plus d'argent pour le reste de la semaine, à cause de ces salauds. Qu'est-ce que je vais faire maintenant ? Je ne peux pas demander plus d'argent à mes parents. Je n'ai pas d'amis à qui en emprunter. A mon retour à la maison, les quatre étaient assis sur les marches, me bloquant le chemin jusqu'à l'appartement. Ils riaient et m'ont dit : « Merci pour la pizza, tête de buse. »

J'ai juste ri et répondu :

« - Je dois monter et faire mes devoirs.

- Vas-y. Qu'est-ce qui t'en empêche ?

- S'il vous plaît, laissez-moi passer.

- Allez, bouge Mark. Laisse-le monter à l'étage. » a conclut Rick.

Quand je suis entré, les filles étaient assises sur le canapé devant la télé.

« - Salut les filles, dis-je, frustré.

\-   Salut, Anthony, comment était l'école ? Pourquoi tu fais cette tête ?

demanda Tory.

\-   C'était pas mal. Ça va, ne t'inquiète pas. Et vous ? ai-je demandé.

\-   C'était super. Nous avons eu un test aujourd'hui et j'en ai eu vingt.

\-   C'est bien, Tori. Je suis fier de toi. Et toi, Marie ?

\-   L'école est amusante, elle est beaucoup plus exigeante que le premier cycle du secondaire, mais ce n'est pas mal. Les enfants sont toujours tellement pressés, parce que le programme des cours est très chargé et qu'il y a beaucoup plus à faire.

\-   J'ai hâte d'aller au lycée en septembre.

\-   Eh bien, Anthony, tu dois d'abord terminer tes études secondaires.

\-   Comment sont tes notes ?

\-   Bien, je suis sûre que je peux les améliorer un peu. »

Chapitre 26

J'aimais parler à mes sœurs. Elles étaient très réfléchies. Elles m'ont manqué quand j'étais dans cet établissement. Je me suis assis pour regarder la télévision avec elles pendant un moment et je me suis endormi sur le canapé. Maman est venue me réveiller.

« - Anthony, il est temps de se coucher. Il est tard.

- Ok maman. Je vais aller dans ma chambre maintenant. »

Quand j'atteignis mon lit, je m'endormis tout de suite. J'étais épuisé et j'ai dû de nouveau me lever tôt pour éviter certaines personnes que je ne voulais pas voir.

Je me suis réveillé, j'ai pris le petit déjeuner et je suis sorti. Je ne voulais pas du tout voir Linda ou Tim. Si je pouvais les éviter pour le reste de l'année, ce serait formidable.

Une fois à l'école, je suis allé dans les gradins pour attendre que la cloche sonne. Alors que j'étais assis là, Tim s'est approché et a dit :

« - Hé, Anthony, pourquoi es-tu assis ici tout seul ?

- Sans raison, Judas. Je voulais être seul. Tu piges ?

- Ne m'appelle pas Judas. Mon nom est Tim.

- Écoute, Tim, quand t'es une balance, tu mérites le nom de Judas.

Maintenant, s'il-te-plaît, laisse-moi tranquille ! »

Enfin, il est parti. Quel crétin absolu, ce Tim.

La sonnerie nous a tous envoyés en classe. En y allant, je suis tombé sur Linda, au détour d'un couloir. Elle a dit :

« - Tu m'évites, Anthony ?

- En fait, oui, Linda, je t'évite.

- Pourquoi ? Qu'est-ce que j'ai fait ? demanda-t-elle, perplexe.

- Frank pense toujours que tu es avec lui, et je ne pense pas que ce soit bon pour moi de te parler.

- Mais, Anthony, je ne suis plus avec Frank, a-t-elle expliqué.

- Eh bien, je pense qu'il va falloir lui révéler ça. Je dois aller en classe.

A plus tard, Linda. »

Super, Judas ne m'a pas vu parler à Linda. Merde, j'aime cette fille, mais je ne veux aucun problème avec le sociopathe. Je suis arrivé en classe et j'ai commencé à travailler sur le devoir au tableau. C'était facile et ça ne m'a pas pris trop de temps. Une fois terminé, j'ai lu un livre pour passer le temps.

Quand la cloche a sonné, je suis allée au cours suivant comme d'habitude, évitant Tim et Linda. Cette classe est toujours passée très vite. Sur le chemin du retour, les quatre gars harcelaient un enfant sans raison.

« - Hé, les gars, que faites-vous ? ai-je demandé.

- Oh, on ne fait que discuter, commenta Frank.

- Il n'a pas l'air de vouloir vous parler, laissez-le tranquille, ai-je crié.

Allez, rentre chez toi. » j'ai dit au gamin, et il est reparti. Mais j'ai été renversé et frappé à coups de pied.

J'ai entendu :

« - Ne refais plus jamais un truc comme ça quand nous parlons affaires avec un nouveau client.

- Nouveau client ? on aurait dit que vous lui extorquiez de l'argent. »

Ils m'ont tous roué de coups de pied. Rick a dit :

« - Laissez-le tranquille, j'ai besoin de lui pour vendredi soir.

- Qu'est-ce qu'il y a vendredi soir ? j'ai demandé.

- Tu vas venir au centre commercial avec moi, dit Rick.

- Qu'est-ce que je suis censé dire à ma mère pour pouvoir y aller?

- Dis-lui que tu viens avec nous. J'ai entendu dire que tes parents nous aiment beaucoup maintenant.

- Je vais voir ce que je peux faire. »

Je suis arrivé à la maison. Les filles étaient assises sur le canapé et regardaient la télévision.

« - Hé, où est passée maman ?

- Elle fait la lessive, m'ont-elles répondu.

-   D'accord, merci.
-   Maman, je peux aller au centre commercial avec les garçons vendredi ?
-   Combien de temps y seras-tu, Anthony ?
-   Seulement quelques heures.
-   D'accord, mais s'il-te-plaît évite les ennuis.
-   Bien sûr, maman. Tu n'as pas à t'inquiéter.
-   Encore une chose, Anthony : souviens-toi que tu valides ton Diplôme dans deux semaines. Tu n'as pas besoin de plus de problèmes. »

Je suis retourné dans le salon et j'ai appelé Rick.

« - Hey, Rick, maman a dit que je pouvais aller au centre commercial.

-   OK, on en reparle plus tard. »

J'aurais dû me contenter de prendre les coups et rester à la maison. J'avais un mauvais pressentiment.

Je n'avais pas envie de regarder la télévision, alors je suis allé dans ma chambre pour m'allonger un peu. J'ai dû m'endormir car je me suis réveillé et tout le monde était couché. Merde, j'ai faim, voyons ce qu'il y a à manger. Je suis allé au frigo et j'ai attrapé du poulet et du riz, je l'ai réchauffé et j'ai dégusté le poulet accoudé au comptoir. Wow, ça fait du bien. J'ai besoin de dormir. Je suis retourné dans mon lit et je me suis évanoui de sommeil.

Quand je me suis réveillé, j'ai pris mon petit-déjeuner et je suis allé à l'école. Je pensais toujours à vendredi et à la sortie au centre commercial avec Rick. Pourquoi voulait-il que j'y aille avec lui, de toute façon ? Je suppose que je le découvrirai vendredi. Génial, il y a Linda.

« - Hé, Anthony.

-   Salut Linda. Comment vas-tu aujourd'hui ?
-   Bien, merci. Anthony, as-tu réfléchi, tu sais, à ce que nous apprenions à nous connaître et à recommencer ?
-   Tu sais, Linda, jusqu'à ce que tu parles à Frank, je ne pense pas que ce soit une bonne idée pour nous de passer du temps ensemble.

-      Je comprends. J'essaierai de lui parler ce week-end. »
Merde, ça s'est bien passé, et Tim n'est pas dans les parages.
   « - Je ferais mieux d'aller en classe, Linda.
-      D'accord, je te parlerai plus tard Anthony. »

 En allant en cours, j'ai vu Tim, mais il ne savait pas que j'avais parlé à Linda parce qu'elle était déjà arrivée en classe. Je ne peux pas le croire, qui a peur de parler à une fille à l'école ? Je le jure, je dois être le premier !

Sur le chemin du retour, j'ai décidé de passer par le parc et de m'asseoir sur les bancs pour réfléchir à ce que j'allais faire pour ce problème de centre commercial. Je ne pouvais penser à aucune raison légitime pour qu'il veuille que je l'accompagne, la seule qui justifiait ma venue était qu'il voulait que je vole quelque chose pour lui. Génial, c'est tout ce dont j'ai besoin.

Nous y voilà, vendredi matin. Je suppose que je découvrirai plus tard comment toute cette histoire va se dérouler.
La journée semblait passer très vite. Il me semblait à peine que j'étais allé à l'école.
Quand je suis arrivée à la maison, maman était dans la cuisine et m'a rappelé de bien me comporter au centre commercial et m'a dit de ne pas rentrer tard. Avant de descendre, je suis allé jeter un coup d'œil à ma chambre, parce que j'avais un mauvais pressentiment avec cette histoire de merde. Je me suis assis sur le lit, j'ai regardé par la fenêtre et j'ai vu l'étoile la plus brillante et je me suis dit que j'allais faire un souhait et voir s'il se réaliserait. Je souhaitais aussi fort que possible la seule chose que je cherchais depuis si longtemps. Quand j'ai eu fini, je suis allé aux toilettes pour me brosser les dents, me laver le visage et arranger cette brosse à balai que j'ai à la place des cheveux.   J'ai rencontré Rick en bas. Je suppose qu'il avait monté son vélo ici et l'avait verrouillé à l'arrière. Nous sommes allés à l'arrêt de bus pour aller au centre commercial, qui était à environ à sept miles de là, à Torrance. Il voulait aller dans un magasin particulier appelé Bullocks.

   « Anthony, quand nous serons arrivés, tu me suis. » Qu'est-ce que j'étais censé faire d'autre ? Il m'a conduit à la section des eaux de Cologne et a dit : « Tu vois cette bouteille là-bas ? Prends-la et sors. J'en ai besoin pour un rencard. Dépêche-toi et fais-le, ou une fois dehors, je te cogne. »

Alors, j'ai attrapé la bouteille, j'ai franchi la porte et je me suis assis sur le mur, attendant Rick. Une fois que Rick est sorti, nous commencions à nous éloigner quand ce type nous a attrapés Rick et moi.

« Venez avec moi, vous deux. Rendez-moi l'eau de Cologne. Je vous ai observés, espèces de p'tits punks, dès que vous êtes entrés. » J'ai baissé les yeux et je me suis juste remémoré la veille quand je pensais qu'il voulait probablement que je vole quelque chose. Eh bien, regardez-moi maintenant, n'est-ce pas parfait ?

« Allons dans mon bureau. » Il nous a conduits dans ce trou dans le mur vers l'arrière du magasin et nous a fait asseoir. Encore un mec qui n'a pas été accepté à l'école de police. Ce gardien de sécurité était hilarant, mais j'ai décidé de faire profil bas. Après avoir raccroché avec la police, il a noté nos noms et adresses, puis, bien sûr, a pris notre photo. L'officier est entré et nous a menottés tous les deux, nous a conduits à sa voiture, nous a assis sur son siège arrière, et nous sommes allés au poste.

Je n'étais jamais allé dans ce commissariat auparavant. C'était à Torrance. A notre arrivée, nous nous sommes assis sur un banc devant un comptoir. Ils ont tous la même table dans ces commissariats. Bref, un autre gars a déverrouillé les menottes, pris nos empreintes digitales, nous a photographiés et nous a fait entrer dans une pièce. Le père de Rick est venu le chercher, mais ils m'ont dit que j'allais en centre de détention parce que j'avais violé la probation. Et les coups durs s'enchaînent. Quand serai-je plus sage ? J'ai eu l'opportunité, assez désagréable, de parler à papa, qui, je me dois de l'ajouter, était furieux que j'aie à nouveau des ennuis. Maman a pris le téléphone et a dit :

« - Anthony, qu'est-ce que je t'ai dit avant de quitter la maison ? NE PAS AVOIR DE PROBLEMES ! Nous vous verrons au tribunal dans quelques jours. »

J'ai raccroché le téléphone et j'ai été placé dans une pièce jusqu'à ce qu'une voiture vienne pour m'emmener au centre pour mineurs. Je m'assis là, la tête dans les mains, encore une fois, pensant à ma tentative ratée de quitter cette planète. Si seulement je n'avais pas mangé ces céréales, ce cauchemar aurait pris fin !

Une fois mon chauffeur arrivé, nous étions en route.

« - Je pensais que le centre de détention était de l'autre côté.

- Non, tu vas dans un autre centre, à Downey.

- Ah d'accord. Comment c'est là-bas ?

- Je n'en ai aucune idée. Je ne vais pas plus loin que le bureau d'accueil.

- Je vois. Eh bien, merci quand même. Je suppose que je saurai quand nous y arriverons.

- D'accord, gamin, nous y sommes. Allons-y, par ici. »

Nous entrâmes dans une toute petite pièce. Je me suis assis sur un banc et on m'a enfermé une quinzaine de minutes avant qu'un autre gars ouvre la porte et me dise : « Viens avec moi ».

Je l'ai suivi dans une pièce plus grande où on m'a dit de me déshabiller pour enfiler une autre tenue et de mettre mes vêtements de ville dans des sacs.

« - Assure-toi de bien écrire ton nom sur les sacs. Voici un stylo, écris très distinctement.

- Où dois-je mettre les sacs quand j'ai fini d'écrire mon nom sur les étiquettes ?

- Je vais te les prendre et les garder jusqu'à ce que tu sois libéré ou transféré. Attends une minute, je reviens tout de suite.

- Je ne bouge pas.

- Bon, ton dossier sera traité demain, alors je vais te ferai lever vers six heures du matin. Suis-moi, je vais te montrer ta cellule, c'est juste au bout du couloir.

- D'accord.

- La salle au bout, là-bas. Dors un peu et je viendrai te chercher demain matin. »

Chapitre 27

La porte fermée et verrouillée, je me suis assis sur le lit et je me demandais comment il était possible d'avoir autant de malchance que moi au cours de ces seize derniers mois. J'ai essayé de ne pas penser à tous les crimes que j'avais commis, aux filles que j'avais perdues, aux fois où j'avais été arrêté, au nombre de coups que j'avais endurés et au nombre de larmes que j'avais versées aux mains de ces garçons sans foi ni loi.

Donc, pour autant que je sache, j'avais tout bousillé.

Sans parler des frictions que je causais dans toute ma famille. Je suppose que je vais dormir maintenant et espérer le meilleur de la séance de demain.

D'accord, Anthony, debout maintenant, histoire de voir à quel point tu as déconné maintenant que les ennuis t'ont retrouvé.

On a frappé à la porte et elle s'est ouverte.

« - Allez, Holden, le van attend.

- Laissez-moi attraper ma chemise.

- Dépêche-toi. Tu sais, Holden, j'ai regardé ton dossier et je dois dire que si tu ne te redresse pas tout de suite, tu seras en prison pour tes dix-huit ans. »

Comme si ce clown avait une idée de ce que je vivais et de la torture mentale que j'avais endurée au cours des seize derniers mois.

« Allez, grimpe, Holden, et souviens-toi de ce que j'ai dit, tu dois reprendre ta vie en mains. »

Nous sommes arrivés au palais de justice, le même qu'auparavant. Le même vieil escalier, les mêmes vieux bancs. Une fois qu'ils m'ont enlevé les menottes, je me suis assis en attendant que l'huissier de justice vienne me chercher et m'amène au tribunal.

Je n'ai pas attendu trop longtemps car la porte s'est ouverte, et c'était le même huissier à qui j'avais eu affaire toutes les autres fois.

« - Que fais-tu ici, Holden ?

- Bonjour Monsieur. J'ai violé la probation.

- Comment as-tu violé la probation ? demanda-t-il, inquiet.

- J'ai été surpris en train de voler pour un ami, dis-je en baissant les yeux.
- Pas vraiment un ami s'il t'a fait voler à l'étalage.
- Oui je sais. C'est stupide.
- Holden, c'était idiot de laisser quelqu'un t'intimider jusqu'à te faire violer la loi.
- Ils ne m'ont pas fait que ça.
- Que veux-tu dire, Holden ? Il y a plus d'une personne qui t'intimide au point de te faire enfreindre la loi ?
- Oui, monsieur, ils sont plusieurs à me faire ça, depuis près de deux ans.
- Tes parents savent-ils ce qui se passe ?
- Non-monsieur.
- Je leur parlerai à la fin de l'audience. Montons et voyons comment cette épreuve se passe pour toi.
- Bonjour, M. Whitaker.
- Bonjour Holden.
- Veuillez-vous lever. L'honorable juge Mendez présidera cette cour.
Veuillez-vous asseoir, mesdames et messieurs.
- Monsieur Whitaker, comment votre client plaide-t-il ?
- Non coupable, votre Honneur.
- Je vois que nous avons une demande de suspendre cette affaire pendant deux semaines, en attendant un examen du service de probation. Y a-t-il des objections ?
- Non, votre Honneur.
- Qu'il en soit ainsi. Nous nous réunirons à nouveau dans cette salle d'audience dans deux semaines à compter d'aujourd'hui. Cas suivant.
- Holden, tu devras rester dans le centre pour mineurs pendant deux semaines, en attendant ta prochaine audience.
- Holden, viens avec moi. Nous allons rencontrer tes parents et cet officier dans une salle de réunion avant de retourner dans l'établissement.

-   Salut, maman, papa.
-   Salut, Anthony.
-   D'accord, alors voilà. J'ai demandé que l'on se voit ici parce qu'Anthony a été victime d'intimidation pendant près de deux ans.
-   Anthony, c'est vrai ça ?
-   Oui, maman, cela dure depuis un certain temps maintenant. La première fois que j'ai eu des ennuis, c'est à cause de ces garçons avec qui je traînais. Ce sont eux qui m'ont fait du mal et m'ont fait enfreindre la loi.
-   Ce qui va se passer, c'est qu'Anthony devra rester loin de ces garçons avant de faire quelque chose de stupide. Je ne dis pas de faire quoi que ce soit maintenant, attendons de voir comment cette affaire se terminera.
-   Oui, officier, nous comprenons.
-   Ne confrontez aucun de ces garçons non plus. Je pense que cela aggraverait la situation d'Anthony. La meilleure chose serait de déménager, mais je sais que ce n'est pas toujours possible. On en parlera la prochaine fois qu'Anthony sera devant le tribunal et voyons si nous pouvons trouver une solution à ce problème. »

Cela s'est bien passé, mais je n'ai pas eu le cœur de dire à papa que j'étais responsable de l'accident qui impliquait sa voiture, quand elle avait été volée et abandonnée dans Los Angeles.

Donc, j'étais de retour dans l'établissement, enfermé dans la chambre, pensant à ces deux prochaines semaines d'existence solitaire. J'espère que ça passera vite. Bref, je suppose que je vais dormir car je dois aller à l'école demain matin. Seigneur, je n'arrive pas à croire que cela me tombe encore dessus.

« - Holden, à la douche pour que tu puisses manger et aller en classe.
-   Tout de suite, monsieur, j'y vais. »
Une fois sous la douche, je me suis souvenu que je n'avais ni shampoing ni déodorant. Merde, je suppose que je dois utiliser du savon pour me laver les cheveux.
« Dépêche-toi, Holden, nous devons être à l'école dans trente

minutes. » Je suis allé prendre mon petit-déjeuner, il n'y avait que des petites boîtes de céréales, une banane et une brique de lait. J'ai eu des Frosties, ce sont mes préférés. Mon petit-déjeuner terminé, j'ai été escorté à l'école par l'un des conseillers.

L'enseignante était aussi vielle que l'Alabama. Elle était ridée comme quelque chose qu'on aurait été oublié sous un lit pendant des centaines d'années. Bon, eh bien, je vais m'asseoir et voir ce que cette classe va m'apprendre. J'espère qu'il y a des maths. Cette enseignante a l'air d'avoir besoin d'une sieste ou quelque chose. J'ai dû me retenir de lui demander si elle avait besoin d'un verre de lait chaud. Je vais les sentir passer ces deux semaines. Wow, c'est comme ça que je vais passer mon temps.

Après la fin des cours, je suis allé voir le conseiller et lui ai demandé s'il avait des heures de visite.

« - Oui, bien sûr, le dimanche de midi à seize heures.

- Et les appels téléphoniques ?

- Chaque soir entre dix-sept et dix-neuf heures.

- D'accord, merci, monsieur. »

Je pensais qu'appeler mes parents ce soir serait une excellente idée. Tout ce que je pouvais faire dans la salle de jour, c'était regarder fixement l'horloge. J'avais hâte de dire à maman et papa qu'ils pourraient venir me voir dimanche.

« - Salut maman.

- Salut, Anthony. Comment vas-tu, mon garçon ?

- Très bien, maman. Tu me manques, papa aussi.

- Tu nous manques aussi, Anthony. J'ai de mauvaises nouvelles.

- Quoi, maman ?

- Eh bien, tu devais avoir ton diplôme dans deux semaines. Ils ont découvert que tu avais à nouveau des ennuis et ont dit que tu ne l'obtiendrez pas avec le reste de ta classe.

- Je suis désolé d'entendre ça, maman, et de vous avoir déçus toi et papa.

- Ne t'inquiète pas, Anthony, nous voulons que tu te reprennes et que tu arrêtes d'avoir des ennuis.

-    Papa et toi viendrez me voir dimanche ?
-    Bien sûr, nous viendrons, Anthony. Tu as besoin que l'on t'apporte quelque chose ?
-    J'ai besoin de déodorant et de shampoing, si ça vous va.
-    C'est noté. On te ramène ça dimanche.
-    Génial. Merci maman. Dis bonjour à papa de ma part.
-    Je lui dirai. Passe une bonne nuit et fais de beaux rêves.
-    Bonne nuit maman. »

Je me suis réveillé très tôt. Le soleil n'était pas encore levé. Alors, je suis resté assis là à regarder par la fenêtre jusqu'à ce que la porte soit ouverte pour le petit-déjeuner. Merde, j'ai dû attendre au moins deux heures avant que cette putain de porte ne s'ouvre.

« A la cantine maintenant. Dépêchez-vous, les enfants, nous avons beaucoup à faire aujourd'hui. »

Oh oui. Aujourd'hui c'était samedi. Encore un jour et je pourrai voir maman et papa.

« Les garçons, nous allons dehors pour nettoyer la cour. Nous allons commencer de ce côté. Enlevez tout ce qui n'est pas de l'herbe. » Cela ne sonnait pas trop mal, ramasser les ordures et passer le temps.

Ce garçon m'a regardé et m'a dit :

« - Hé, gamin, pourquoi es-tu ici ?

-    Oh, j'ai violé ma probation et je me suis fait prendre à voler de l'eau de Cologne, j'ai répondu.

-    De la Cologne, ce n'est pas grand-chose pour essayer de le voler, a-t-il dit.

-    Ce n'était pas pour moi. Un ami m'a demandé de le faire, dis-je, honteusement.

-    Pas vraiment un ami, selon moi, a-t-il répondu.

-    C'est ce que tout le monde me dit, ai-je répondu la tête baissée, pensant à quel point c'était stupide.

-    Les gars, retournons dans les chambres. Bon travail pour le nettoyage. »

Je pense que c'était le moment le plus effrayant et le plus déprimant.

Celui où nous étions enfermés dans les cellules pendant des heures. Ce centre était différent de l'autre. Ils ne nous laissaient pas traîner dans la cour. Tout ce que nous pouvions faire, c'était regarder la télévision quelques heures dans l'après-midi pendant qu'ils nous laissaient utiliser le téléphone.

Quand je me suis réveillé le lendemain matin, je ne pensais qu'à voir mes parents. Je suis resté assis jusqu'à ce que le conseiller vienne me dire que mes parents étaient dans la salle de jour. J'y suis allé et j'ai vu papa debout près de la fenêtre, maman assise à table.

Je me suis assis avec elle et je lui ai parlé de la vie au centre pour mineurs. Je pourrais dire qu'elle n'aimait pas ça du tout. Maman m'a remis le sac contenant les articles que j'avais demandés, mais le conseiller a voulu en vérifier le contenu avant que je l'emmène dans ma chambre.

« - Ça va, Holden, tu peux garder tout ça.

-    Maman, je reviens tout de suite. »

Je suis allé dans ma cellule pour y mettre les articles et suis retourné profiter des trente minutes qu'il me restait.

« - Comment vont les filles, maman ?

-    Elles se portent bien. Tu leur manque et elles espèrent que tu reviendras bientôt.

-    Moi aussi, maman. »

Après ce petit entretien, mes parents ont dû partir. Ce moment-là aussi était déprimant, et telle a été ma vie pour la semaine et demie suivante. C'était un passage horrible de ma vie, être enfermé et tout le reste, mais j'étais le seul responsable.

Attendons la séance au tribunal, on verra comment cet épisode se termine. Je me demande si ces idiots que j'ai pour amis ressentent le moindre de sentiment culpabilité pour ce qu'ils m'ont fait au cours des derniers mois. Les connaissant, ils n'ont probablement même pas pensé à moi. Je parie que ces clowns tourmentent un autre enfant qui n'a rien demandé. Je vous l'avoue, cela a été l'expérience la plus horrible que j'ai jamais vécue dans cette courte vie qui est la mienne.

Chapitre 28

Enfin, le jour de l'audience au tribunal était arrivé, j'avais attendu cette journée avec impatience pendant deux semaines. J'ai pris mon petit-déjeuner une fois ma porte ouverte puis me suis assis dans la salle de jour jusqu'à ce qu'ils appellent ceux qui devaient aller au tribunal.

La camionnette garée, le conseiller nous a dit de nous lever et de nous disposer en deux lignes. Il nous a menottés et nous avons marché jusqu'à la camionnette. Le trajet a été plutôt facile, pas trop de circulation cette fois. Je ne pouvais pas m'empêcher de penser que les gens qui nous voyaient dans cette camionnette se disaient : « Regardez ces pauvres mecs » J'ai toujours pensé cela pour une raison quelconque.

Nous sommes arrivés au palais de justice, en passant par l'arrière, dans cette étroite allée. Comme d'habitude, marche arrière puis montée des escaliers, les menottes retirées. Tout le monde s'est assis.

Quand j'ai entendu appeler mon nom, le même officier est venu me chercher.

« - Allons-y, Holden. Nous sommes dans la même salle d'audience que la dernière fois, alors quand nous entrons, assieds-toi avec ton avocat. »
L'huissier a ouvert la porte et j'ai immédiatement vu mes parents assis juste derrière l'avocat.

« - Bonjour, M. Whitaker.
-    Anthony, ce qui va probablement arriver aujourd'hui, c'est que tu seras renvoyé chez toi en probation. Tu dois comprendre que si tu as encore des problèmes, ce sera le centre de détention, jusqu'à un an. Tu comprends ce que je t'explique ?
-    Oui, M. Whitaker.
-    Veuillez-vous lever. Voici le juge. Veuillez-vous asseoir.
-    Anthony Holden, lève-toi. Ce tribunal est d'avis que tu seras confié à tes parents et mis en probation jusqu'à ce que tu aies

dix-huit ans. C'est tout. Cas suivant. Encore une chose, jeune homme. Ton avocat t'a-t-il expliqué quelle serait la sanction si tu rencontrais d'autres problèmes ?

- Oui, il l'a fait, monsieur. »

Lorsque j'ai quitté la salle d'audience, l'huissier de justice a déclaré :

« Maintenant, c'est à toi de jouer, Holden. Tu ne peux plus avoir d'ennuis. Descendons pour te faire sortir d'ici, que tu puisses rentrer à la maison. »

Sur le chemin du retour, j'ai pensé que je devais reprendre ma vie en mains. Je ne peux plus laisser ces quatre gars dicter ce qu'elle doit être. Je dois être fort maintenant. C'est mon avenir qui est en jeu.

La vie est un jeu auquel la plupart des gens jouent selon les règles. Ceux qui ne peuvent pas respecter les règles sont placés dans des cages, parfois pendant des années et, dans certains cas, pour le reste de leur vie. Cela vous fait penser au nombre de personnes en prison qui ont été victimes d'intimidation pendant leur enfance. Être dans l'un de ces endroits, c'est l'enfer, je veux dire, être enfermé et tout. Je me sentais à des années-lumière de celui que j'étais dans la vallée de Simi, avant que ces garçons n'entrent dans ma vie. Nous sommes tous sortis de la camionnette et avons suivi le conseiller dans une pièce. Les menottes retirées, nous nous sommes assis sur les bancs jusqu'à ce que les conseillers en ramènent certains en cellule.

« - Holden, allons-y. Nous allons à l'accueil pour traiter ton dossier. »

Je l'ai suivi jusque dans une pièce où on m'a dit d'attendre. Un autre homme est entré, portant mes sacs, m'a dit de changer de vêtements et d'attendre qu'il revienne me chercher.

Une fois que je m'étais changé, nous avons marché jusqu'au bureau d'accueil où mes parents attendaient. Maman m'a pris dans ses bras et a dit : « Rentrons à la maison. »

En chemin, maman a dit qu'elle ne voulait plus que je m'associe à ces garçons et qu'elle essayait de quitter le quartier.

Alors que nous montions à l'appartement, maman a dit : « Anthony, tu n'es pas autorisé à faire quoi que ce soit, sauf si tu es avec ton père ou moi. Maintenant, va dans ta chambre et réfléchis à la façon dont tu vas gérer le lycée dans quelques mois. Nous ferons des achats dans quelques jours afin que tu aies de nouveaux vêtements pour l'école. »

L'été est passé rapidement. Je n'ai pas beaucoup vu la bande, car je ne pouvais pas quitter la maison ni utiliser le téléphone. Ce que j'ai fait, c'est passer beaucoup de temps avec ma famille. Nous sommes allés à la plage presque tous les week-ends. C'était très amusant de sortir avec mes sœurs. Maman m'a emmené m'inscrire au lycée et je me suis renseigné sur le football. Ils m'ont dit que maman devait signer certains formulaires si je voulais être autorisé à y jouer.

« - Anthony, tu es sûr de vouloir jouer au football ?

-       Oui, maman, cela m'évitera des ennuis et j'aurai quelque chose à faire après l'école. »

Sur le chemin du retour, j'ai vu les gars assis dans un coin, mais je ne pense pas qu'ils m'aient vu. Maman m'a regardé et m'a dit : « - Tu dois rester loin de ces garçons, ou tu sais ce qui va se passer. »

-       Je sais, maman. Je resterai loin d'eux. »

Sur le chemin de l'école le lendemain matin, j'ai fait de mon mieux pour éviter les gars. Ça allait être un peu plus compliqué puisque nous allions maintenant dans la même école. L'école n'avait pas encore commencé, c'était la semaine Hell Week pour l'équipe de football.

Quand je suis arrivé, il y avait un groupe d'environ vingt-cinq garçons qui discutaient, debout. J'ai demandé si c'était pour l'équipe de football et ils m'ont répondu que c'était le cas. Lorsque l'entraîneur est sorti, il nous a dit d'aller au vestiaire, de choisir un casier et de nous changer. Après avoir enfilé nos tenues, nous sommes allés sur le terrain, vers l'entraîneur qui nous attendait.

Il a dit : « Les garçons, il est temps de courir. Vous me faites quatre tours de terrain et ensuite nous parlerons des postes que vous voulez occuper dans l'équipe. » Alors que je courais, quelqu'un m'a fait trébucher. Quand je me suis retourné, j'ai vu ces quatre garçons. Ils essayaient également de rentrer dans l'équipe de football. Je me suis juste relevé et j'ai continué à courir. Ils ne cessaient de me narguer et de se moquer de moi. Je les ai ignorés, j'ai continué ma course.

Mes quatre tours terminés, j'ai rejoint le groupe et l'entraîneur nous a demandé quelles positions nous voulions jouer. J'ai dit que j'aimerais être récepteur.

« Très bien, le poste de récepteur est à toi. » Tout le monde a choisi sa position, et nous nous sommes séparés en équipes pour nous entraîner. J'étais en position sur la ligne et, bien sûr, ce salop de Frank s'est aligné avec moi. L'entraîneur m'a dit :
« - Tu cours vingt mètres et tourne à gauche, puis vingt mètres et tourne à droite. Prêt ?
-     Oui, coach. »
J'ai commencé à courir à toute vitesse et j'ai vu Frank à côté de moi. Tout d'un coup, Frank m'a donné un coup de pied et je suis violemment tombé. Ma bouche a heurté un arroseur. J'ai perdu connaissance. Je me suis réveillé à l'hôpital avec une dent de devant cassée, les ligaments du genou déchirés et une légère commotion cérébrale. Le football c'est fini pour moi cette année. Je ne peux pas le croire, un seul entraînement et c'était fini. Pas exactement ce que j'avais en tête pour ma première année.

Quand je suis rentrée à la maison, maman a dit que je n'irai nulle part pour le reste de la semaine. J'ai dû me reposer parce que l'école commençait le lundi suivant. Je suis resté dans la chambre la plus grosse partie de la semaine, ne sortant que pour prendre une douche ou manger. J'étais déprimé de ne pas pouvoir jouer au football. Je ne pouvais pas supporter ces gars-là. Pourquoi les ai-je supportés si longtemps ?

Finalement, j'ai pu sortir de la maison pour aller à l'école. Le lycée était un gros changement après le collège. Il y avait beaucoup d'enfants là-bas. Cette école était gigantesque. Mon ancienne école ressemblait à une simple salle de classe en comparaison. Les cours se sont très bien passés. J'avais six cours en tout et ma journée s'est terminée à quatorze heures trente. Sur le chemin du retour, j'ai remarqué que la bande tourmentait un petit enfant. J'ai dit : « Les gars, laissez le gamin tranquille. Allez, vas-y, gamin. »

Quand je me suis retourné, Frank m'a frappé à la bouche et m'a dit « Ne te mêle pas de nos affaires. »
Les trois autres ont commencé à me donner des coups de pied, puis Rick a dit :
« - Arrêtez. J'ai besoin de lui pour vendredi soir. Je vais revoir cette fille.
- Comment ça « vendredi soir » ? Ma mère m'a puni pendant deux semaines. Comment suis-je censé sortir de la maison ?
- Bah tu trouveras un moyen, ou on continue à te taper dessus. »
Vendredi est arrivé, j'étais perdu. Maman m'a dit que j'étais privé de sortie mais, en même temps, je ne voulais plus me faire tabasser. J'ai décidé de me faufiler dehors lorsque mes parents se seraient couchés. J'ai vu Rick au bas des escaliers et nous avons marché jusqu'à l'endroit où la voiture était garée.

Rick a dit qu'il voulait conduire, alors je suis allé du côté passager et nous sommes partis pour San Diego.
« - Putain de merde, ralentis. Il y a un flic devant nous.
- Bien vu, je ne l'avais pas remarqué. »
Nous avons ralenti jusqu'à un quart de mile derrière lui, afin que nous puissions le garder en vue.

Environ une heure et demie plus tard, nous sommes arrivés à San Diego. Pendant que Rick était avec cette fille, j'ai attendu dans la voiture. Merde, il est déjà parti depuis quelques heures. Que diable fait-il ? Oh, il est là.

Il était temps. Tous deux ont marché vers moi et ils se sont arrêtés au bord du trottoir pour discuter un moment.

Rick avait commencé à la raccompagner jusqu'à la porte quand une lumière brilla sur moi, par derrière. C'est un flic qui criait dans son haut-parleur : « Vous, dans la voiture, sortez, les mains en l'air. »

Mon cœur s'est arrêté. Je ne pouvais pas croire ce qui m'arrivait. Une fois sorti du véhicule, le flic est venu vers moi, m'a fouillé et m'a mis des menottes. J'ai vu Rick et sa petite amie se lever, puis immédiatement se retourner et marcher dans l'autre sens.

L'autre flic a dit :

« - Vous deux, arrêtez-vous là.

- Qu'est-ce qu'il y a, officier ? demanda la fille.

- Êtes-vous avec ce jeune homme ?

- Non, officier, nous ne sommes pas avec lui. Nous sommes sortis pour une promenade et nous l'avons vu garé ici.

- Rick, s'il te plaît, dis-lui la vérité. »

Le flic a regardé Rick et a dit :

« - Comment connaît-il votre nom ?

- Eh bien, monsieur, ma copine et moi sommes passés devant lui plus tôt et avons parlé avec lui pendant un petit moment. Nous lui avons demandé ce qu'il faisait assis seul dans la voiture. Il n'a pas dit grand-chose, alors nous lui avons demandé son nom et lui avons donné les nôtres, puis nous nous sommes éloignés.

- C'est comme ça que ça s'est passé mademoiselle ?

- Oui, exactement comme ça, officier. Qu'est-ce que le gamin a fait, Officier ?

- Cette voiture aurait été volée à Hawthorne.

- Wow, nous n'en avions aucune idée !

- Ok allons-y. Assieds-toi à l'arrière de ma voiture. »

J'ai fait ce qu'il m'a dit, regardant Rick et secouant seulement la tête. Là c'est foutu. C'est ma dernière chance qui s'envole avec cette arrestation. Quand mes parents le découvriront, je serai à coup sûr séparé d'eux.

L'officier m'a emmené au poste où ils ont pris les empreintes digitales, m'ont photographié et m'ont enfermé dans une salle. L'officier est arrivé cinq minutes plus tard et a dit : « Nous avons tes parents au téléphone. »

Maman, la voix tremblante, m'a dit en pleurant :

« - Anthony, qu'as-tu fait ?

- J'ai de nouveau des ennuis.

- Oui je sais. L'officier m'a dit que tu étais dans une voiture volée.

Qu'est-ce que tu fais à San Diego, de toute façon ?

- C'est Rick qui a conduit jusqu'ici, maman, pas moi. Il m'a forcé à venir ici.

- L'officier a dit que Rick et sa petite amie lui avaient expliqué que tu étais venu seul et que Rick avait pris l'autobus pour aller là-bas.

- Qui t'as dit ça ?

- Sa maman est venue ici parce que Rick l'a appelée, lui a dit qu'il était avec sa petite amie, qu'ils t'ont vu être arrêté pour avoir été dans une voiture volée.

- Ce n'est pas vrai, maman. Rick m'a conduit ici. Je n'ai pas conduit.

- Anthony, écoute-moi. La maman de Rick a dit qu'elle l'avait emmené à la gare routière elle-même. Ils ne savent pas ce que tu faisais là-bas à San Diego. L'officier m'a informé que tu irais au centre de détention pour mineurs de San Diego. Un premier procès déterminera quand tu reviendras à Los Angeles pour un second procès, pour violation de probation et vol de voiture.

- Je comprends, maman. Je suis vraiment désolé.

- Ne t'inquiète pas, Anthony, je vais appeler M. Whitaker et lui expliquer la situation. Tiens-toi bien d'ici-là, Anthony, et n'aies plus d'ennuis. Je te verrai dans quelques jours. »

Quand j'ai raccroché, on m'a mis dans une salle jusqu'à ce que je puisse me rendre au centre. Je me suis endormi pour me réveiller quelques heures plus tard quand un officier est entré et a dit : « Allons-y, jeune homme. »

Nous sommes allés à la voiture. J'ai été menotté et placé sur la banquette arrière. Alors que nous roulions vers le centre, le flic m'a demandé mon âge. Je lui ai dit :

« - Treize, presque quatorze.

-      Mon garçon, pourquoi voler cette voiture ?

-      Je ne l'ai pas prise. Mon soi-disant ami l'a fait, et j'étais dans cette voiture, qu'il a conduite jusqu'ici.

-      On dirait que c'est toi qui vas récolter à sa place. Nous y voilà, allons à l'intérieur. »

Chapitre 29

L'officier a fait le tour de la voiture, a ouvert la portière et nous sommes entrés dans ce vaste bâtiment. Cet endroit était immense. Nous avons franchi une porte qui menait à une petite pièce. Il a dit : « Attends l'officier d'accueil ici. »

Un autre gars est entré par une autre porte. « Suis-moi. » Nous sommes entrés dans une seconde pièce, où j'ai remarqué des vêtements.

Il a dit : « Habille-toi. »

J'avais commencé à ôter mes vêtements quand un autre gars est entré et a dit : « Il doit rester ici parce qu'il va au tribunal demain matin. Pas besoin de changer de vêtements. Nous confirmerons ta date d'audience et te tiendrons au courant. »

Une fois mon dossier traité, le conseiller a dit :

« - D'accord, c'est confirmé, tu vas au tribunal demain matin pour déterminer quand nous te ramènerons à Los Angeles.

- D'accord, monsieur, je comprends.

- C'est bon. Maintenant, dors un peu, nous viendrons te chercher. »

Je me suis allongé sur le lit, me disant que, ça y est, maintenant c'était cuit. Je ne peux pas croire ce qu'ont fait ce bâtard Rick, sa petite amie ou sa maman.

Ils m'ont bien eu. Même maman trouve que leurs mensonges sont crédibles. Je jure que quand je sortirai de ce pétrin, je ne parlerai plus jamais à aucun de ces fils de… tant que je vivrai.

Le matin, je me suis réveillé, habillé, j'ai déjeuné et je suis allé dans la salle d'attente pour attendre le retour à Los Angeles. Merde, j'ai attendu une éternité dans cette effrayante salle de jour, avant qu'ils ne m'appellent pour me préparer à partir. Ça faisait des heures que j'étais prêt.

Nous sommes allés à un tribunal, la porte à côté. Le juge a immédiatement signé certains papiers et a déclaré :

« - Tu retournes tout de suite à Los Angeles. Le van devrait arriver d'une minute à l'autre.

- Il est déjà là. Mettons-nous en route. »

Merde, ça n'a pas pris longtemps.

« - Puis-je utiliser les toilettes avant de partir, s'il vous plaît ?

- Vas-y, mon garçon. Je t'attendrai devant la porte. »

Le trajet serait long, surtout à cette heure de la journée.

« - Installe-toi. On en a au moins pour quatre heures avant d'arriver au centre pour mineurs de Los Angeles.

- Au fait, dans quel centre allons-nous ?

- Nous allons à Central. Maintenant, assieds-toi et boucle-la.

- Monsieur, je peux vous poser une question ?

- Qu'est-ce qu'il y a, Holden ?

- Quelle est la limite de vitesse sur cette autoroute ?

- Cinquante-cinq. Pourquoi ?

- Parce que le gars en face de nous est arrivé sur la route à toute vitesse, juste pour ralentir à quarante-cinq.

- À bien y penser, je l'ai remarqué. Permets-moi de contourner ce gars, nous n'avons pas toute la journée. Maintenant, tu as terminé avec les commentaires, Holden ?

- Peut-être qu'on pourrait allumer la radio ? ai-je demandé sarcastiquement.

- Bon sang, Holden, tu veux un oreiller et une couverture ? »

Merde, ce mec est un connard. Je me suis contenté de regarder par la fenêtre pendant tout le trajet.

Je repensais à l'époque où je vivais dans la vallée de Simi. J'ai ramené cette souris blanche chez moi pour la montrer à mes sœurs. Tori était devant moi, parlant à une de ses amies, alors j'ai sorti la souris de la boîte et je l'ai mise sur l'épaule de Tori. Elle l'a regardé, a crié, a sauté et a marché à droite, en plein sur la souris, qui est morte sur le coup. Drôle, les petites choses sont celles dont on se souvient le plus. Je n'oublierai jamais comment j'ai dû expliquer à Mme Hanson, mon professeur, que ma sœur avait marché sur notre mascotte de classe. J'ai dû en acheter une autre à l'animalerie, ce qui ne me dérangeait pas, elles n'étaient pas trop chères, selon maman.

Vous vous souvenez que j'ai dit que je n'ai jamais voulu expliquer ma situation aux adultes parce qu'ils sont de mauvais conseil ? Un jour, je rentrais de l'école à pied et j'ai vu un homme plus âgé dans son jardin devant sa maison, une main sur un fauteuil roulant et l'autre tenant des sécateurs. Quand je me suis rapproché, j'ai remarqué que son cul pendait de son pantalon. Il taillait un rosier tout en essayant de ne pas tomber ou de ne pas se couper le doigt s'il perdait l'équilibre. Comme je l'ai mentionné : pathétique. Pourquoi penserais-je à parler de mon problème avec un homme comme lui ?

Bref, revenons à notre trajet. Nous semblions nous rapprocher. Je pouvais le sentir à l'air que je respirais. Ce qui est drôle à Los Angeles, c'est que, lorsque vous regardez le centre-ville, du bon endroit, il semble qu'il y ait un nuage brun et sale qui pèse au-dessus même si le ciel est bleu.

On est bientôt arrivés. Je devrais être là à temps pour le dîner. Je me fous de ce qui peut m'arriver maintenant. Il y a un moment où on jette l'éponge et on se dit, tu sais quoi ? Tu mérites tout ce qui va te tomber dessus. Comme je l'ai mentionné plus tôt, assumer la responsabilité de ses actions.

Dans ce cas, c'était ce cul boiteux de Rick et sa petite amie. Plus Rick que quiconque parce qu'il m'avait amené à San Diego. Je pourrais honnêtement dire que, quand je sortirai de ce gâchis, je ne veux plus revoir aucun de ces fils de. Ils avaient ruiné ma vie et déshonoré ma famille et moi. Si seulement j'avais été plus fort et pas un faible lâche, tout ça ne serait jamais arrivé en premier lieu.

C'était incroyable, comment, devant la police, ces deux-là ont dit qu'ils ne me connaissaient pas. Je suppose que j'étais idiot de ne pas divulguer les informations que j'avais sur Rick. Mais je pensais que si jamais je rencontrais à nouveau ces garçons, ils me le feraient chèrement payer, j'ai donc pris tout le blâme. Cela aurait été formidable si j'avais tout balancé sur la vie de ce connard aux flics, comme son nom et son adresse, peut-être les noms de sa famille, et comment lui et ses amis m'avaient fait cambrioler des maisons et voler la voiture de papa. Oh, sans parler du vol à l'étalage et de ce petit incident avec le pistolet. Ça aurait été bien fait pour sa gueule.

Ça aurait peut-être valu la peine d'être battu, de le voir tomber avec moi. Mais, comme d'habitude, j'ai gardé le silence et je n'ai pas dit un mot. Mais qu'est-ce que ça aurait été hilarant.

L'expression de son visage quand on lui aurait mis les menottes et que les flics l'auraient assis à côté de moi. Ah, putain, j'en rêve.

Le trajet est tellement long du centre pour mineurs de San Diego à celui de Los Angeles. Merde, pour couronner le tout, la circulation est infernale. Je ne pense pas que nous ayons même dépassé Disneyland. Ce qui est probablement aussi bien car cela ne ferait que me faire me sentir encore plus mal.

Nous sommes arrivés à Central et avons suivi la même routine, mais cette fois je savais à quoi m'attendre. Nous sommes entrés dans la même pièce avec le banc où on m'a donné des vêtements et on m'a demandé de me changer. Ensuite, je suis allé au même vieux comptoir et j'ai mis mes affaires dans des sacs.

« - Allez, Holden. Tu arrives à temps pour le dîner. Dépêche-toi si tu veux manger.

-    J'arrive. Je mets mes chaussures. »

J'ai suivi un gars dans un autre section. J'avais peur de rencontrer le type d'avant. Vous vous souvenez : celui qui voulait me tuer pour l'avoir couronné avec le plateau. Par chance, je ne l'ai vu nulle part.

Peut-être qu'il a joué avec la mauvaise personne et qu'il a pris sa retraite, si vous voyez ce que je veux dire.

La cantine n'était pas si bondée. Il semblait que peu d'enfants aient eu des ennuis ces jours-ci. J'aimerais bien être l'un d'eux. Mieux que de vivre cet enfer.

J'ai attendu en ligne pour avoir de la nourriture et je me suis assis pour manger. Il y avait des personnages intéressants à cette table. Un gars avait plus de boutons que je ne pouvais en compter et voulait vraiment s'en occuper. Bon sang, pourquoi doit-il enlever ces trucs, juste devant moi ?

Le gars à côté de lui n'était pas mieux. Son nez coulait et il l'essuyait sur sa manche. Pourquoi ce type n'utilise-t-il pas un mouchoir, probablement parce qu'il n'en a pas ou n'en a même pas entendu parler ? Des mouchoirs, des serviettes, une nappe, ça lui aurait servi.

« Hé, Mac, peux-tu arrêter de te faire une beauté et manger ? ça me dégoûte. Et toi, avec le nez qui coule. Prends une serviette ou quelque chose, tu veux bien ? »

Ces personnages étaient incroyables ! Je ne pouvais pas imaginer ce qu'ils avaient fait pour se retrouver dans cette situation. Mon repas terminé, on m'a assigné une chambre et j'ai été enfermé pour la nuit.

Cette nuit-là, allongé là, je me demandais combien de temps je serais bloqué ici cette fois. J'étais un échec et une grande déception pour ma famille. Surtout pour mes parents et mes sœurs.

Le matin, un conseiller est venu, a déverrouillé la cellule et m'a dit de me préparer à aller au tribunal.

« - Wow, c'était rapide.

-    Oui, je suppose qu'ils ont déjà décidé de la peine. Eh bien, j'ai entendu ça d'un huissier de justice qui connaît ton cas. Il a dit qu'il te connaissait et qu'il était très déçu que tu aies de nouveau des ennuis. Il sera là à ton arrivée. Il souhaite te parler.

-    La camionnette est là, allons-y. Nous devons être là-bas à neuf heures.

-    Je suis le seul à y aller aujourd'hui ?

-    Oui, les autres sont déjà partis ce matin.

-    Ton cas est spécial.

-    Je vois. Est-ce que ma mère sera là ?

-    Tu le sauras une fois arrivé, alors allons-y. »

Le chauffeur semblait bien pressé. Une fois assis, menotté et la ceinture de sécurité bouclée, nous sommes arrivés au tribunal en environ trente minutes. C'était incroyable, nous n'avions jamais fait si vite auparavant.

En montant les escaliers, j'ai vu le flic qui m'avait parlé toutes les fois précédentes. Il n'avait pas l'air content de me voir, c'est sûr !

« - Allons-y, Holden. Je suis très déçu de toi.

- Moi aussi, monsieur. Je suis sûr que mes parents le sont aussi.

- Holden, tu vas récolter ce coup-ci. La seule variable maintenant est la durée de ton séjour. »

Le flic m'a accompagné jusqu'à la salle d'audience et je me suis assis à côté de l'avocat. Il s'est penché et m'a dit :

« - Un an.

- Un an quoi, M. Whitaker ?

- Holden, tu vas être enfermé un an.

- Veuillez-vous lever. L'honorable juge Johnson préside. Veuillez-vous asseoir, s'il vous plaît.

- Monsieur Holden, je vois que vous avez été occupé, et il semble que vous n'ayez laissé aucune chance à la probation. C'est regrettable. Veuillez-vous lever, jeune homme. Je vous condamne à un an et demi au Camp Merrill. C'est un camp ouvert, vous ne serez donc pas enfermé. Il n'y a pas de fuite possible non plus. Ce camp est à vingt-trois milles dans la forêt nationale d'Angeles.

Il y aura du temps libre en cas de bonne conduite, et si j'étais toi, mon garçon, je profiterais certainement de ce petit avantage. Si tu évites les ennuis, ton dossier sera effacé lorsque tu auras dix-huit ans.

- Merci, votre honneur.

- La séance est ajournée.

- Maintenant, dis au revoir à tes parents. Les heures de visite sont le samedi et le dimanche, de midi à seize heures trente.

- Je vous verrai ce week-end, maman et papa. Je suis désolé pour tous les ennuis que j'ai causés.

- Tiens-toi bien, Anthony. N'aies pas de problème lorsque tu seras au camp. »

L'officier m'a ramené en bas. Seigneur, j'étais déprimé.

« - Je te l'ai dit, Anthony, que si tu avais de nouveau des ennuis, tu irais au camp.

- Je sais, monsieur. La seule bonne chose est que je ne reverrai plus jamais ces garçons. J'ai tellement de choses à dire à mes parents. Surtout à mon père.

- Eh bien, je suis sûr que tu auras tout le temps de le leur dire plus tard, quand tout cela sera derrière toi. Je sais que j'ai dit que j'essaierais de parler à nouveau à tes parents de ces garçons et de ce qui va être fait à leur sujet, mais je ne pense pas que ce serait approprié maintenant que tu vas au camp.

- Ne vous inquiétez pas, je veux juste mettre tout ça derrière moi et recommencer.

- Ça sonne bien, Holden. Prends soin de toi. »

Maintenant que je suis de retour au centre pour mineurs, je vais attendre et voir combien de temps il leur faudra pour me conduire dans ce camp.

Samedi, maman et papa sont venus me rendre visite. Ils m'ont apporté des bonbons, des magazines, du savon, du shampoing, du dentifrice et du déodorant. Ils sont restés un petit moment puis ils ont dit : « Nous ferions mieux de partir maintenant. Anthony, nous te rendrons visite au camp le fin de semaine prochain et t'apporterons plus de bonbons et de magazines. »

Chapitre 30

Le lendemain matin, un conseiller m'a dit au réveil que je devais être transféré au camp Merrill le lendemain. Super, maintenant je peux commencer à compter les jours. Je suppose que je vais tirer le meilleur parti de cette situation. Après tout, je me suis infligé ça.

Je me demande ce que fait cette bonne vieille Cherry en ce moment. Elle est probablement au travail, se demandant ce qu'est devenu son jeune ami. Quand je sors d'ici, je dois l'appeler et voir comment elle va. J'ai besoin de me reprendre. Je ne sais pas à quoi m'attendre en arrivant dans ce camp.

Au moment où je m'allongeais sur le lit, la porte s'est ouverte et le conseiller m'a demandé si je voulais aller dans la salle de jour et regarder la télévision.

« Bien sûr, pourquoi pas ? Ça m'a l'air bien. »
J'y suis allé, j'ai regardé la collection de livres et j'en ai attrapé un. C'était un livre sur les animaux. J'aimais les animaux. J'ai commencé à le parcourir pour voir ce que je pouvais apprendre. Pendant que je lisais, j'ai dû m'endormir car à mon réveil, il faisait noir et le conseiller m'a informé que je devais aller dans ma cellule, qu'il était temps de dormir.

Je suis allé dans la chambre et j'ai sauté dans le lit. Wow, j'étais fatigué. Je n'étais pas impatient de passer les dix-huit prochains mois dans ce camp.

Le lendemain matin, la porte s'est ouverte. Le conseiller m'a dit qu'il était temps de partir et il m'a accompagné jusqu'à l'accueil, pour changer de vêtements et monter dans la camionnette. La sentence devait être exécutée.

C'est drôle, ce qui vous vient à l'esprit lorsque vous savez que vous serez loin de vos parents pendant si longtemps. La bande doit déjà tourmenter un autre pauvre gosse. J'espère qu'il est plus fort que je ne l'ai été quand ils m'ont fait ça.

Je me suis assis sur le dernier siège du van et neuf autres enfants se sont empilés après moi. Ils nous ont menottés individuellement parce que certains enfants allaient dans d'autres camps. Le chauffeur nous a dit que nous faisions trois arrêts en cours de route pour déposer les enfants à différents endroits et que j'étais le seul à aller dans ce camp ouvert.

Nous sommes arrivés au premier arrêt et cela ressemblait à une prison. J'étais content de ne pas aller dans ce trou. Cinq enfants se sont levés et ont quitté la camionnette, mais ils étaient en prison pour meurtre. Je suppose que qu'ils appartenaient à des gangs. J'étais sûr qu'ils resteraient au clou beaucoup plus longtemps que moi. D'accord, c'est parti. Vers le second centre pénitencier. Celui-ci était à environ une heure du précédent et avait l'air tout aussi morbide.

Trois enfants sont descendus là, et l'un d'eux en avait les yeux exorbités.

« C'est une erreur, je n'ai rien à faire ici. » Deux gardes sont entrés pour choper ce pauvre mec et l'ont traîné hors de la camionnette, hurlant et donnant des coups de pied. Ce gars allait avoir du mal s'il ne se s'endurcissait pas.

« D'accord, Holden, en route pour ta nouvelle demeure. »
Pour qui il se prend ce type, un clown ou quoi ?

« - Puis-je vous poser une question ?

- Qu'est-ce qu'il y a, Holden ?

- Pourquoi ces deux dernières installations ressemblaient-elles à des prisons ?

- Oh, c'est parce qu'elles accueillent des enfants en difficulté de plus de quinze ans. Ils sont appelés ACJ, pour « Autorité Californienne de la Jeunesse ». C'est ce qu'il y a de plus proche d'une prison, pour un enfant, sans vraiment y aller.

Penses-y Holden, au rythme où tu vas, tu pourrais aussi venir ici quelques années si tu ne corriges pas ta trajectoire.

- Je vois, content de ne pas y aller, et vous avez tort, je n'irai jamais
dans cet endroit.

- Encore une fois, permets-moi de te dire Holden, si tu continues de cette façon, ce sera ton prochain arrêt. Utilise-ça comme une opportunité pour te redresser et arrêter d'avoir des ennuis. Regarde par la fenêtre, tu peux voir des cerfs et d'autres animaux pendant que nous roulons en montagne. En hiver, il neige là où tu vas, il fait donc très froid. Il ne serait pas utile d'essayer de s'échapper. J'ai entendu dire que tu étais le seul à s'être échappé de Central en plein jour. N'y pense même pas.

- Monsieur, je n'ai pas l'intention d'aller où que ce soit.

- Heureux de l'entendre. Tu as encore beaucoup de temps pour donner du sens à ta vie.

Nous y voilà. Allons voir ton nouveau centre. Allons-y, Holden, afin que tu puisses rencontrer ton nouveau conseiller et t'installer dans ce qui sera ton nouveau chez toi pour l'année à venir. »

Un homme s'est approché de nous.

« - Monsieur Jones, Holden vous a été assigné.

- Ravi de te rencontrer, Holden. Permets-moi d'expliquer certaines des règles ici au camp : premièrement, on ne se bat pas ; deuxièmement, n'essaies pas de t'enfuir ; troisièmement, ne pas voler de boîte; quatrièmement, fais ce qu'on te dit ; cinquièmement, pas de nourriture dans le dortoir ; sixièmement, pas de cris ; septièmement, reste dans le dortoir. Tu comprends ces règles ? Il y en a plus, mais tu les apprendras au fil du temps.

- J'ai une question. Qu'est-ce que le vol de boîte ?

- Le vol de boîte, c'est quand tu voles le contenu de la boîte d'un autre enfant et que tu emportes des choses qui ne t'appartiennent pas, comme des bonbons, des articles de toilette, des livres, des photos, etc.

- Je comprends toutes les règles, M. Jones.

- Bien, allons voir M. Williams et on va te donner quelque chose d'autre à porter. Tes vêtements de ville doivent être rangés, tu les récupèreras lorsque tu seras libéré. M. Williams ne parle pas très bien l'anglais, mais je suis sûr que tu le comprendras.

- C'est drôle. Comment un gars avec un nom de famille comme

Williams ne parle-t-il pas si bien l'anglais ?

-   C'est un sacré personnage, ne le laissez pas vous déranger, maintenant courez le voir et prenez vos vêtements. Nous parlerons plus tard.- Monsieur Williams, je suis venu vous voir pour me procurer une tenue et vous remettre mes vêtements de ville.

-   Prends ce pantalon, ce pull et ces baskets et va te changer dans les toilettes. »

Il devait y avoir une erreur. Quand j'ai mis le pantalon, il était scandaleusement grand. Je suis revenu à la buanderie pour parler à M. Williams du problème.

« - Monsieur Williams, ce pantalon est dix fois trop grand et ces chaussures au moins cinq fois plus. Et ce pull ressemble plus à une robe.

-   C'est tout ce que tu as, mon garçon. Maintenant, va te changer et arrête de te plaindre.

-   Mais je vais constamment perdre mon pantalon.

-   Là, prends ce lacet et utilise-le comme une ceinture.

-   Ça craint ! »

Ce mec parle très bien anglais mais malheureusement, je crois que c'est un connard.

« Fais ce qu'on te dit, mon garçon. Maintenant ! » Je suis allé dans la salle de bain et j'ai mis ces vêtements qui me donnaient l'air d'un clown.

« - Alors, on ne se sent pas mieux, quand on fait ce qu'on te dit ?

-   J'ai l'air stupide, M. Williams. Tout le monde va se moquer de moi.

Je le vois déjà, dès que je vais dans la cour, tout le monde va bien rire. »

Je suis sorti dans la cour et tout le monde a commencé à me harceler en disant :

« - Regardez le nouveau gosse.

-   Il a dû donner du fil à retordre à M. Williams.

-   Hé, pantalons flottants. Quel est ton nom, gamin ?

-   C'est Holden. Quels sont vos noms ?

-   Je m'appelle Bob. Voici Chuck, Martin. . .
-   Baby too cool, corrigió Martin.
-   Sympa de vous rencontrer les gars.
-   Au fait, gamin, une règle : ne demande à personne pourquoi ils sont ici.
-   C'est sûr. Je n'ai pas envie de savoir de toute façon. »

Une voix retentit dans le haut-parleur : « Tout le monde retourne au dortoir. Holden, ton lit c'est le 5C. Va voir M. Williams pour le linge de lit et un oreiller.

-   Salut, M. Williams. Je suis ici pour du linge et un oreiller.
-   Tiens, prends ce paquet. Tout ce dont tu as besoin est ici.
-   Merci Monsieur. »

Jusqu'ici tout va bien. Aucun problème avec aucun des enfants. Il devait y en avoir une trentaine au camp.

Une autre annonce a jailli du haut-parleur. C'était M. Steele !

« - Nous avons un nouveau garçon ici nommé Anthony Holden. Montrez-lui les ficelles et aidez-le à éviter les ennuis. Je ne veux pas entendre dire que cet enfant a eu des problèmes parce que personne ne s'est occupé de lui. »

Je suis allé vers mon lit et je l'ai préparé pour la nuit. Ensuite, j'ai rangé les autres trucs que maman m'avait apporté quand j'étais au centre pour mineurs. Je m'assis sur le lit, attendant de voir ce qui allait se passer ensuite. C'était bien agencé, il y avait quatre rangées de lits, deux de chaque côté, avec un immense bureau rond au milieu pour que les conseillers puissent voir tout ce qui se passait. Il y avait une salle de bain à gauche et une au milieu de la rangée de lits. Devant tout cela se trouvait la buanderie. On changeait de vêtements une fois par semaine à moins que nous ne soyons très sales, ils nous fournissaient ce dont nous avions besoin.

« On s'aligne ! Il est temps d'aller à la cantine pour le dîner. Holden, Macy, Jones, Franks, vous êtes de corvées de nettoyage après le dîner. » Nous nous sommes tous alignés et avons marché vers la cantine, qui était à l'extérieur et à gauche du dortoir. À droite, il y avait un très bon gymnase avec un terrain de basket et des poids.

La cantine était immense et la cuisine très bonne. La nourriture était délicieuse. Nous avions des spaghettis et des boulettes de viande. Wow, regardez la taille de ces boulettes de viande. Et ils ont du gâteau, des fruits, du jus, du lait. Merde, au moins je vais bien manger ici.

Après le dîner, j'ai dû aider à nettoyer et laver tous les plateaux et la vaisselle ainsi que les tables et le sol. Ce n'était pas trop mal. A nous quatre, nous avons tout fini en une heure environ.

« On dirait que vous avez terminé. Rentrons au dortoir et au lit. Il y a école demain, alors soyez prêt à sept heures du matin, pour aller en classe. »

Le matin, je me suis réveillé à six heures trente et je suis allé aux toilettes pour me nettoyer et me brosser les dents. J'étais prêt, à six heures cinquante.

Nous sommes tous allés en classe. Au moment où j'entrais, j'ai regardé notre enseignante et, oh mon Dieu, qu'elle était belle ! Je vais vraiment aimer aller à l'école.

Les journées se ressemblaient, l'un après l'autre. Même bonne vieille routine sauf quelques jours où nous faisions quelque chose de différent. Nous avons fait beaucoup « d'appels de police », ce qui signifie que nous marchions dans ce champ colossal pour ramasser des feuilles, des cônes de pins et tout autre débris qui traînait.

Ce n'était pas si mal que ça là-bas. Nous courions beaucoup sur la piste et jouions à différents jeux pour nous tenir occupés. L'école était amusante, les classes n'étaient pas si chargées et tout le monde semblait bien s'entendre.

Je pense que tout le monde se comportait très bien parce que l'enseignante était si attrayante et serviable avec nous. Je vais vous le dire, je n'avais jamais eu un professeur qui ressemblait à ça de toutes mes années à l'école. Il semble que les garçons réussissent particulièrement bien quand l'enseignante est belle. J'en suis sûr. Je parie que si nous pouvions avoir des pommes, elle aurait un bon tas sur son bureau.

Le cours touchait à sa fin, et je sais que nous avions hâte de revenir le lendemain.

« Bien les enfants, assurez-vous de bien lire ce soir le devoir que j'ai inscrit au tableau. Passez une bonne après-midi. »

Chapitre 31

Je me souviens d'un soir à la cantine. M. Steele s'est levé et a déclaré : « J'ai une surprise pour six jeunes hommes qui ont fait des progrès remarquables à l'école et en matière de citoyenneté. Pour récompenser ce bon comportement, nous ferons un road trip vendredi soir à Hollywood, pour voir un film au cinéma. Nous verrons Apocalypse Now. Les garçons qui m'accompagneront sont Holden, Rodriguez, Whitaker, Anderson, Fredricks et Walker. »

Wow, comment croire à la chance que nous avions ? Sortir de là, après tous ces mois, pour aller au cinéma. Je pensais que les tournois de basket étaient amusants, mais ça, ça allait être génial. Les jours se ressemblaient, mais celui-là serait sans doute différent.

« Félicitations les gars. Vous l'avez tous mérité. Surtout toi, Holden. Je sais que tu as eu du mal à ton arrivée. En fait, lorsque M. Williams t'a donné ce pantalon qui était beaucoup trop grand pour toi, et tous ces autres vêtements surdimensionnés, on a tous bien rigolé. Je me souviens que lorsque tu es sorti dans la cour, tu ressemblais à un clown. Personne n'a pu se retenir de rire. Tout le monde pensait que c'était amusant.

« Maintenant, on va t'expliquer la raison de cette tenue : c'est comme ça, jeune Holden ; M. Williams t'a donné des vêtements trop grands pour sonder ton caractère. Il voulait voir exactement quel genre de personne tu étais. Ce que je veux dire, c'est que si tu avais juste pris les vêtements sans te plaindre, il aurait déduit que tu étais un jeune homme sensé et non conflictuel. Mais si tu t'étais plaint, cela aurait signifié que tu étais un gamin gâté. Maintenant, à en juger par le rire que ça a déclenché dans la cour, tout le monde savait à quoi s'en tenir.

Ce que tu as prouvé, c'est que tu n'es pas un gamin gâté mais un jeune homme sensible, articulé et intelligent. C'est pourquoi tu as été choisi pour ce petit voyage. Tu as excellé dans toutes les matières à l'école, ainsi que dans l'équipe de basket-ball.

« Les autres qui ont été sélectionnés, eh bien, ont toujours été des étudiants modèles, ce qui doit être récompensé. J'ai choisi Holden parce qu'il a fait des progrès remarquables en très peu de temps.

« Allez, le film ce soir est Smokey et le Bandit. » a ajouté M. Steele.

Je me souvenais avoir vu ce film au cinéma quelques années auparavant. Pour faire court, nous nous sommes tous assis là et avons regardé le film. Après la projection, nous nous sommes tous alignés et sommes allés au dortoir. Je n'avais pas de corvées cette soir-là, donc j'ai pu me coucher tôt. Le lendemain matin, quelques gars parlaient du voyage au cinéma de ce vendredi. Certains étaient amers de ne pas avoir été choisis et ils ont commencé à s'en prendre à quelques-uns des enfants qui y allaient.

Eh bien, je n'aimais pas ça, alors j'ai dit :

« - Laissez les enfants tranquilles.

-      Qu'est-ce que ça peut te faire, Holden ? a dit Ben.

-      D'accord, qui veut y aller en premier ? toi Ben ?

-      Ne commence pas quelque chose que tu ne peux pas finir, Holden.

-      Je ne vais nulle part ! »

Je bluffais plus ou moins, m'attendant à ce qu'ils reculent. Puis cet enfant qui aimait se faire appeler Baby Too Cool a commencé à se battre avec un autre, beaucoup plus petit.

« Laisse le gamin tranquille, Martin. » C'était son vrai nom.

Puis un autre enfant a dit : « Ouais, Bébé Idiot et Stupide. »

Martin l'a pris de travers et s'est avancé vers l'enfant. Je ne pouvais pas le laisser faire ça, alors je me suis interposé et Martin m'a sauté dessus. Bien sûr, je me suis esquivé et l'ai attrapé juste au moment où un conseiller arrivait en courant pour voir ce qui se passait.

Tous les enfants ont expliqué que Martin avait commencé et que je défendais juste les plus petits, donc les conseillers ont décidé que Martin quitterait le camp et serait envoyé dans un camp sécurisé.

Après ce cirque, nous nous sommes tous endormis.

Le lendemain matin, à l'école, le petit garçon m'a remercié de l'avoir aidé avec Martin. Je lui ai dit :

« - Tu sais, tu devais vraiment y réfléchir à deux fois avant de te battre avec un enfant plus grand.

- Je sais, tu as raison. Mais merci. »

L'enseignante est entrée, nous a assigné le travail pour la journée et s'est assise au bureau, surveillant la classe.

Quand la cloche du déjeuner a sonné, je suis sorti pour regarder la neige avant de faire la queue pour aller manger. C'était bien joli dans la forêt. Il y avait des arbres partout, mais je n'avais toujours pas vu de cerfs ou d'autres animaux.

« - Allons-y, Holden. En ligne.

- J'arrive, monsieur. »

Merde, il faisait froid ce jour-là. Il semblait faire de plus en plus froid au fil de la journée, plutôt que de se réchauffer. Une fois à la cantine, nous avons tous pris notre nourriture et commencé à manger. Je ne pouvais pas m'empêcher de penser à ma vieille Tori et de me demander comment elle allait. Elle avait toujours su ce qui me troublait et elle a gardé le silence. Elle avait toujours été une enfant bonne et intelligente. Vraiment, elle était intelligente et parfois un peu maladroite. Nous nous entendions très bien. Marie était plutôt du type sérieux à l'école, participant toujours aux différentes activités.

Bon, on arrête de rêvasser. Je pourrais continuer comme ça pendant des heures. Nous avons tous dû retourner en classe pour quelques heures de plus. Cela ne me dérangeait pas puisque j'avais assez manqué comme ça. En classe, j'ai recommencé à rêvasser, pensant que tout cela n'était qu'un rêve et que je me réveillerai dans mon ancienne école.

Lorsque la cloche a sonné, le conseiller est venu et a dit : « Les six enfants qui partent en voyage vont voir M. Williams, enfiler leurs vêtements de ville et attendre M. Steele au bureau d'accueil. »

Nous sommes tous montés dans la camionnette et avons commencé à descendre la montagne. Alors que je regardais dehors, j'aurais préféré rentrer chez moi et non pas aller au cinéma, mais pourquoi me torturer avec ces pensées ?

Une fois arrivés à Hollywood, j'ai vu le bar dans lequel Cherry travaillait, mais je ne l'ai pas vue, elle. Merde, j'aurais adoré la revoir.

« D'accord, les gars, nous y sommes. Attendez, je vais chercher les billets, ne vous éloignez pas. »

Lorsque M. Steele est revenu, nous sommes entrés, nous sommes assis et avons attendu que le film commence. C'était votre film typique de la guerre du Vietnam. Vous savez, beaucoup de coups de feu, de tueries, de boisson, de drogues et autres. Mais, le colonel ? Ce gars avait bien besoin de conseils. Il était complètement déraillé.

C'était un film super long. Je me suis presque endormi. J'étais content que l'on ne nous ait pas demandé de rédiger un résumé car, après que les mille premiers gars aient explosé, cela a commencé à devenir redondant. À la fin du film, nous sommes retournés au camp. Le retour a été infernal, à cause de la circulation. Ça nous a pris une éternité pour arriver au camp. On a dû rouler au moins trois heures.

« Les gars, réveillez-vous. Nous sommes arrivés. Changez-vous et au dodo. »

Je me suis allongé et je me suis évanoui de sommeil. Le lendemain, nous avons eu un match de basket contre une autre équipe. J'avais entendu dire que ces gars étaient formidables et que nous aurions du mal à suivre. Le coach nous a tous entraînés avant l'arrivée de l'autre groupe. Nous avions l'air assez vifs. Je me disais que nous pourrions avoir une chance de gagner ce match.

Une fois le match commencé, nous avions perdu dix points à la mi-temps, mais nous avons commencé à rattraper notre retard. Au cours des dernières secondes, nous avons perdu deux points. Nous devions remettre le ballon à Bob. Il était de loin le meilleur tireur que de l'équipe. J'ai eu le ballon et dribblais sur le côté quand j'ai vu Bob se diriger vers moi. J'ai passé le ballon à Bob. Il a tiré et panier ! Un pointeur à trois. Nous avons gagné le jeu. L'autre équipe n'arrivait pas à y croire. Nous nous sommes serré la main et c'était tout. Nous sommes tous retournés au dortoir et avons attendu le dîner. L'entraîneur est venu et a dit qu'il était très fier de nous, qu'il n'avait jamais eu une équipe aussi formidable.

Noël approchait et nous étions tous un peu tristes parce que nos familles nous manquaient. Je sais que ma famille m'a beaucoup manqué. Bien sûr, j'ai les voyais tous les week-ends, mais certains de ces enfants n'avaient aucun visiteur. Cela devait être très difficile, de se dire que personne ne vous aime assez pour venir vous rendre visite au camp. Parfois, je donnais des bonbons à certains des enfants qui n'avaient pas de visiteurs, juste pour qu'ils n'aient pas l'air si tristes.

Je pense que certains des enfants devaient avoir perdu des membres de leur famille, ou avoir été abandonnés. Tout ce que je savais, c'était que cela devait être terrible d'être dans un endroit comme celui-ci sans nulle part où aller après avoir fait son temps, sauf dans un établissement de placement où ils essaient de vous trouver une famille convenable. Mais qui voudrait qu'un jeune délinquant dans sa maison ? Comment aller parler à une famille pour qu'elle héberge un enfant qui avait été dans un centre de détention pour avoir commis des crimes ?

Le lendemain, M. Steele avait besoin de l'aide de dix garçons pour une soupe populaire. C'était un événement annuel, pour lequel le camp donnait un coup de main. Je me suis porté volontaire pour deux raisons, premièrement, je n'y étais jamais allé et deuxièmement, je voulais prendre un peu l'air. Quand nous sommes arrivés, il y avait une foule immense venue chercher de quoi se nourrir. Le prêtre est sorti et a choisi cinq d'entre nous pour aider au service et cinq autres pour faire le ménage. J'étais de service et je dois dire que l'interaction avec certaines de ces personnes était absolument déchirante. Je jure que ces gens n'avaient rien. Il y avait des familles entières vivant dans la rue. Je me sentais particulièrement mal pour les enfants, ils étaient vraiment tristes à voir. Le plus drôle, c'est qu'il semblait que certains d'entre eux étaient heureux. Je suppose que c'est parce qu'ils étaient en famille.

J'étais ravi d'avoir ma famille mais je me sentais mal à cause de tout le chagrin que je leur avais causé. Je ne pouvais pas m'empêcher de me demander - je sais que j'y avais pensé avant - et si, je n'avais jamais rencontré ces gars-là ? J'aurais probablement été un bon étudiant, faisant du sport, avec une belle petite amie. J'aurais probablement été heureux. Ma vie a été misérable au cours des trois dernières années, j'avais été battu à plusieurs reprises, j'avais commis de nombreux crimes, j'avais manqué de respect envers ma famille, envers moi-même et tous ceux qui me connaissaient.

Le lendemain, le conseiller, M. Jones, m'a appelé dans son bureau pour une petite discussion.

« - Holden, entre et assieds-toi.

- Bonjour, M. Jones, comment allez-vous aujourd'hui ?

- Ça suffit comme ça, Holden. Écoute, j'ai examiné ton dossier et, je dois dire, je pense que tu es sur une mauvaise pente, une très mauvaise pente.

« Tu sais, du genre sans retour. Un enfant qui tombe ne réalise pas ce qui est en train de se passer parce qu'il ne touche pas le fond tout de suite. Il emmène des gens qui l'aiment avec lui, par le fond.

« Je sens que ta présence ici t'a empêché de tomber plus bas et de causer des dommages irréparables à toi-même et à ta famille. J'ai lu tes rapports d'étape des derniers mois et je dois dire que tu fais un travail remarquable. Maintenant que tu es ici, je sens qu'on a stoppé ta chute. A toi cependant de continuer sur cette voie. Ou continuer à tomber. La prochaine fois, tu pourrais te retrouver en prison - ou pire, MORT !

« Ce que j'ai recommandé, c'est que tu rentres chez toi en congé pour le week-end. Ce qu'un congé implique, c'est que tu rentres à la maison le vendredi soir et reviens le dimanche soir. Ça te va ? Mais attention, il t'est interdit de t'associer avec les garçons de ton quartier. Un policier du tribunal, qui s'inquiète particulièrement pour toi, m'a téléphoné et m'a tout raconté de ce que tu as vécu.

« Je dois dire, Holden, tout ce que tu as souffert est navrant. Ce que ces garçons t'ont fait est criminel.

« Ce serait ta parole contre la leur, pratiquement rien ne peut être fait à ce sujet. Allez, appelons tes parents et donnons-leur la bonne nouvelle.

- D'accord. »

M. Jones a décroché le téléphone et a composé le numéro.

« - Bonjour, puis-je parler à Mme Holden ?

- C'est moi.

- Salut, c'est M. Jones, du camp pour mineurs. Je suis l'agent de probation de votre fils.

- Oh mon Dieu, Anthony va bien ?

- Bien sûr. Il va bien. La raison pour laquelle je vous appelle, c'est que votre fils a fait un travail remarquable ici, et nous allons le renvoyer chez lui ce vendredi en congé.

- Vraiment ? C'est merveilleux.

- Ce que vous devez faire, Mme Holden, c'est venir ici vendredi à dix-sept heures, pour le récupérer et le ramener dimanche à la même heure. C'est compris ?

- Oui, bien sûr, M. Jones.

- Génial. Je vous passe Anthony. »

J'ai pris le téléphone que me tendait M. Jones.

« - Salut maman.

- Salut, Anthony. Comment vas-tu ?

- Je vais bien, maman. Je suis vraiment content pour ce fin de semaine.

- Oh, moi aussi, Anthony. J'ai hâte que tu viennes à la maison quelques jours. »

M. Jones a interrompu :

« - Il est temps de dire au revoir, Anthony. Tu dois aller déjeuner.

- Au revoir maman. Je dois manger maintenant.

- D'accord, Anthony, tiens-toi bien. Je te verrai vendredi. »

Chapitre 32

Après avoir raccroché, je suis allé déjeuner. Je voulais finir mes devoirs parce que nous avions un match de softball dans l'après-midi, et je voulais y participer. Nous étions tous sur le terrain et avons commencé à choisir les équipes. Je voulais faire partie de l'équipe de Bob. C'était un athlète exceptionnel. Je pense qu'il était là pour avoir volé une voiture ou quelque chose comme ça. Certains des autres gars ont eu beaucoup de problèmes mineurs et certains ont peut-être commis quelque chose d'un peu plus dangereux. Probablement pas plus dangereux que certaines des conneries que j'ai faites.

Nous nous sommes bien amusés en jouant au softball. On finissait par s'attacher à cet endroit au bout d'un un certain temps. Quelques minutes plus tard, M. Williams a demandé où John se cachait.

« Monsieur Williams, je l'ai vu passer derrière ce bâtiment de l'autre côté du terrain. » Chuck. On peut toujours compter sur cette fouine pour tout balancer.

Quoi qu'il en soit, Chuck est allé chercher John. Je l'ai vu passer derrière Le bâtiment puis revenir en courant, riant à s'en tenir les côtes. Il semblait que John était derrière le bâtiment, en train de se soulager.

M. Williams s'est approché et a dit :

« - John, viens ici maintenant. Que faisais-tu là-bas, jeune homme ?

- Rien, M. Williams.

- Ouais, c'est ça. Dans ton dortoir. Tu n'as droit qu'à ton lit et aux toilettes pendant une semaine. Maintenant, vas-y !

Et Chuck, pas un mot à qui que ce qoit, il n'a pas besoin de ce genre d'embarras. Holden, je sais que tu as entendu ce que Chuck a dit, alors s'il te plaît, garde-le aussi pour toi.

- Oui monsieur.

- Je suis sûr qu'il n'a pas besoin que les autres garçons apprennent ce qu'il faisait derrière le bâtiment. Il est probablement assez gêné d'avoir été pris. Fondamentalement, ce n'est parfois pas la bonne chose à faire - s'en prendre à un enfant parce qu'il a fait quelque chose que vous trouvez mauvais ou offensant. Je suis sûr que vous avez tous les deux fait des choses dont vous ne voulez pas que le monde entier entende parler.

- Nous comprenons, M. Williams. Nous ne dirons pas un mot. »

Vendredi est arrivé. Je venais de terminer l'école pour la journée et je suis allé au dortoir pour me préparer à ce que maman vienne me chercher. Je devais d'abord me changer, alors je suis allé faire une petite visite à M. Williams, pour récupérer mes vêtements, puis je suis retourné au dortoir.

Quelques gars sont venus vers moi et m'ont dit :

« - Merde, Holden, tu as de la chance de rentrer à la maison pour le fin de semaine.

- Je sais. Je ne peux pas y croire.

- Hé, Holden, par ici. Dans mon bureau. Ta mère est en avance.

- J'arrive, M. Teal. »

M. Teal était un autre agent de probation du camp.

« - Salut maman.

- Salut, Anthony.

- Tu connais les règles, Anthony.

- Oui, M. Teal.

- D'accord, amuse-toi bien, je te verrai dimanche après-midi. »

Descendre la montagne avec maman était super. C'était vraiment bien de partir pour quelques jours.

« - Anthony, il t'est interdit de voir ces garçons quand tu seras à la maison. Ton père et moi avons quelque chose à te dire quand on sera arrivés.

- Ok maman. »

Nous sommes finalement arrivés à l'appartement et aucun de ces gars n'était là. Papa est sorti et a dit :

« - Anthony, comment vas-tu, mon garçon ?

- Bien, papa, comment vas-tu ?

- Tu te souviens des gens en bas ?

- Oui papa.

- Ils ont déménagé il y a quelques mois. Je n'ai pas vu les autres enfants depuis des mois.
- C'est super, papa. »

Mes sœurs sont sorties de leur chambre et ont dit :

« - Salut, Anthony.
- Hé, Tori. Je t'ai manqué ?
- Bien sûr, idiot.
- Salut, Marie. Comment est l'école ?
- Ça va très bien, Anthony. Comment est la prison ? répondit-elle.
- Marie, ce n'est pas gentil. C'est ton frère, dit maman indignée.
- Je suis désolée, Anthony ! répondit Marie.
- D'accord, les filles, allez dans votre chambre. Nous devons parler à Anthony, seul.
- Qu'est-ce qu'il y a, maman ?
- Eh bien, Anthony, c'est difficile à dire. Ton père et moi allons divorcer.
- Que voulez-vous dire ?!
- Nous ne pensons tout simplement pas que cela fonctionne, Anthony, cela n'a rien à voir avec toi. Ton père et moi avons trop de problèmes. Je déménagerai dans un endroit près du lycée, et ton père déménagera dans un appartement de l'autre côté de la rue. Lorsque tu sortiras, tu pourras choisir où tu veux vivre.
- Je comprends, maman, papa. Je suis vraiment désolé d'entendre ça. J'espère que ce n'est pas à cause de tous les ennuis que j'ai causés.
- Anthony, ne dis pas ça. Bien sûr que ce n'est pas ta faute. »

Le lendemain, papa m'a emmené au cinéma pour voir un film Alien. C'est l'histoire d'un vaisseau spatial qui explore une planète inconnue et trouve une cosse qui a une créature à l'intérieur. Une fois la capsule ouverte, un monstre saute et s'enroule autour du visage et du cou de celui qui se trouve devant lui. La mauvaise nouvelle, c'est qu'il pond un œuf dans la gorge de sa victime, qui éclot et se développe à l'intérieur d'eux. Après un moment, la chose doit sortir. Le petit problème étant qu'il sort de la poitrine de la victime.

C'était vraiment dégoûtant, en regardant cette chose sortir du torse d'un gars et commencer à courir autour de ce fichu vaisseau, comme un petit démon de l'enfer. Après un certain temps, la chose grandit et commence à pondre des œufs qui contiennent encore plus de ces petits monstres. Bientôt, il y a un tas de ces salauds qui courent autour du vaisseau.

A la fin, ils attirent la créature dans la soute, ouvrent le sas et l'envoient dans l'espace. C'était un super film, je l'ai vraiment apprécié.

Quand nous sommes arrivés à la maison, papa a fait des macaronis au fromage. J'adorais ce truc. Ça m'a manqué pendant mon absence. Après avoir fini, je suis entré dans ma chambre, me suis allongé sur le lit et j'ai pensé à ce que maman et papa m'avaient dit. Ça craignait vraiment, et s'ils pensaient que je ne croyais pas y être pour quelque chose, ils sont fous.

J'avais causé tellement de frictions dans ma famille au fil des ans que je voulais juste mourir. Je me suis levé et suis entré dans le salon pour regarder la télévision un moment. Mon émission préférée était Happy Days. Ce Fonz était un gars curieux, avec sa façon de d'attirer n'importe quelle fille qu'il voulait. Ça doit être cool, de parler à toutes les filles que tu veux et elles tombent raide dingue de toi. Ensuite, je me suis dit que c'était seulement à la télévision que quelque chose comme ça était possible. Cela ne se produit pas dans le monde réel. Plus tard dans la journée, une partie de ma famille étendue est venue me rendre visite, car je retournais au camp le lendemain. C'était agréable de voir de la famille ; ils étaient contents de me voir chez moi.

Cet après-midi-là, j'étais assis dans le salon et Daisy est venue frapper à la porte.

« - Salut, Daisy.

- Salut, Anthony, comment vas-tu ?

- Je vais bien. Je viens de rentrer pour le week-end.

- J'ai entendu ta sœur dire à un ami commun que tu étais ici. Je voulais m'excuser pour maman et tout ce qu'elle t'a dit l'année dernière, c'était très méchant.
- Eh bien, elle ne voulait pas que sa fille voie un garçon qui était en prison.
- Je veux toujours être ton amie et te parler de temps en temps.
- Ce serait bien.
- Je ferais mieux d'y aller, maman ne sait pas que je suis ici.
- Ok prends soin de toi.
- Anthony, préviens-moi quand tu sortiras. »

Après son départ, je me suis dit que c'était gentil de sa part de s'excuser pour ce que sa maman m'avait dit et fait l'année dernière. Quoi qu'il en soit, revenons aux émissions de télévision. J'ai fini par m'endormir sur le canapé quelques heures. Quand je me suis réveillé, je me suis rappelé que demain, je devais retourner au camp.

Je suis finalement retourné dans ma chambre, j'ai regardé toutes mes affaires et je me suis demandé ce qui allait se passer quand maman et les filles partiraient. Je savais que papa ne pouvait pas tout emporter avec lui et maman non plus. Que vont-ils faire, jeter mes affaires ou les donner à l'Armée du Salut ? Tant pis. Je suppose que je vais voir ce qui se passe quand je sors.

J'espère que ce sera en juin, selon mes calculs.

Le matin, je me suis réveillé et j'ai pris mon petit-déjeuner. Maman est venue me voir et m'a demandé s'il y avait quelque chose que nous pouvions prendre pour que je le ramène au camp. J'ai pensé à plus de magazines et de bonbons. J'avais déjà assez de shampoing et d'autres articles de toilette pour environ un mois.

Nous nous sommes mis en chemin pour le camp, et tout ce à quoi je pouvais penser était la façon dont ma famille était maintenant brisée et je sentais que j'avais quelque chose à voir avec cela. Je n'en ai pas dit un mot, et ma mère non plus. J'aurais aimé voir mes sœurs avant de partir, mais elles sont sorties quelque part avec papa. Je suis arrivé au camp vers quatre heures et demie. M. Jones nous a vus monter et est sorti pour nous accueillir.

« - Holden, comment était ton passage à la maison ?

- C'était formidable, M. Jones.

- Madame Holden, Anthony s'est-il bien comporté pendant qu'il était à la maison ?

- Oh, oui, très bien, M. Jones.

- Ça fait plaisir à entendre. Anthony, dis au revoir à ta maman et allons parler un peu.

- Au revoir maman. J'ai vraiment passé un bon moment à la maison. J'espère que je pourrai sortir d'ici environ sept mois.

- Prends soin de toi, Anthony. Je te verrai le week-end prochain.

- Au revoir maman.

- Allez, Holden, il faut qu'on discute. As-tu vu l'un de ces garçons lorsque tu étais à la maison ?

- Non-monsieur. J'ai entendu dire que ceux qui habitaient dans notre immeuble avait déménagé. Les autres ne viennent plus. Une autre chose, monsieur, c'est que mes parents divorcent, et je ne peux pas m'empêcher de me sentir responsable de la rupture.

- Tu sais, Holden, je ne sais pas quoi te dire à part de ne pas t'en inquiéter pour le moment. Concentre-toi sur toi et sur la reprise en mains de ta vie. Va au dortoir pour te préparer pour le dîner.

- Je n'ai pas vraiment faim. Puis-je simplement m'allonger et faire une sieste ?

- Bien sûr que tu le peux. »

Je me dirigeai vers le dortoir, enlevai mes chaussures, m'allongeai sur le lit et fis une sieste. Je me suis réveillé quelques heures plus tard et j'ai commencé à parler à Bob de ma situation familiale. Tout ce qu'il pouvait dire, c'est qu'il savait ce que je ressentais parce que ses parents avaient divorcé quelques années auparavant.

Il a dit : « - C'est difficile à gérer au début, mais ça s'améliore avec le temps.

- Je n'ai jamais pensé que mes parents divorceraient, Bob.

- Nous ne pensons jamais que nos parents divorceront parce que nous sommes trop jeunes pour savoir ce qu'est le divorce jusqu'à ce qu'il se produise.

- Je ne comprends pas pourquoi cela arrive à ma famille.
- Tu ne comprendras jamais, Anthony.
- Je vais dormir maintenant, Bob. Merci pour la conversation. »

Chapitre 33

Le plus drôle dans ma situation était que je ne souhaitais pas me venger de ces gars-là, je voulais juste que ma vie change. Je me suis endormi en pensant à ce que je pouvais faire pour changer ma vie et m'adapter au divorce de mes parents.

Quand je me suis réveillé le matin, tous les conseillers sont entrés et nous ont parlé de ce qu'ils prévoyaient pour Noël. Après tout, c'était dans quelques jours.

« - Les garçons, il y aura des lumières à installer, et un arbre sera livré, qui aura besoin d'être décoré. J'ai besoin d'Anthony, Bob, Chuck et Martin (maintenant qu'il était de retour de son exil) pour décorer l'arbre quand il sera livré. Et Franks, Norton, Gates et Gomez pour disposer les guirlandes lumineuses dans le camp. Tout le monde a compris ce qu'il a à faire ?

- Oui monsieur.

- Bien, alors tous au déjeuner. »

Après le petit-déjeuner, nous avons été informés que l'arbre et les lumières avaient été livrés, alors nous nous sommes tous mis au travail. J'ai toujours aimé décorer les arbres de Noël, surtout à la maison. Merde, je me sens mal. La maison me manque et je ne veux pas passer Noël ici.

Après avoir décoré l'arbre, nous avons appelé le conseiller pour qu'il vienne inspecter notre travail. Il était ravi et nous a donné de la glace à la cantine, et il n'a pas eu à insister pour que nous la mangions. Nous avons ensuite entendu le conseiller, dans le haut-parleur, nous appeler à venir sur le terrain pour une annonce. Nous nous sommes regardés en nous demandant ce qu'il allait dire.

« - Les garçons, nous allons organiser un événement spécial de Noël auquel tous vos parents sont invités. Nous aurons un buffet dans la cour et des activités pour la famille. Assurez-vous d'appeler vos parents pour leur faire savoir qu'ils devront être ici à midi.

- Wow, c'est vraiment cool de leur part de les inviter.

- Je vais voir si je peux appeler ma famille pour leur faire savoir.

- Moi aussi.
- Allons utiliser le téléphone.
- Salut maman.
- Anthony, c'est toi ?
- Bien sûr, maman. À ton avis, qui appellerait pour dire : Salut, maman ? Maman, nous organisons une réunion le jour de Noël. Pouvez-vous venir ?
- Je suis désolée, Anthony, nous ne pourrons pas être présents. Nous allons à une grande fête de famille. Mais nous serons là ce week-end pour te rendre visite.
- D'accord, maman, je comprends. A ce week-end.
- Ma famille ne peut pas venir à l'événement.
- Je suis désolé, Anthony, c'est terrible.
- Je verrai mes parents samedi, il ne reste que cinq jours. »

Le matin de Noël était très mouvementé. Il y avait du monde partout, des enfants qui couraient et s'amusaient bien. Je me suis assis sous un arbre, en pensant à mes parents et mes sœurs. J'espérais qu'ils passeraient un bon moment avec le reste de la famille.

À la fin de la réunion, nous avons tous dû nettoyer le terrain et la cantine. Cela a pris beaucoup de temps. Il y avait des ordures partout. Avec toutes les poubelles qu'il y avait, pourquoi personne ne les avait utilisées ?

Il était tard quand nous avons fini. J'ai demandé à retourner au dortoir pour pouvoir m'allonger. Cette journée m'avait déprimé et fatigué. Le lendemain, je me suis réveillé et j'ai nettoyé le dortoir avec le reste des gars. Après ce nettoyage, je suis allé au gymnase pour jouer au basket et soulever des poids. Nous n'avions pas de cours pour les deux semaines à venir, alors j'essayais de m'occuper autrement.

Puis vint le jour de la visite. Mes parents devraient être ici d'une minute à l'autre. J'avais hâte de les voir parce qu'ils n'avaient pas pu venir à Noël. Je les ai attendus dans la cantine, où les tables étaient dressées. Je les ai vus entrer, nous nous sommes assis et avons parlé pendant environ une heure.

Maman m'a dit qu'elle avait déménagé la veille, dans son nouvel appartement, avec les filles. Il semblait que maman avait notre garde. Papa n'avait pas l'air très heureux, mais il allait plutôt bien si on prenait en compte l'état de son mariage. Maman m'a apporté plus de bonbons et papa m'a des magazines dont j'avais bien besoin.

« - Si j'ai de la chance, papa, je serai sorti d'ici en juin. Je pourrais peut-être venir habiter avec toi.

- Ce serait super, mon fils.

- Je n'ai aucun problème avec ça non plus, Anthony, commenta maman.

- Bien. Comment vont les filles ?

- Elles s'en sortent très bien. Marie est très occupée au lycée et Tori finira sa huitième année en juin. Nous n'avons pas revu ces garçons dans le quartier, et espérons que quand tu sortiras, on ne se retrouvera pas dans la même situation qu'avant.

- Je ne pense pas, maman. J'ai eu ma dose d'ennuis.

- Nous ferions mieux de partir maintenant, Anthony. Prends soin de toi et suis bien les règles.

- Je le ferai, maman. À la semaine prochaine. »

C'était bien de voir mes parents aujourd'hui, bien que je me sente mal qu'ils ne soient plus ensemble. Ça doit être dur pour papa, d'être seul et tout.

Quand je sortirai, je vais passer du temps avec eux deux. Selon moi, il avait le plus besoin de ma présence parce qu'il était seul dans son nouvel appartement et aussi parce que le diabète l'avait beaucoup affaibli physiquement. Il avait perdu sa jambe jusqu'au genou et, d'après ce que mes sœurs m'avaient dit, cela lui faisait vraiment mal. Penser à ce qu'il devait ressentir m'a fait pleurer.

Papa, en fin de compte, était un homme bon, très aimant et solidaire. Il aimait vraiment assister à mes matchs et me regarder jouer avec sa caméra. Il avait cette épingle qu'il portait et qui disait

: « C'est mon garçon. » Je pense qu'il était plus tolérant que quiconque face aux ennuis que j'avais eu mais, quand même, c'était vraiment injuste que je fusse un tel petit monstre.

Le camp m'avait beaucoup aidé avec l'estime de soi et l'honnêteté, au point que je ne pensais pas que j'aurais de nouveau des ennuis, et sûrement pas parce que quelqu'un m'avait fait faire quelque chose que je ne voulais pas faire en premier lieu.

L'intimidation était pour moi un sentiment d'impuissance et de désespoir. Cela m'a donné des problèmes de confiance, sans parler de la peur d'être tourmenté par des gens que je pensais être mes amis.

Le printemps était arrivé et tous les arbres commençaient à reprendre vie. Toute la neige avait fondue maintenant que le temps se réchauffait. Il faisait très chaud au camp au printemps et en été, mais j'espérais être parti l'été.

M. Smith a emmené une dizaine d'entre nous jusqu'à une cascade qui se déversait dans un étang, afin que nous puissions aller nager et faire un peu d'escalade. C'était très amusant, un peu comme aller en colo. En fait, les neuf derniers mois n'avaient pas été si mal. A part la visite de mes parents à la fin de la semaine, ce n'était pas différent de n'importe quel autre camp. Nous avons passé environ cinq heures près de la cascade. C'était agréable. Sur le chemin du retour, nous avons vu quelques mouffettes et des ratons laveurs, mais toujours pas de cerfs. J'avais entendu dire qu'ils venaient parfois autour du terrain.

Peut-être que je peux passer plus de temps assis dehors, maintenant qu'il fait plus chaud, et lire quelques magazines. Je pourrais avoir de la chance et voir un cerf se promener.

Pendant que je lisais, M. Jones est venu vers moi et m'a demandé de le suivre jusqu'à son bureau. Il avait quelque chose à me dire avec quelques autres conseillers.

« - Assieds-toi, Holden. M. Williams, M. Steele, et moi voudraient te dire que ta date de libération est arrivée. Tu rentreras chez toi le 16 juin. Félicitations, Holden. Tu as été un jeune homme modèle et tu as fait un excellent travail de redressement. Nous ne doutons pas que tu ne retomberas pas dans le système pénal et nous croyons, avec une immense confiance, que tu seras un jeune homme responsable.

- Merci, messieurs, j'apprécie vraiment tout ce que vous avez fait pour moi.

- C'est normal, Holden. Appelons ta maman et ton papa pour leur annoncer la bonne nouvelle. »

Un des conseillers a décroché le téléphone et a composé le numéro.

« - Bonjour, est-ce bien M. Holden ?

- Oui, lui-même. Qui est à l'appareil ?

- C'est M. Jones, au camp.

- Anthony va bien ?

- Oui, Monsieur, il se porte très bien. La raison pour laquelle nous vous appelons est qu'Anthony sera libéré le 16 juin et nous aimerions savoir si vous et votre femme pourrez le récupérer.

- Oui, bien sûr, M. Jones, nous serons là pour le récupérer. Faites-lui savoir que je serai là ce week-end pour lui rendre visite.

- Je vous le passe.

- Salut papa.

- Salut, Anthony. Je suis heureux d'apprendre que tu rentres à la maison dans quelques mois, dit papa.

- Je sais, papa, n'est-ce pas génial ? Tu peux le dire à maman ?

- Bien sûr, je vais l'appeler dès que je raccroche.

- Merci papa. »

Après avoir raccroché, j'ai senti que peut-être, quand je serais sorti, je pourrais vraiment commencer à me ressaisir. J'ai remercié M. Jones et je suis retourné au dortoir pour en parler aux autres gars.

« - Hé, Bob.

- Qu'est-ce qui s'est passé, Anthony ? Pourquoi es-tu allé au bureau des conseillers ?

- J'ai mon rendez-vous, Bob.

- Tu plaisantes. Vraiment ? C'est super ! Quand pars-tu ?

- La date de sortie est fixée au 16 juin.

- Est-ce que je peux avoir l'attention de tout le monde ? Il semble que notre bon vieux Holden ici présent sera dehors le 16 juin. Alors, assurez-vous d'utiliser de temps qu'il lui reste pour le traiter aussi mal que vous le souhaitez. » La pièce a éclaté de rires et de félicitations.

L'excitation retombée, je suis allé sur la piste, je pensais faire quelques tours avant le dîner pour me mettre en appétit. Mais au lieu de cela, je me suis simplement assis sur le banc, me demandant comment ça allait être quand je serai rentré chez moi.

Après tout, mes parents n'étaient plus ensemble et, au fond de moi, je sentais que c'était ma faute, parce que j'avais été un enfant si troublé. Plus j'y réfléchissais, plus je souhaitais avoir réussi ma tentative de suicide avec l'injection d'insuline que je m'étais faite il y a quelques années. Je suppose que ce n'était tout simplement pas mon heure, je ne devais quitter cette terre de sitôt.

Je me dirigeai vers la cantine pour faire la queue pour le dîner. Un des gars m'a demandé depuis combien de temps j'étais ici avant la date de sortie. Il semblait être nouveau et était extrêmement inquiet pour une raison que j'ignorais.

J'ai dit : « - Je suis ici depuis huit mois, mais ce n'est pas pareil pour tout le monde. Je crois que cela dépend de ton comportement et de ta réussite scolaire.

- Je te remercie ! J'apprécie l'information.

- Aucun problème. J'espère que tu apprécieras ton séjour ici. »

Peu de temps après avoir fini de manger, un conseiller s'est levé et a dit : « - Les garçons, que diriez-vous d'un match amical de softball?

- Ah ça, oui ! »

Le softball est très amusant quand les équipes avaient beaucoup de joueurs.

« Bob, va chercher l'équipement dans le casier. Je vais chercher les bases au gymnase. »

Chapitre 34

Nous devons avoir joué au moins trois heures. Nous aurions joué plus longtemps mais il faisait noir, nous avons donc dû arrêter.

Le temps qui me restait à passer au camp s'est écoulé très rapidement. Avant de le savoir, c'était la veille de mon départ. Le conseiller m'a laissé appeler papa et maman pour savoir qui venait me chercher.

« - Salut papa.

- Salut, mon garçon, comment vas-tu ?

- Je vais bien, papa. Dis-moi, qui vient me chercher demain ?

- Ta maman va venir, Anthony. Ma jambe fait des siennes ces derniers temps et je n'ai pas pu quitter l'appartement.

- Je suis désolé d'entendre ça, papa. J'espère que tu te sens mieux. Je vais appeler maman.

- D'accord, Anthony, je te verrai à ton retour.

- D'accord, papa.

- Salut maman.

- Salut, Anthony.

- Maman, je me demandais si tu venais me chercher demain.

- Oui, Anthony. Je serai là vers trois heures.

- D'accord, maman, merci. À demain.

- Au revoir, Anthony. Sois sage. »

Après avoir raccroché, je suis allé au dortoir pour rassembler mes affaires, pour que tout soit prêt à l'heure du départ.

Certains des garçons étaient désolés de me voir partir. Je m'étais fait de bons amis ici, qui m'aimaient vraiment. Pas comme les connards que j'avais rencontrés à la maison. Je me sentais très mal de partir et laisser derrière moi les amitiés que j'avais développées au fil des mois. Les conseillers semblaient un peu déçus de mon départ, mais j'étais sûr qu'ils iraient bien.

Eh bien, le voici, le matin de mon départ et le début d'une nouvelle vie. Je me sentais bien. Pas de soucis, pas d'anxiété, pas de peur. Pour la première fois depuis plusieurs années, je me suis senti libre. Ce que je pouvais dire avec certitude, c'est que je ne voulais plus jamais m'associer avec la bande. Ce qu'ils m'ont fait au fil des ans était inexcusable.

J'étais assis avec mes amis quand M. Jones et maman sont arrivés.

« - Anthony, tu es prêt à partir ? demanda M. Jones.

- Oui monsieur.

- Eh bien, Anthony, ce fut un plaisir de te rencontrer. Je te souhaite bonne chance pour la suite. Tu sais quoi faire maintenant, mon garçon. Rends-moi fier.

- Oui monsieur. »

Maman m'a aidé à porter mes affaires jusqu'à la voiture, j'ai dit au revoir à tous les gars et nous avons redescendu la montagne. Assis à l'arrière de la voiture, je regardais le camp que nous quittions, et il me manquait déjà un peu. J'avais commencé à vraiment aimer être là, avec mes nouveaux amis. Je pense que ces gars vont me manquer.

« - Maman, tu peux me déposer chez papa ? Il semblait ne pas se sentir bien et je m'inquiète pour lui.

- D'accord, Anthony, je vais te déposer.

- Merci maman. »

Quand je suis arrivé chez mon père, il était allongé sur le canapé et regardait la télévision. Je me sentais mal pour papa. Avec sa jambe et tout ça, ça devait être dur.

« - Hé, papa, je vais pouvoir retourner au lycée en septembre ?

- Oui, Anthony. Je t'y emmène en août pour t'inscrire. Mais demain, ta maman vient te chercher pour t'emmener chez le dentiste, pour réparer cette dent de devant.

- Vraiment ? C'est génial. J'y pensais tout le temps au camp. »

Je suis resté avec lui jusque tard dans la nuit, à regarder la télévision et à parler. Mon père m'avait beaucoup manqué et j'étais très heureux d'être ici avec lui.

Quand je me suis réveillé le matin, j'ai pris mon petit-déjeuner et j'ai attendu que maman vienne me chercher pour mon rendez-vous. J'ai entendu frapper à la porte et suis allé y répondre parce que papa était toujours au lit, il devait se reposer.

« - Salut maman.

- Tu es prêt à partir, Anthony ?

- Oui.

- Génial, allons-y, nous ne voulons pas être en retard.

- Au revoir, papa, je te verrai plus tard.

- D'accord, Anthony, bonne chance pour le dentiste. »

Quand nous sommes arrivés chez le dentiste, maman a rempli des formulaires et je lisais des magazines.

« Par ici, jeune homme. »

Je me suis assis sur la chaise du dentiste et j'ai attendu qu'il vienne me voir.

« Qu'avons-nous ici, jeune homme ? Ouvre grand, laisse-moi jeter un œil. Oh je vois. Tu t'es cassé la dent de devant en deux. Je vais faire un moule et je t'en ferai une nouvelle. »

Je suis resté assis une éternité sur cette chaise, attendant le retour du dentiste. Quand il est finalement revenu, il a dit : « Nous devons limer un peu la dent sur le côté pour que la nouvelle puisse rentrer.» Une fois le limage terminé, il a mis cette gencive à l'intérieur de la nouvelle dent et l'a poussée dans ce qui restait de la dent.

« - Alors, à quoi ça ressemble ?

- Wow, ça a l'air super.

- Va montrer ça à ta maman.

- Maman, maman, regarde !

- Hé, c'est super, Anthony. »

Quand nous avons quitté le cabinet du dentiste, maman m'a ramené à l'appartement de papa.

« Anthony, je te verrai plus tard. Sois gentil avec ton père et appelle-moi si tu as besoin de quoi que ce soit. »

Papa et moi adorions regarder Speed Racer et Little Rascals, je suppose que ce sont mes émissions préférées, avec Bugs Bunny. C'était horrible de voire papa qui avait du mal à se déplacer, après avoir perdu la moitié de sa jambe gauche à cause du diabète. Il ne pouvait plus travailler et était officiellement invalide. Il n'aimait pas ça du tout. Depuis qu'il avait cessé de travailler, sa famille était tout ce qu'il lui restait. Plus tard dans la soirée, j'ai préparé de la soupe et je me suis assis avec lui pendant qu'il mangeait. C'était difficile de voir papa dans cet état. Son repas terminé, il s'endormit et j'ai regardé la télévision.

Le lendemain matin, lui et moi sommes allés à la plage pour déjeuner et parler de ce que j'allais faire maintenant que j'étais hors du camp.

« - Eh bien, papa, la première chose à faire est de retourner à l'école et de se concentrer sur les cours. Je dois vraiment éviter ces gars à partir de maintenant et éviter les ennuis. Même si je suis hors du camp, je suis toujours en probation pendant encore deux ans.

- Ça me paraît bien, mon garçon. Je sais que tu peux être spécial. Tu dois seulement te concentrer sur toi. »

Nous avons terminé de déjeuner et nous sommes retournés à l'appartement pour que je puisse rassembler des affaires pour aller chez maman.

« - Papa, je serai de retour dans trois jours.

- D'accord, fiston, amuse-toi bien chez maman. »

Je me suis mis en route. Elle habitait près du lycée, donc ça ne m'a pas pris si longtemps pour y arriver.

« - Salut, maman, je suis arrivé.

- Salut, Anthony. Mets tes affaires là-bas pour l'instant, jusqu'à ce que nous trouvions un coin pour tout ça.

- Oh, c'est un deux pièces.

- Oui, Anthony. Une chambre pour moi et l'autre pour tes sœurs.»

J'étais un peu triste parce que non seulement j'avais perdu tous les jouets et les meubles de ma propre chambre, mais il ne semblait pas y avoir de place pour moi non plus. L'appartement de papa n'avait qu'une chambre à coucher donc, évidemment, je dormais sur le canapé. Ça ne me dérangeait pas, je suppose.

« - Maman, je vais me promener.

- D'accord, Anthony, sois de retour pour le dîner à dix-sept heures.

- Ok maman. »

Je suis allé au parc au coin de la rue pour jouer sur les balançoires et réfléchir à ma situation. Ne s'attendaient-ils pas à ce que je sorte un jour de prison ? Qu'est-il arrivé à tous mes vêtements, jouets et meubles ? Je me sentais pitoyable, triste et déprimé. Il me semblait que toutes mes affaires avaient juste été oubliées, jetées, données. Je ne pouvais vraiment pas y croire.

Il est presque cinq heures. Je ferais mieux de rentrer à la maison pour manger. Quand je suis entrée, mes sœurs m'ont lancé :

« - Que fais-tu ici ?

- Je vais passer quelques jours avec maman avant de retourner chez papa.

- Eh bien, n'entre pas dans notre chambre et ne cause pas de problèmes.

- Bon sang, Marie, ne t'inquiète pas. Je ne vais pas être un problème. »

Après avoir fini de manger, j'ai dit au revoir à Marie, Tori et maman.

« - Où vas-tu, Anthony ? a demandé ma mère.

- Je pense que je vais aller au centre commercial quelques heures, jeter un coup d'œil. » ai-je répondu.

Je suis allé à l'arrêt de bus et j'ai pris le transport pour le centre commercial de Torrance, pour me balader et jouer à quelques des jeux dans l'arcade.

Avant d'aller à l'arcade, j'ai décidé de prendre à papa une bande vierge de huit pistes à Woolworths. Je faisais la queue et je devais sortir mon argent, alors j'ai mis la bande dans ma poche parce que mes mains étaient pleines. En allant vers la caisse, on m'a attrapé par derrière. C'était une femme qui disait qu'elle était de la sécurité. Elle et un autre gars m'ont accompagné jusqu'à un bureau pour appeler la police. Lorsque la police est arrivée, la femme lui a dit que j'essayais de voler une cassette vierge. J'ai dit : « Officier, je faisais la queue pour payer la bande. »

La femme a dit : « - Non, tu marchais vers la porte et nous t'avons arrêté.

- C'est un putain de mensonge et tu le sais » ai-je commenté.

Le flic m'a quand même menotté et emmené au poste. Une fois qu'ils ont fini de prendre mes empreintes digitales, ils ont appelé papa pour lui dire que je serais emmené au Central pour avoir violé la probation.

Le flic m'a regardé et m'a dit :

« - C'est ton père au téléphone.

- Papa, j'étais dans le magasin quand cette femme m'a attrapé. J'allais t'acheter une cassette et des biscuits Ahoy, puis allez à la salle de jeux.

- Ne t'inquiète pas, fiston, nous allons tout arranger », a dit papa.

Après avoir raccroché, le flic m'a dit que j'avais un historique de vols à l'étalage et autres. Il m'a accompagné dans une pièce et a dit:

« Reste-là, je vais organiser le transport. »

Assis dans ce placard, j'ai pensé au fait que maman allait avoir quelques coups de fil, pour cette histoire de merde ! J'ai hâte de l'entendre, que faisais-tu dans ce magasin Anthony ? Alors que j'étais assis là à me vautrer dans la pitié que je ressentais pour moi-même, l'agent est entré et a dit : « Mon garçon, allons-y. » Nous étions en chemin pour retourner vers ce trou infernal quand il m'a demandé :

« - Tu ne te lasses pas de faire des allers et retours ? Tu viens pas de sortir du camp ?

- Oui, monsieur, mais je n'ai rien fait de mal. Je n'étais même pas à l'extérieur du magasin quand ils m'ont attrapé.

- Attends une minute, dit-il, tu n'étais pas à l'extérieur du magasin ?

- Non, je me dirigeais vers la caisse qui était près de l'entrée du magasin et je me suis arrêté derrière une dame qui était en train de payer.

- Mon garçon, tu ne devrais même pas être ici, a-t-il dit.

- C'est ce que j'essayais de dire à l'autre officier, mais il n'a pas écouté. »

Le flic quand il a ajouté : « Eh bien, il va falloir régler ça demain au tribunal, je pense qu'ils vont expédier le dossier et te renvoyer chez toi. »

Chapitre 35

Peu de temps après, j'étais allongé dans cet horrible lit avec cette couverture verte et ces draps puants. Quand je me suis réveillé, la porte s'est ouverte et le conseiller a dit : « Holden, tu connais la procédure. »

Lorsque je suis arrivé à la Cour, papa était assis. Je suppose que maman n'avait pas pu quitter son travail. C'est probablement mieux comme ça.

Le juge est entré et l'audience a commencé. L'avocat désigné m'a dit : « Tu devrais sortir d'ici peu, fiston. »

J'ai dit à l'avocat que je voulais m'adresser au juge.
« Je t'arrangé ça, Holden. Votre Honneur, l'accusé souhaite prendre la parole. »

Le juge a dit : « - D'accord, mon garçon, viens à la barre des témoins.

- Votre Honneur, ces accusations sont tellement injustifiées qu'il serait une honte que je sois condamné. Je n'étais même pas à l'extérieur du magasin lorsque l'agent de sécurité m'a arrêté. Je faisais la queue derrière une femme qui réglait ses articles, ai-je témoigné.

- Le plaignant est-il ici ? a demandé le juge.

- Oui, Votre Honneur, elle est dans le hall, a répondu l'huissier.

- Huissier, appelez-la, s'il vous plaît. » a demandé le juge.

La porte s'ouvrit et cette femme arrogante et pathétique entra en pensant qu'elle ne faisait rien de mal. Le juge a demandé :

« - Madame, est-il vrai que l'accusé n'était pas à l'extérieur du magasin lorsque vous avez procédé à son arrestation ?

- Le gamin se dirigeait vers la porte quand nous l'avons attrapé.

- Le garçon passait-il la caisse enregistreuse quand vous l'avez attrapé ?! Oui ou non ? demanda le juge avec colère.

- Non, il n'a pas passé la caisse, a répondu cette vache.

- Fiston, tu peux retourner t'asseoir auprès de l'avocat de la partie civile, a dit le juge.

Il a poursuivi en disant : « Madame, ne laissez jamais cela se reproduire. Lorsque vous arrêtez quelqu'un pour vol à l'étalage, il doit être à l'extérieur du magasin. Cette Cour n'est pas un cirque, maintenant sortez d'ici. »

La femme est devenue toute rouge et est sortie.

« Mon garçon, l'affaire est classée dans l'intérêt de la justice, tu seras relâché à ton arrivée au centre de détention pour mineurs. La Cour est ajournée. »

Mon pauvre père a pris le bus pour venir me soutenir, et maintenant il doit prendre le bus d'Inglewood à East LA pour venir me chercher. Je me sens vraiment mal de l'avoir fait traverser ça même si ce n'était pas ma faute.

Sur le chemin du retour vers le centre, le chauffeur a dit : « Je suis vraiment désolé que nous ayons dû vous faire subir toutes ces bêtises à toi et à ton père, Holden. » Quand nous sommes arrivés à Central, on m'a fait sortir de la camionnette et on m'a escorté à l'accueil pour traiter mon dossier. En attendant que papa arrive, j'ai pensé à quel point il devait être difficile pour lui de vivre cela dans son état.

Une fois libéré, nous étions sur le chemin du retour, il m'a regardé et m'a dit :

« - Ta mère n'a aucune idée de ce qui s'est passé. Je lui ai dit que tu dormais la nuit dernière quand elle a appelé.

-    Merci papa » ai-je répondu.

Quand nous sommes arrivés à l'appartement, j'ai lui dit :

« - Papa, je vais chez maman pour prendre d'autres vêtements, je serai de retour dans quelques jours. Je t'aime papa.

-    Je t'aime aussi, mon fils. » a-t-il répondu.

Quand je suis arrivé chez maman, elle a dit :

« - Pourquoi as-tu à nouveau été arrêté Anthony ? Qu'est-ce que tu as fait ?

-    Je n'ai rien fait maman, comment as-tu découvert ça ?

-    Un des amis de Marie était au centre commercial hier et a vu la police t'emmener en voiture. Il a appelé Marie pour lui dire. »

Marie est entrée et a dit :

« - Je vois qu'ils t'ont laissé sortir, quand vas-tu grandir un peu ?

- Je n'ai pas besoin de ça là. Je retourne chez papa. Je ne me sens pas à l'aise ici, je suis désolé. Je te verrai plus tard. »

J'avais quelques dollars que papa m'avait donné, alors j'ai appelé ma bonne vieille Cherry pour voir comment elle allait et lui demander si je pouvais rester avec elle quelques jours.

« - Hé, Cherry, c'est Anthony.

- Comment vas-tu, Anthony ?

- Écoute, Cherry, je peux passer et rester avec toi quelques jours?

- Bien sûr, Anthony, viens. Ce sera un plaisir de te voir. »

J'ai rassemblé mes affaires et je suis allé à l'arrêt de bus. Il allait presque directement chez Cherry. Le seul problème, c'est que ça m'a pris une éternité pour arriver, à cause de tous ces fichus feux de circulation.

Une fois arrivé chez Cherry, nous nous sommes assis et avons parlé de toutes sortes de choses. J'ai mentionné mon séjour au camp et lui ai demandé quelle opinion elle avait sur ma situation à la maison.

« - Anthony, je ne sais vraiment pas quoi te dire concernant ta vie familiale. Il semble que ton père ait un revenu fixe puisqu'il est en invalidité, et ta maman pensait probablement que tu allais rester avec lui, a-t-elle expliqué.

- Tu sais, Cherry, c'est possible. Je pensais qu'ils ne voulaient vraiment plus de moi, ai-je répondu.

- Oh, Anthony, ne sois pas stupide. Bien sûr que tes parents t'aiment. » a dit Cherry.

J'ai rajouté qu'après tous les ennuis que j'avais causés, c'était étonnant qu'ils ne m'aient pas laissé dans cet endroit qu'à mes dix-huit ans.

Au bout de trois jours, j'ai dit au revoir à Cherry. J'avais vraiment besoin de retourner chez papa. Il doit avoir parlé à maman depuis, et ils doivent se demander où diable je suis parti. J'ai sauté dans le bus - il m'a fallu une éternité pour arriver, encore une fois – d'autant plus que la maison de papa était plus éloignée d'Hollywood que celle de grand-mère. J'ai pensé à prendre un taxi mais je n'avais pas assez d'argent sur moi pour payer tout le trajet du retour à Hawthorne.

Le bus m'a déposé à environ quatre pâtés de maisons de chez papa. Merde, je dois me dépêcher. Je me suis mis à courir trois pâtés de maison avant l'appartement. Puis, en descendant la rue principale, j'ai vu une ambulance, un camion de pompiers et trois voitures de police devant chez lui.

J'ai couru jusqu'à sa porte. C'était ouvert et Tori se tenait là, pleurant.

J'ai dit :

« - Qu'est-ce qu'il s'est passé ?!

- C'est. . . c'est. . . c'est. . .

- C'est quoi, Tori ?

- C'est papa ». Les larmes ruisselaient de ses yeux.

J'ai regardé à l'intérieur de l'appartement et j'ai vu papa sans vie, allongé sur le sol de sa salle de bain. J'étais dévasté et je me suis mis à pleurer de façon incontrôlable. Un policier nous a pris dans ses bras, ma sœur et moi, puis nous a conduits en bas et a commencé à nous poser des questions sur ce qui s'était passé.

Nous n'avions pas de réponse. Elle était arrivée quelques minutes avant moi. Son corps avait disparu quand nous sommes remontés. Maman s'est garée, en pleurs, demandant si cela c'était vrai.

Nous avons tous deux dit : « Oui, maman. Papa est parti. »

Nous étions tous en larmes, en bas dans la rue, alors que le médecin légiste sortait le corps de papa, pour le mettre dans une voiture et l'emporter.

J'ai dit à maman que j'avais besoin d'être seul. J'ai marché jusqu'au coin de la rue et j'ai sauté dans un bus pour aller à la plage. Alors que je marchais le long de la plage, je ne pouvais pas m'empêcher de me demander si tous les ennuis que j'avais causés avaient contribué à la séparation de mes parents et finalement au divorce ? Ma délinquance a-t-elle aggravé tous les problèmes de ma famille ? Pourquoi n'étais-je pas à la maison avec papa ? Pourquoi suis-je allé chez Cherry ? J'aurais dû rentrer à la maison pour m'occuper de lui. Je n'ai jamais eu la chance de lui dire que je l'aimais, d'avouer que c'est moi qui avais pris sa voiture. Maintenant je ne pourrai jamais le faire. Comment puis-je vivre avec cette pensée ? Aurai-je un jour la chance de dire ces choses à mon père ?

J'avais voulu dire à papa la vérité sur les raisons pour lesquelles j'avais eu tant de problèmes, lui dire que tout n'était pas ma faute et que j'étais un bon garçon, pas un délinquant juvénile. Comment un garçon de quinze ans peut-il gérer une telle misère, tristesse, la dépression et la confusion ?

La seule chose qui me troublait le plus, était que tout ce que je possédais - vêtements, jouets, souvenirs d'enfance - avait disparu. Tout était parti parce que je n'avais pas eu le courage de me défendre. Le plus grand perdant de toute cette putain de situation, c'était moi. Tout ce que j'avais accumulé en grandissant avait disparu, comme ça !

Plus tard dans l'après-midi, quand je suis rentré chez ma mère, j'étais curieux de savoir la cause de la mort de mon père, mais personne n'en connaissait la raison. Quelques jours après, nous avons découvert que mon père était décédé d'un choc diabétique, ce qui m'a fait me sentir encore plus mal. Si j'avais été là, j'aurais pu l'aider. Bien sûr, je n'avais que quinze ans, mais j'aurais pu composer un numéro de téléphone pour obtenir de l'aide.

Ce qui m'a le plus dérangé - je veux dire ce qui m'a vraiment brisé le cœur, c'était de le voir allongé sur le sol de la salle de bain, mort. Je le jure, je ne peux même pas imaginer ce qu'il a ressenti lorsqu'il est tombé. Allongé là tout ce temps, se demandant ce qui allait se passer, incapable d'aller chercher de l'aide.

On nous a dit qu'il était mort depuis trois jours avant de le trouver. Donc, il était évident que si je n'étais pas parti et si j'étais resté avec lui, il serait toujours en vie. Comment devais-je vivre avec ce sentiment de culpabilité, me sentant responsable de son décès ?

Je ne pouvais pas m'empêcher de me demander, pourrai-je jamais le revoir, pour lui dire tout ce que j'aurais dû lui confier avant cette tragédie qui aurait pu être évitée ? Comment vais-je continuer sans mon père ?

Ce sentiment de vide disparaîtra-t-il jamais ?

Je suppose que tout ce que je peux faire, c'est attendre et espérer.

Remarques

CPSIA information can be obtained
at www.ICGtesting.com
Printed in the USA
LVHW040438210920
666619LV00004B/227